圖文中國史

樊樹志——著

ILLUSTRATED
HISTORY OF
CHINA

目次

第一章

史前文明曙光

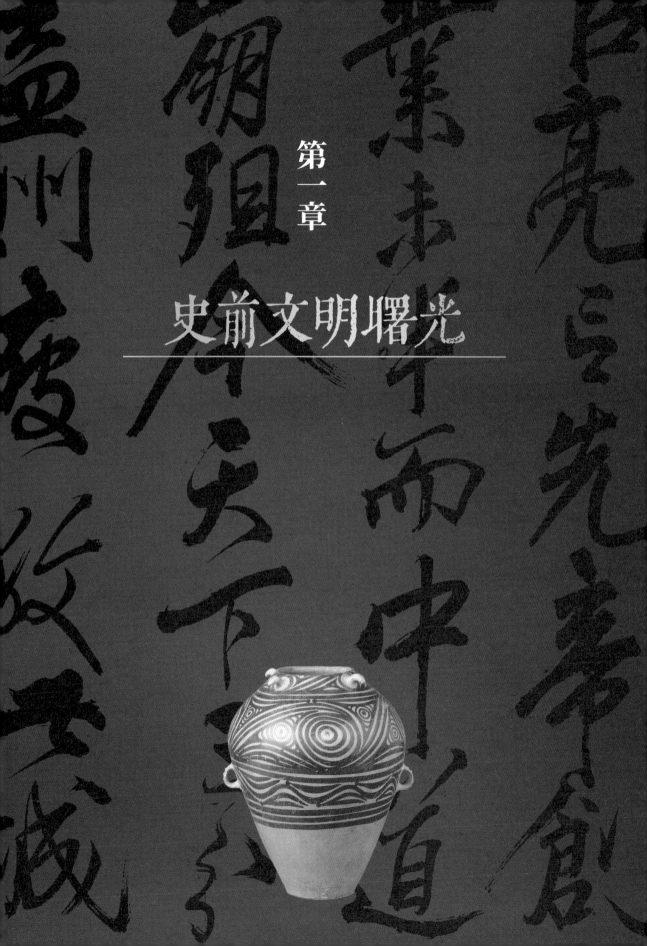

一、古人類的起源

人們通常所說的歷史，是指人類的歷史，而不是自然界的歷史。既然是人類的歷史，那麼開宗明義要說的第一件事——人類自身的起源，當然是題中應有之義。由於時間久遠，可以憑藉的考古發掘資料極為珍稀，人類起源這個話題，至今依然聚訟紛紜，很多事情我們還不知道。正如西方學者常說的話：「我們知道的，就是我們不知道！」（We know that we don't know!）

1939 年，德國古人類學家魏敦瑞（Franz Weidenreich）撰寫的《東亞發掘的最早現代人類》指出，山頂洞人的三具頭骨，代表了三種不同的種族因素——原始的蒙古人種、美拉尼西亞人種及愛斯基摩人種。對此，中國考古學奠基人李濟發問：中國本土人種的主幹——智人中的蒙古人種又是從何起源的呢？

經過幾十年的探索，我們大致可以知道，由猿到人，經歷了直立人、早期智人、晚期智人的過程。就中國而言，已知的直立人有元謀人、藍田人、北京人、和縣人等；已知的早期智人有大荔人、金牛山人、丁村人、許家窯人、馬壩人等；已知的晚期智人（現代人類）有柳江人、資陽人、山頂洞人等。

對於一個完整的中國古人類進化鏈，有些學者提出挑戰，他們認為，地球上的人類統統起源於非洲，中國也不例外。這樣一來，我們原先知道的，又變得不知道了。

近二、三十年來，國際學術界有些人使用分子生物學方法，提出一種假設：現代人類起源於非洲。隨著時間的推移，這種假設愈來愈言之鑿鑿：目前地球上的各個人種，都是二十萬年前某一個非洲女性的後代，他們離開非洲，擴散到歐洲、亞洲等地，取代了當地原有的早期智人，成為現代人類的祖先。2001 年，中國的分子生物學家也發表論文，宣稱在東亞人身上發現了七萬九千年前非洲人特有的遺傳標記，並且推論：東亞人的祖先大約是在六萬年前從非洲到達東南亞，然後來到中國。這些學者認為，從北京人到山頂洞人，早已滅絕，他們並非中國現代人類的祖先。

於是，中國人起源於非洲就成了一個引人注目的話題。

這種「單一起源論」（即非洲起源論）雖然甚囂塵上，卻遭到了「多區起源

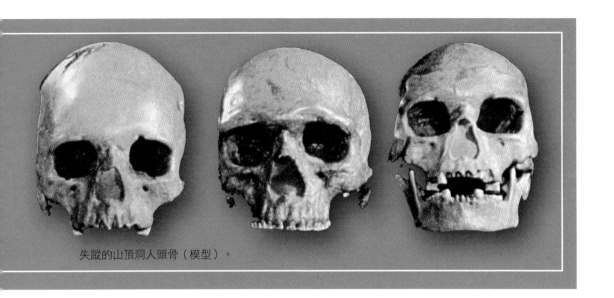

失蹤的山頂洞人頭骨（模型）。

論」的質疑。「多區起源論」認為，人類的起源是多元的，地球上各地區的現代人類是從各地區的早期智人進化而來的。中國的古人類學家指出：在中國大地上，已經出土的直立人、早期智人、晚期智人（即現代人類）的化石表明，其間存在明顯的連續進化，東亞的蒙古人種並非來自非洲；與這些古人類相當的舊石器時代文化遺存，前後連續，並沒有出現過由於人類滅絕而導致的文化中斷，因此非洲人取代中國大地上的早期智人，成為中國人的祖先的推論是不能成立的。更何況，根據化石年代測定，華南的柳江人生活在距今七萬年至十三萬年之間，說東亞人的祖先是在六萬年前從非洲遷移而來的，豈不成了無稽之談！一位古人類學家說得好：用基因研究結果推測人類進化過程，無論如何是間接的，而來自化石的證據是直接的。

2008 年 1 月，中國國家文物局和河南省文物局在北京宣布，河南許昌靈井遺址發現古人類化石，距今八萬年至十萬年，考古學家已正式將其命名為「許昌人」。中國科學院院士吳新智等專家認為，此次出土的人類頭蓋骨化石層位明確可靠，處於第四紀晚、更新世早期地層，距今八萬年至十萬年。

中國古人類學家主張中國古人類連續進化學說，主要依據是發現了二百萬年前的巫山人、一百一十五萬年前的藍田人、五十萬年前的北京人、十萬年至二十萬年前的金牛山人、一萬年至四萬年前的山頂洞人等，但是缺失五萬年至十萬年間人類化石，而這一時期正是「非洲起源論」推斷非洲智人走向世界各地取代早期智人的關鍵階段。「許昌人」的發現，正處在這個關鍵時段，填補中國人類起源的空白

環節，有望挑戰「非洲起源論」。《東方早報》在報導這一消息時，用了一個通欄標題「『許昌人』早於山頂洞人，破『非洲起源說』」，反映了新聞界關注的焦點。

最近，英國《自然》雜誌網路版（2018 年 7 月 12 日），發表了中國科學院廣州地球化學研究所黃土高原舊石器時代考古成果：約二百一十二萬年前已有古人類出現，並生活在陝西藍田一帶。「非洲起源論」者認為，人類最早離開非洲的時間，大概在一百八十五萬年前。而上述考古成果表明，人類在二百一十二萬年前就已經出現在亞洲東部。由此，人們有必要重新審視人類的起源、遷移和擴散的經典模式。

2008 年，俄羅斯西伯利亞南部阿爾泰山的丹尼索瓦洞穴，發現了丹尼索瓦人化石。專家的研究表明，丹尼索瓦人基因組中有一部分與亞洲、大洋洲的美拉尼西亞原住民相似。丹尼索瓦人的發現，改變了學術界對古人類起源的認知。2019 年春，中國甘肅夏河發現的古人類下頜骨化石，專家證明屬於丹尼索瓦人。2019 年 5 月 1 日深夜，《自然》雜誌線上刊登〈出於青藏高原的晚中更新世丹尼索瓦人下頜骨〉震驚世界。《紐約時報》、《華盛頓郵報》、《國家地理》等都作了報導。古人類的起源本是冷門的小眾學科，如此吸引新聞界關注，足見人類追問自身從哪裡來，將永無止境，且魅力無窮。

目前看來，試圖推翻中國人的主體是東亞大陸的原住民這一結論，倡言中國人起源於非洲，似乎仍嫌證據不足。

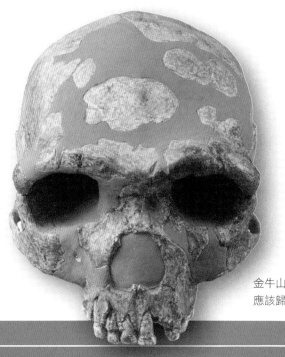

元謀人上門齒。元謀人具有從纖細型南方古猿向直立人過渡的特點。

金牛山人頭骨。這位三十多歲的中年男子，應該歸入早期智人的範疇。

許昌人頭蓋骨。

二、農業革命

距今一萬年左右，遠古先民進入新石器時代。它與舊石器時代的最大區別在於，磨製石器取代打製石器，隨之而來的，農耕、畜牧和陶器相繼出現。這些現今看來極其普通的事物，在當時卻是了不起的發明。在此以前，遠古先民以採集、狩獵來維持生活；在此以後，人們不再是食物的採集者，而是食物的生產者。把野生植物馴化為人工栽培作物，把野生動物馴化為人工飼養的家禽、家畜，為人類提供了可持續的食物來源。這是意義深遠的變革，有的學者把它稱為農業革命，是毫不為過的。它所帶來的直接影響是，人類的生活方式開始變化，由逐水草而居進入到定居的狀態，半穴居式房屋的建構，陶器的燒製滿足了生活的需要，野生蠶馴化為家蠶，出現了原始的絲織業。在這種經濟基礎上，草創的社會制度得以形成，人類離文明的門檻愈來愈近了。

根據西方學者的研究，大約在距今一萬年到一萬二千年，農業出現在西亞的兩河流域。他們推論，中國的某些農作物是由兩河流域傳入的。真的如此嗎？

1960 年代末，美國芝加哥大學的華裔學者何炳棣，在他的著作《黃土與中國農業的起源》中，以大量無可辯駁的事實證明，中國農業的起源，具有自己的區域性和獨立性，並不是從兩河流域傳入的。這一結論，一再為考古發現及新的研究成果所證實。後來他在回憶錄《讀史閱世六十年》中提及此事，寫道：「我曾嚴肅地

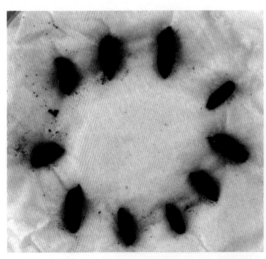

河姆渡遺址發現的水稻。
代表了南方的水稻文化。

問布瑞德武德，從他豐富的考古經驗和個人直覺，回答我究竟史前中國文化和兩河流域文化有無關係。他非常坦誠地回答：『每次參觀一個富於中國文物的博物館，我個人就感覺到好像走進了一個（與古代近東文化）完全不同的精神世界。』這就部分地解釋了何以他早在 1960 年《科學的美國人》農業革命的論文裡，強調指出新大陸農業無疑是獨立起源的，而舊大陸史前中國的農業很可能也是獨立起源的。我對他的直覺非常重視。」

河北徐水的南莊頭遺址，出土了穀物加工的工具——石磨盤、石磨棒，據測定，它們的年代大約距今一萬年左右，表明當地在此之前已經栽種糧食作物了。河南新鄭裴李崗遺址表明，距今七、八千年前，中原地區已經有了比較穩定的農業定居生活，有房基、灰坑、陶窯，還有農具——石斧、石鏟、石鐮，糧食加工工具——石磨盤、石磨棒。

1976 年至 2011 年，考古工作者在河北武安磁山新石器文化遺址，發掘灰坑 468個，其中 88 個長方形窖穴底部有糧食堆積，層厚為 0.1 公尺至 2 公尺，數量之多，堆積之厚，極為罕見。中國科學院地質與地球物理研究所進行科學鑑定後認為，磁山遺址不僅是世界粟的發祥地，也是黍的起源地，中國黃河流域黍的栽培歷史有可能追溯至一萬年前。

磁山文化遺址糧食堆積層。代表了北方旱作農業的穀子文化。

南方稻作農業的歷史也很悠久。1992 年，中國和美國科學家聯合研究江西的稻作起源。他們的研究報告證實，長江中游是世界稻作農業的發源地。江西萬年仙人洞遺址的先民，在距今一萬六千年前已經採集野生稻為主要食物，至晚在距今九千年前，人工栽培的稻作農業已經出現。

湖南道縣玉蟾岩遺址出土了一萬二千年前的五粒炭化稻穀，被譽為世界上目前發現的最早稻穀。浙江餘姚河姆渡遺址發現的稻作遺存，令人震驚。它是一個稻穀、稻稈、稻葉、穀殼的堆積，一般厚度 20 公分至 30 公分，最厚處超過 100 公分。出土時稻穀色澤金黃，穀芒挺直，隆脈清晰可辨。經鑑定，它們是七千年前人工栽培的晚稻。

2000 年出版的《稻作、陶器和都市的起源》（嚴文明、安田喜憲主編）一書指出：新石器時代早期，先民對稻穀種子反覆選擇，改變了野生稻的生存條件和遺傳習性，初步馴化成功，基本形成原始栽培稻。中國是亞洲栽培稻起源地之一，它與另一個亞洲栽培稻起源地——以印度為中心的南亞，是兩個各自獨立起源和演化的系統。

新石器時代裴李崗文化石磨盤、石磨棒。顯示中原地區的先民已有嫻熟的石器加工技巧和發達的農業文明。

三、從黃帝到堯舜

中國遠古時代，有三皇五帝的傳說。三皇有六種說法，其中之一是：伏羲（太昊）、女媧、神農（炎帝）。五帝有三種說法，其中之一是：黃帝、顓頊、帝嚳、唐堯、虞舜。所謂「皇」和「帝」，其實是後人對他們的尊稱，當時不過是部落或部落聯盟的首領而已。

神農氏就是炎帝，他所領導的部落發明了農耕、醫藥、陶器。中國古代典籍《易經》和《白虎通》說，神農氏用樹木製造耕具——耒耜，教導民眾農耕。《史記》和《淮南子》說，神農嘗百草，用草藥治病救人。《太平御覽》引用《周書》說，神農在發明農耕的同時，發明了陶器。

《周易》說：「神農氏沒，黃帝、堯、舜氏作。」可見黃帝稍晚於炎帝。黃帝從北方到達黃河流域時，已經是擁有六個部落的巨大部落聯盟了。黃帝部落的發明，涉及衣食住行各個方面。後人的傳說是這樣的：

——冶煉銅礦石，鑄造銅鼎、銅鐘。十二個銅編鐘，和以五音，可以演奏音樂；

——四處觀察天象，編制曆法，確定春夏秋冬四季，照季節變化播種百穀草木；

——利用樹木，製造車船，便於交通運輸；

——栽桑養蠶，用蠶絲編織衣料，製作衣裳。衣裳不僅有禦寒的功用，而且帶有社會政治意義，這就是文獻所說的「垂衣裳而天下治」、「以衣裳別尊卑」。

大禹治水畫像磚。

黃帝領導的部落聯盟有姬、酉、祁、己、滕、蔚、任、荀、僖等十二姓。祁姓有傳說中的陶唐氏，就是唐堯所屬的部落；黃帝的後裔夏后氏，是夏朝建立者；姬姓是黃帝的嫡系，是周朝的建立者。人們把黃帝尊奉為華夏民族的始祖，是名副其實的。

　　從黃帝到堯、舜、禹，持續了幾百年，他們以黃河流域為中心，吸收周邊的夷人和羌人部落，結成新的部落聯盟。這種部落聯盟已經超越了血緣關係，成為地緣關係的共同體。在這個共同體中，地域、財產和權力都是公有的，並非某一個領袖私有，這就是所謂「天下為公」，或者叫做「大同之世」。

　　共同體內部，由各部落首領組成議事會，協商重大事務，推舉聯盟的領袖。堯、舜、禹就是由聯盟議事會民主推舉，而成為領袖的。由於他們出於公心，治理有方，被後世讚譽為聖賢。

　　根據《史記‧五帝本紀》的描述，堯是一位聖明領袖，他發現舜精通農耕，善於製作陶器，有領導才能，確認舜可以託付重任，便培養他參與攝政。堯年老時，在聯盟議事會上提出繼承人選問題，讓各部落首領討論，大家一致推舉舜。堯便把權力移交給舜，而沒有傳給自己的兒子，這就是所謂「傳賢不傳子」。舜覺得自己的德才大大遜色於堯，謙辭不就，避居別地。由於各個部落首領一致擁戴，舜才返回，擔任共同體的領袖。舜繼位後，徵得聯盟議事會的同意，任命「八元」管土地，「八愷」管教化，契管人民，伯益管山林川澤，伯夷管祭祀，皋陶管刑法。舜到了晚年，鑑於禹治理洪水有功，聯盟議事會一致推舉禹繼任領袖。禹也謙辭不就，避居別地，在各部落首領一致擁戴下，才繼承了舜的權位。

　　這就是古人津津樂道的「禪讓」。關於「禪讓」的傳說，至遲在春秋時代已經見諸記載，不獨儒家，墨家、道家、法家都有涉及，可見它絕非某一學派的偽託。用歷史的眼光來看，遠古時代權力的移交，是「禪讓」，而不是世襲，是有歷史依據的事實，並不是虛構的。

渦紋四系彩陶罐。

陶罐。陶器是人類
第一次按照自己的
意志創造出來的非
天然物質的物品，
是人類定居生活的
產物。

四、從「大同」到「小康」，從「公天下」到「家天下」

這種「選賢舉能」的「禪讓」時代，孔子把它稱為「天下為公」的「大同之世」。至於他推崇備至的「大同之世」是個什麼樣子，沒有明言。依據《春秋公羊傳何氏解詁》等古籍的描述，大概是一個共同生產、共同消費的社會，在一個叫做「里」的基層社會，有八十戶人家，選舉年高德劭的人擔任「父老」，能說會道、身體強健的人擔任「里正」。春、夏、秋三季，百姓外出耕種，「父老」和「里正」負責監督，出去晚了，或者收工回來沒有隨手帶點薪柴，都要受到批評。到了冬天，父老在「校室」裡，教育兒童；里正則催促婦女從事紡織。日常生活中，長期保持「出入相友，守望相助，疾病相扶助」的友好互助風尚。《韓詩外傳》說：一個里巷的人家不分彼此，互相保護，出入輪流看守，疾病相互照顧，患難相互救助，青黃不接可以互通有無，宴會相互招呼，婚姻大事共同商量，捕獲的獵物共同享受，大家都受到仁愛和恩惠。因此，民眾之間和睦、親愛、友好。

在儒家典籍中，把夏朝建立之前稱為「大同之世」，是一個「天下為公」的時代。《禮記·禮運》引用孔子的話，這樣描述「大同」：

> 大道之行也，天下為公，選賢與能，講信修睦。故人不獨親其親，不獨子其子，使老有所終，壯有所用，幼有所長，矜、寡、孤、獨、廢疾者皆有所養。男有分，女有歸。貨惡其棄於地也，不必藏於己；力惡其不出於身也，不必為己。是故，謀閉而不興，盜竊亂賊而不作，故外戶而不閉。是謂大同。

意思是說，從前大道盛行的時候，天下是公共的，選舉賢能的人來掌權，講信用，修和睦。所以，人們不僅僅親愛自己的親人，不僅僅把自己的子女當作子女，使老人得以善終，壯年人發揮作用，幼年人得以成長，鰥寡孤獨和殘疾人都得到扶養。男人各有職責，女人適時婚嫁。反對糟蹋財物，也不必據為己有；厭惡不盡力而為，也不必把能力作為牟取私利的手段。因此，不會有陰謀，不會有盜賊，大門可以不關。這就是大同。

禹年老時，在聯盟議事會上討論繼承人選，眾人推舉皋陶、伯益。禹卻想把權力傳給自己的兒子啟，於是暗中培植啟的勢力。禹死後，啟殺死伯益，繼承父親的權位，於是出現了「家天下」的夏王朝，開啟了以後歷代王朝由一家一姓世襲統治的先例。孔子把它稱為「天下為家」的「小康之世」，他這樣說：

今大道既隱，天下為家，各親其親，各子其子，貨力為己。大人世及以為禮，城郭溝池以為固，禮義以為紀。以正君臣，以篤父子，以睦兄弟，以和夫婦，以設制度，以立田里，以賢勇知，以功為己。故謀用是作，而兵由此起。禹、湯、文、武、成王、周公，由此其選也。此六君子者，未有不謹於禮者也。以著其義，以考其信，著有過，刑仁講讓，示民有常。如有不由此者，在埶者去，眾以為殃。是謂小康。

利青銅簋。銘文中有「武王征商，唯甲子朝」，而牧野之戰就發生在甲子日清晨。

意思是說，如今大道已經消失，天下被一家一姓據為己有，人們只親愛自己的親人，只把自己的子女當作子女，財產權力為自己所用。統治者世襲已成為常規，用城牆溝池鞏固統治，把禮義作為綱紀，端正君臣關係、父子關係，使兄弟和睦、夫婦和諧。在此基礎上，設立制度，劃分田里，表揚勇智，功勞歸於自己。陰謀大行其道，戰爭開始發端。夏禹、成湯、文王、武王、成王、周公因此成為統治者。這六位君子，都謹慎恪守禮義，表彰道義，考察信用，彰顯過失，宣導仁愛與謙讓，使人民視為常規。如果不照此執行，則統治不穩，民眾遭殃。這就是小康。

　　春秋戰國的諸子百家，在追憶遠古時反映出來的歷史觀，似乎是一代不如一代的悲觀主義。他們所處的春秋戰國時代，最為糟糕，稱為「亂世」。稍往前推移的夏、商、周，則是「小康之世」，雖不甚理想，但比「亂世」要好多了，所以是

鏤雕旋紋象牙梳。造型美觀，工藝精緻，是迄今為止遠古時期保存最為完好的梳子。

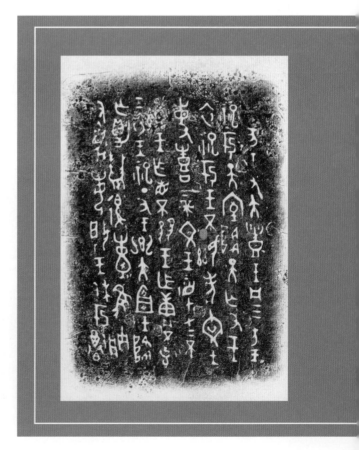

「小康」。「小康」之前是一個理想社會,稱為「大同」。歷史學家呂思勉說得好:「在大同之世,物質上的享受,或者遠不如後來,然而人類最親切的苦樂,其實不在於物質,而在於人與人之間的關係,所以大同時代的境界,永存於人類記憶之中。不但孔子,即先秦諸子,亦無不如此。」

無怪乎,康有為要寫《大同書》,孫中山要把「天下為公」、「大同」作為畢生追求的理想。

天亡青銅簋。記載了天亡助武王祭祀,武王賞賜天亡之事。

五、良渚、陶寺、二里頭

近些年來，中華文明探源工程取得了可喜的成績，中華五千年文明史在考古學中得到了實證，良渚文化遺址、陶寺文化遺址、二里頭文化遺址最為引人注目。

良渚文化大約距今四千五百年至五千年，主要分布在長江下游環太湖流域。考古發掘的良渚文化遺址，位於今浙江杭州，考古學家清理出來的良渚古城，是目前已知的最大、最早的城址，由宮殿區、王陵區、作坊區、倉儲區以及水路系統構成了早期的城市。

良渚古城的中心是 40 萬平方公尺的宮殿區，內城和外城總面積 630 萬平方公尺。古城北部、西北部，分布著規模宏大的水利系統，以及天文觀象設施、祭壇、墓地，如果把周邊郊區包括在內，總面積可達 100 平方公里。考古研究表明，這時的農業已經發展到成熟的犁耕稻作農業階段，手工業門類眾多，有製作陶器、石器的手工業，也有紡織、油漆手工業，其中玉器雕琢手工業堪稱一絕。考古學家指出，良渚出土的玉器，數量之多、品種之豐富、雕琢之精美，當時無出其右，代表著史前玉文化的高峰，由玉琮、玉璧、玉鉞為代表的玉禮器，在中華文明史上具有獨特的價值。反山 14 號墓棺槨內，鋪滿了大小 260 件隨葬品，玉器有 242 件，玉琮、玉璧、玉鉞製作精美，色澤柔和，令人嘆為觀止。反山 12 號墓出土的大玉琮上浮雕的良渚神徽，使人浮想聯翩。

良渚博物院總策展人、復旦大學文物與博物館學系教授高蒙河認為，五千年前的良渚已經進入了文明時代。良渚博物院院長馬東峰說，良渚文化、良渚遺址、良渚古城，證實了中華五千年文明，因而把良渚遺址叫做「聖地」。

英國皇家科學院院士、劍橋大學考古學教授科林倫・福儒對良渚遺址實地考察後，鄭重宣稱：「良渚遺址是中國大遺址保護的樣板」，「良渚水壩遺址極可能是世界最早的水壩」，「中國新石器時代是被遠遠低估的時代，良渚遺址的複雜程度和階級制度，已經達到了『國家』的標準，這就是文明的起源」。

2019 年 7 月 6 日，在第 43 屆世界遺產大會上，良渚古城遺址獲准列入世界遺產名錄。高蒙河教授表示：「國際學術界曾長期認為中華文明始於距今三千五百年

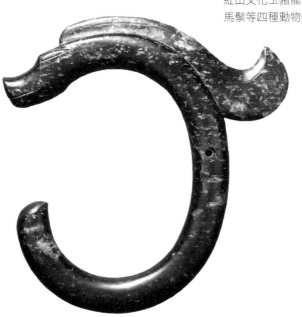

紅山文化玉豬龍。有鹿眼、蛇身、豬鼻、
馬鬃等四種動物特徵。

良渚古城遺址。列入世界遺產名錄，
是中華五千年文明史的實證。其分布
的中心地區在錢塘江和太湖流域，其
最大特色是出土的玉器。

前後的殷商時期，良渚古城被列入世界遺產，意味著中華文明起源和國家形成於距今五千年前，終於得到了國際承認。」2019 年 7 月 7 日，《文匯報》第一版報導此事，大標題赫然寫道：「良渚古城遺址實證中華五千年文明史。」

陶寺遺址位於今山西臨汾襄汾縣城東北，經過幾十年的考古發掘，面貌日益清晰，與良渚遺址南北遙相呼應，彰顯中華五千年文明史的輝煌。陶寺遺址距今四千三百年至三千九百年，考古學家認為，這是迄今發現的中國史前時期都城要素最完備的大型城址，宮城城牆和城門的發現，證明了它具有完備的城郭之制，可能是中國古代都城的最初形態。

陶寺宮城面積 13 萬平方公尺，位於遺址東北部，呈長方形，東西長 470 公尺，南北寬 270 公尺，與大城方向基本一致，大體是宮城在裡、城郭在外的「回」字形布局。學術界普遍認為，陶寺宮城是目前考古發現的最早宮城。陶寺大城面積 280 萬平方公尺，是迄今中國國內發現的史前時期規模最大、等級最高的都邑遺址。

最令人驚豔的是觀象台遺址的發現。考古學家對遺跡復原，反覆模擬觀測，最終發現觀象台十三個柱子之間的縫隙，是先民根據陽光透過縫隙照射到圓心點來觀測天象，確定春分、秋分與夏至、冬至。證實了《尚書·堯典》所說「曆象日月星辰，敬授人時」，是先民們對農時節氣實踐經驗的總結。這個觀象台形成於四千多年前，比英國巨石陣觀測台早了將近五百年。

考古學家蘇秉琦早就敏銳地意識到，陶寺文化匯聚了仰韶文化、紅山文化和良渚文化的因素。陶寺的出土文物諸如玉琮、玉璧、玉鉞、玉面獸等，均非產自本地，很可能來自良渚。至於石鉞、雙孔石刀，則帶有大汶口文化、龍山文化的因素。

規模空前的城址、世界最早的觀象台、氣勢恢宏的宮殿、獨立的倉儲區、集中管理的手工業區，與國家的起源密切相關。有的學者指出，陶寺遺址與堯帝的都城存在高度聯繫；有的學者進而推測，陶寺可能是最早的「中國」。其實早在 1991 年，蘇秉琦就認為，堯舜時代萬邦活動的中心——晉南一帶，是「最初中國」的所在。他說：「陶寺文化不僅達到了比紅山文化後期社會更高一階段的『方國』時代，而且確立了在當時諸方國中的中心地位，它相當於古史上的堯舜時代，亦即先秦史籍中出現的最早的『中國』，奠定了華夏的根基。」

1950 年代末，徐旭生根據《左傳》、《國語》以及古本《竹書紀年》有關夏

玉琮。這件玉琮由墨玉製成，內圓外方，上大下小，中有穿孔，共19節，
是目前中國國內所見最高的玉琮。

良渚文化大玉琮及玉琮上的神徽。

陶寺觀象台遺址。是世界上最早的觀象台。

后氏都邑的記載，對分布在豫西、晉南的「夏墟」進行實地考察，從而開啟了以田野工作為重點的夏文化探索的序幕。不久，徐旭生發表《1959 年豫西調查「夏墟」的初步報告》，確定了此後夏文化考古的方向。

夏人活動的地區，西起今河南西部、山西南部，向東至黃河流域，今河南的河洛流域是夏人居住的中心，夏的重要都城斟尋，就在嵩山西北的洛陽平原東部。夏人聚居的另一個地區，是今山西南部，特別是汾水以東今翼城附近，後世稱為「夏墟」。

考古學家在今河南西部發現「二里頭文化」，分布於豫西黃河南岸的陝縣、滎陽、鄭州，以及洛河流域的洛寧、宜陽、洛陽、偃師、鞏義等地。二里頭文化介於龍山文化和商前期文化之間，學者們傾向於認為，二里頭文化從分布地區和時間序列來看，與傳說中的夏朝所在的中心地區大致相符。據測定，偃師二里頭文化第一期為西元前 2080 年至西元前 1690 年，時間大體相當。有的學者認為，偃師二里頭文化一、二期是夏文化，三、四期是夏末的都邑文化。

偃師二里頭文化第三期最輝煌，至今已發現兩座宮殿遺址，可能是夏桀的都城斟尋。古本《竹書紀年》說「桀居斟尋」，學者們考證，斟尋在今偃師東北、鞏義西南；或者判定二里頭就是夏都斟尋。1983 年，考古學家發現偃師商城，一些學者由此推測，二里頭是夏都，偃師商城才是商湯滅夏之後建立的西亳。美籍華裔考古學家張光直認為：「如果沒有文字本身的證據，我們便只好用時間和空間上的對證。」他斷定：「二里頭文化為夏文化，而不是商朝早期文化。」2000 年前後，「二里頭夏都說」幾乎成為學界的共識。許宏說：「二里頭是東亞歷史上最早的核心文化、最早的廣域王權國家，其影響遠遠突破了它所處的地理單元，華夏文明由『多元的邦國』進入『一體的王朝』。」

相關書目推薦

樊樹志：《國史概要》（插圖修訂版），風格司藝術創作坊，2017

何炳棣：《黃土與中國農業的起源》，中華書局，2017

嚴文明、安田喜憲：《稻作、陶器和都市的起源》，文物出版社，2000

呂思勉：《中國通史》（彩圖珍藏版），中華書局，2015

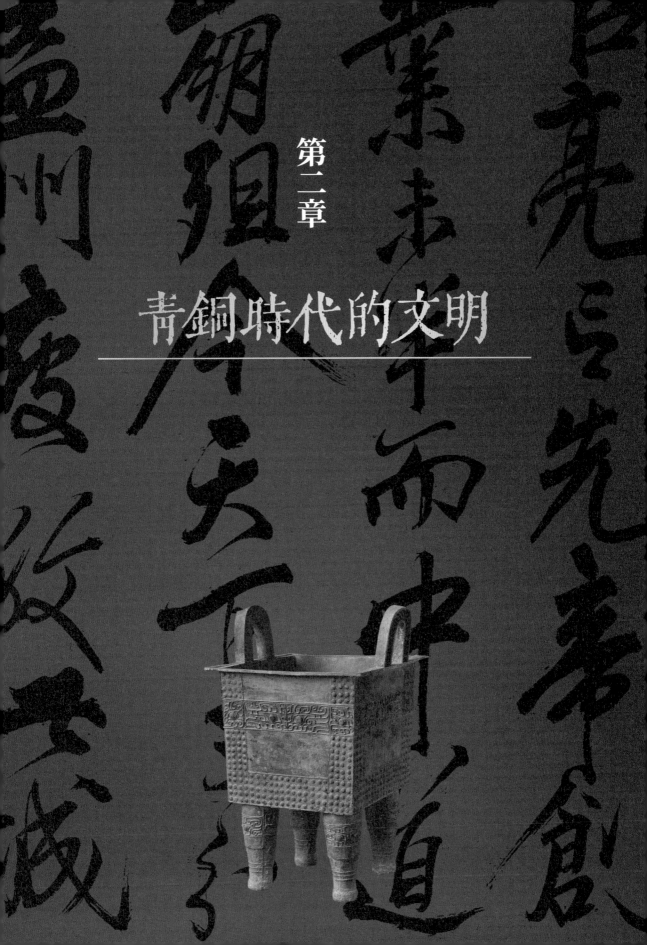

第二章

青銅時代的文明

一、華夏——中國

傳說中，黃帝的後裔夏后氏，是夏部落聯盟的創始者。夏部落聯盟發展為夏王朝，大約在西元前 21 世紀（約前 2070 年）。由於當時沒有文字，後世文獻追憶記錄下來的，大抵是「太康失國」、「少康中興」之類的傳說。

所謂夏王朝，無法和秦以後的王朝等量齊觀，它是以夏后氏為盟主的邦國聯盟。《呂氏春秋》說：「當禹之時，天下萬國。」《左傳》說：「禹合諸侯於塗山，執玉帛者萬國。」這裡所謂「萬國」並非實數，形容其多而已，它反映了夏朝不過是一個鬆散的邦國聯合體。以後的商朝、周朝大體也是如此。

夏、商、周三代，既是三個互相銜接的朝代，又是三個同時並存的集團。傳說中，夏的始祖禹，出於黃帝子孫顓頊這一支；而商的始祖契，出於黃帝子孫帝嚳這一支。按照《史記》的記載，夏、商、周三代的祖先禹、契、后稷，都曾經在堯、舜的政權機構中服務。由此看來，夏、商、周是平行存在的三個集團，分布在黃河流域，自稱「華夏」或「華」、「夏」。

「華夏」的事實早已出現，但見諸文獻記載，卻比較晚。《左傳》襄公二十六年（前 547 年）有這樣一則記載：「楚失華夏。」說的是，楚國由於失誤，失去了中原的華夏大地。可見人們關於華夏的記憶由來已久。唐朝經學家孔穎達注

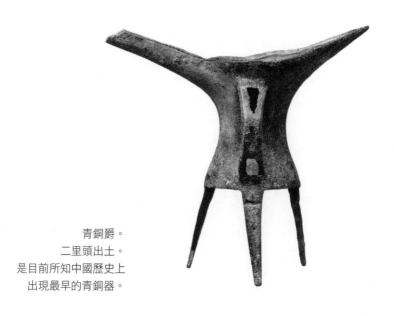

青銅爵。
二里頭出土。
是目前所知中國歷史上
出現最早的青銅器。

疏《左傳》，對「華夏」作這樣的解釋：「華夏謂中國也。」看來，在古人心目中，「華夏」是「中國」的同義詞。不過，此「中國」非彼「中國」，它和現在「中國」的含義不一樣，是中央之國的意思。居住在黃河流域的古代先民，自稱「華夏」，而把周邊人民稱為「蠻」、「夷」、「戎」、「狄」，「華夏」位居中央，稱為「中國」。

最近幾十年來的考古發掘，使得夏文化幾近明朗，它的主體大體相當於二里頭文化，也涵蓋了龍山文化後期。河南偃師二里頭發掘出一座宮殿遺址，面積約 1 萬平方公尺，有厚約 1 至 2 公尺的夯土台基，高出地面約 80 公分，上面是排列有序的柱子洞和完整的牆基。台基中部有一座八開間門面、進深三間的殿堂，堂前是平坦的庭院，四周有彼此相連的廊廡。如果復原的話，一座規模宏大、氣勢莊嚴的宮殿建築巍然屹立，夏王朝的威儀便躍然而出了。

夏人在不斷積累農業生產經驗的同時，天文曆法知識逐漸豐富。當時已有日、月、年的概念，把一年分為十二個月，以冬至後兩個月的孟春之日作為一年的開始。《左傳》引用《夏書》記錄了發生在「房宿」位置的一次日食，民眾擊鼓奔走的情景，是世界上目前已知最早的日食紀錄。《竹書紀年》中，有夏人觀測到流星雨的最早紀錄。

孔子、孟子認為，夏、商、周三代，制度有所損益，也有所繼承。夏文明為商文明奠定了基礎。

許倬雲所著《華夏論述》，探討什麼是華夏，什麼是中國。他認為，「華夏──中國」是一個複雜共同體，這個共同體猶如「飛鳥無形」、「輪不碾地」，不可能是定格的，是數千年血脈雜糅、族群相融、文化交錯而形成的共同體。「中國」從上古時代起，就是由水稻、小米、牛羊多種生產方式與生活方式，由東北遼河紅山文化、南方良渚文化、山東大汶口文化、長江中下游與漢水如石家河文化等不同類型文化共同構成的。儘管夏、商、周三代或許是一個較強文化的逐漸延伸和擴展，象徵著農業文化之崛起，歸根結柢它仍然是由此族與彼族、國人與野人逐漸混融才形成的共同體。

葛兆光《宅茲中國》說：我不太贊成把「中國」看成一個後世建構的（或想像的）文明，更願意把它看成一個由中心向四周擴散，經過不斷疊加與凝固而形成的共同體。

刻干支表牛骨。這塊商代末年的
牛肩胛骨上，刻有干支表，這是
當時使用干支紀日的物證。

二、殷墟的考古發現

商在滅夏之前，即所謂先公先王時代，已經有過一段輝煌的歷史。不過，一直臣服於夏。傳說中，商的始祖契，曾經追隨禹治理洪水；契的後人冥，還做過夏的水官。

早商時代的先王，從契到湯，傳了十四世，與夏朝存在的時間大體相當。湯率領部眾推翻夏朝，建立商朝，一共傳了十七世、三十一王，將近六百年。

早商時代的農業生產，保持著到處流動的習俗，從契到湯，集體大規模遷移了八次。商朝建立後，延續了這種習俗，多次搬遷都城。直到第十九代商王盤庚，在西元前 1300 年，把都城遷到殷（今河南安陽），推行改革，「行湯之政」——實行商朝建立者湯制定的政策，走上中興之路。第二十二代王武丁即位後，商朝達到了最為鼎盛的時期。這個轉折點，就是歷史上著名的「盤庚遷殷」。《竹書紀年》說，從盤庚遷殷，到紂王滅亡，二百七十三年，再也沒有遷都。

在殷這個地方建構的商朝都城，依傍洹水，便於水利和防衛。緊靠洹水南面是宮殿、宗廟區，它的東面、北面毗鄰洹水，地勢較高，占據水源有利地位，且無氾濫之虞。

時隔三千多年，深埋於地下的商朝古都殷，被發掘出來，人們把它叫做「殷墟」——殷的廢墟。

李濟（前左）和董作賓（前右）
在殷墟發掘現場的壓車道上。

1928 年至 1937 年，在李濟、董作賓、梁思永、郭寶鈞、石璋如等學者主持下，對殷墟進行了十五次考古發掘。陸續發現大批青銅器、甲骨，以及宮殿、陵墓、宗廟遺址。這個位於洹水南岸安陽小屯村的殷墟，再現了商朝古都的昔日輝煌。

　　參加殷墟發掘的李濟，1960 年用英文撰寫《古代中國文明》，指出：殷墟讓人們看到，早在西元前第二千紀，商朝不僅完成了華北的統一，而且還有能力吸收來源於南方的許多重要種族成分。種植稻米，發展絲織，進口錫錠、貝殼和龜殼，在王家苑林中豢養象、孔雀、犀牛。楚國的祖先曾與這個王朝的宮廷有接觸。四川和南方另一些地區的樂師可能在商朝宮廷樂隊參加演奏。以上種種，再加上明顯的西伯利亞和蒙古來的北方成分，以及更遠地區的西方成分的存在，「使安陽成了一個國際性的文化中心，成了青銅時代中期東方一個極其獨特的世界性城市」。殷墟考古發現的價值是無與倫比的。

　　1999 年，中國社會科學院安陽考古隊向新聞界披露，盤庚遷殷之「殷」有了新發現。他們在洹水北岸花園莊，發現了另一個商朝都城遺址，堪稱第二個殷墟。這個遺址的時代，晚於商朝早期的二里崗商城，早於商朝後期的小屯殷墟。從夯土建築基址、王室青銅禮器等方面推斷，花園莊遺址有可能是盤庚遷殷之「殷」，至於小屯殷墟遺址，應當是商朝後期的都城。有鑑於此，「殷墟」的概念，應該有所擴大，除了原先知道的洹水南岸的安陽小屯村，還有洹水北岸的安陽花園莊。

安陽殷墟鳥瞰圖。

三、瑰麗而神奇的青銅器

中國的青銅時代始於何時？這還真是一個不太好回答的問題。在黃帝時代，已經有鑄造銅鼎、銅編鐘的傳說；夏禹時代，又有「以銅為兵」（用銅製造兵器）、「禹鑄九鼎」的傳說。然而，人們並沒有發現那個時代青銅器的實物。迄今為止，考古發現最早的青銅器出土於河南西部的二里頭遺址，它們是爵（酒器）、戈（兵器）。二里頭文化相當於夏朝中晚期，如果說這個時期進入了青銅時代，是有事實根據的。

青銅文明的鼎盛時期是商朝。商朝第二十二代王武丁時代，最為強盛富庶。武丁的妃子婦好的墓葬中，有 200 多件青銅禮器、130 多件青銅兵器、5 件大青銅鐸、16 件小青銅鈴、44 件青銅器具（包括 27 件青銅刀）、4 件青銅鏡、4 件青銅虎、1 件青銅勺、20 多件其他青銅器。品種之豐富、數量之眾多、質地之精美，令人嘆為觀止。其中一件青銅鴞尊，外形猶如雙足蹲地的貓頭鷹，被中國國家博物館譽為青銅器中的精品。另一件三聯銅甗，在一個銅製的長凳上並排放著三個蒸煮食物的炊具，散發著濃郁的生活氣息。

安陽武官村出土的后母戊鼎，是商朝後期的器物，形制粗壯結實、方正嚴謹，象徵無可爭議的權力。這是目前已發現的分量最重的青銅器。與它相映成趣的是西周晚期的青銅器——毛公鼎，有 497 個銘文，記錄周宣王告誡和褒獎臣下毛公的原話，這是目前已發現的銘文最多的青銅器。

青銅器的種類很多，主體是禮器和兵器，由此間接地反映出它的政治意義大於經濟意義。青銅器的銘文，表明器主的族氏和祭祀對象，記載統治者對器主的恩賜，它明顯扮演政治權力的角色，強化國家政權的機能。

青銅禮器是王室與貴族權力的體現，因而製作講究，上面有精美的浮雕紋飾。這種紋飾以動物圖案為主，少數是自然界存在的動物，大多數是神話中的動物，例如：饕餮——有頭無身、食人未嚥的怪獸；肥遺——一個頭、兩個身體的蛇；夔——頭尾橫列中有一足的龍形獸；虯——有角龍；此外，還有龍這種古人最崇拜的神話動物。不過青銅器上的饕餮紋、肥遺紋、夔紋、虯紋、龍紋只是一種約定俗成的指稱或描述。

青銅三聯甗。是迄今
見到的唯一的這種複
合炊具。

　　對於動物圖案的意義,考古學家張光直在《中國青銅時代》中有這樣的分析:
神話中的動物功能,是把人的世界與祖先、神靈的世界相互溝通。青銅禮器是用來
崇拜和祭祀祖先和神靈的,在這種神聖儀式上,人們試圖透過這些動物來溝通祖
先、神靈,庇佑他們在人世間的權力與財產。

　　1980 年代末,四川三星堆青銅器的出土,是考古界的重大發現。三星堆是商
朝時期蜀國的都城遺址,大量精美絕倫而又怪異的青銅器,透露出神祕的色彩,令
人驚詫莫名。其中一件青銅人像,有真人大小,面部造型逼真,濃眉闊目,高鼻大
耳,頭冠上有羽毛狀飾物,身穿三層華衣,上面有巨龍紋、拳爪紋、人面紋以及雲
雷紋圖案。如何解讀,至今依然眾說紛紜。

婦好青銅鴞尊。婦好，商王武丁的妃子，
中國第一位女軍事統帥。

四羊方尊。中國現存最大
的商代青銅方尊，採用兩
次分鑄技術，被史學界稱
為臻於極致的青銅典範，
位列中國十大傳世國寶。

后母戊鼎。是已知
中國古代分量最重
的青銅器。

毛公鼎。因做器者毛公而得名。
銘文有近五百字，是目前所知青
銅器銘文最長的。

三星堆出土的面具
和人像。透著神祕
的氣息。

四、甲骨文——文明的標誌

美國民族學家摩爾根（Lewis Henry Morgan）在《古代社會》中說：「文字的使用是文明伊始的一個最準確的標誌」，「沒有文字記載，就沒有歷史也沒有文明」。古代埃及的象形文字從西元前 3500 年形成，一直使用到西元前 2 世紀。兩河流域的蘇美人在西元前 3500 年到西元前 2600 年之間發明、使用象形文字。中國有文字可考的歷史開始於西元前 16 世紀，當時有了成熟的足夠數量的文字——甲骨文，它的意義是不言而喻的。

光緒二十五年（1899 年），在河南安陽小屯村（殷墟）發現了刻有文字的龜甲獸骨，人們見識了中國最古老的文字——甲骨文。1904 年，經學家孫詒讓開始對它進行考釋，撰寫了《契文舉例》。1928 年以後，隨著殷墟考古的展開，先後出土甲骨 10 萬多件，上面共有 4,500 字，記載了從盤庚遷殷到商朝滅亡二百七十三年間的歷史。

這一發現意義重大，它標誌著漢字在商朝後期已經成熟，而且數以千計，人們終於擺脫了沒有文字的史前時代，進入了有文字可考的文明時期。甲骨文是我們祖先的天才發明，具有不朽的品質和價值，至今仍是漢字文化圈的共同財富。

在甲骨學史上，有四位有重大貢獻的前輩學者，被語言文字學家錢玄同推崇為「甲骨四堂」：羅振玉（號雪堂）、王國維（號觀堂）、董作賓（號彥堂）、郭沫若（號鼎堂）。

甲骨文的結構，已經具備了漢字的六書規律，即象形、指事、假借、形聲、會意、轉注。

象形：◉（日）、☽（月）、△（土）、⊞（田）、米（木）、禾（禾）、人（人）、蟲（蟲）、羊（羊）等。象形字是人類發明文字的最初階段，日、月取天象，土、田取地理，木、禾象徵植物枝幹，人象徵人體，蟲象徵其博首宛身，羊象徵其角曲。所以許慎《說文解字》說：「象形者，畫成其物，隨體詰詘，日、月是也。」

指事：文字不單表實，而且表意。《說文解字》說：「指事者，視而可識，察而可見，上、下是也。」甲骨文的「上」，寫作ニ、♡，「下」寫作一、

商王武丁時期刻辭甲骨。正反面刻滿長篇卜辭，字口塗朱，內容是商王武丁時期分別於一個月之內的癸巳、癸丑、癸亥三日占問本旬之內是否會有災禍發生。

，指示一短畫的位置以表示方位。「末」寫作 ，指明樹梢在哪裡；「本」寫作 ，指明樹根在哪裡。

假借：象形、指事的文字不夠用時，便「依聲托事」，即假借象形字之聲，來表示同音的其他事物或動作的符號。如甲骨文之「來」（ ），初為小麥名，後假借為往來之來。

形聲：假借一多，同音字易混淆，於是添加偏旁，一半形符（意符），一半聲符。如「盂」字寫作 ，下為形，上為聲；「祀」寫作 ，左為意，右為聲。

會意：二字意會，合成一字。如「明」寫作 ，意為日月相照；也寫作 ，意為月光照在窗上。把上述方法擴大，或部分採用，近似變形，造就了後世兩萬個漢字，成為世界上使用人口最多的文字。

相關書目推薦

葛兆光：《宅茲中國：重建有關「中國」的歷史論述》，聯經，2011
李濟：《安陽》，商務印書館，2011
張光直：《中國青銅時代》，聯經，2020

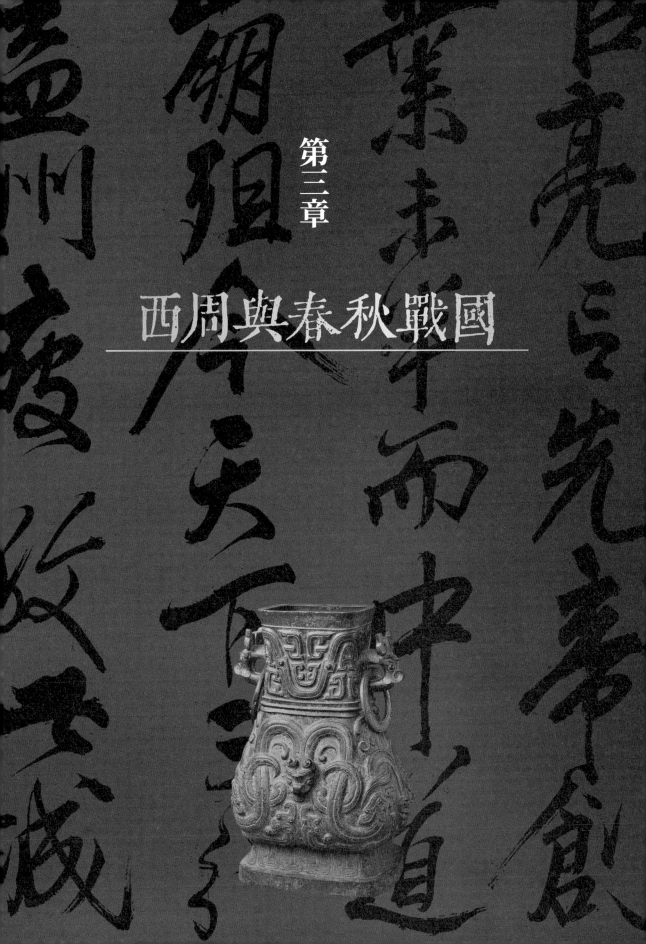

第二章

西周與春秋戰國

一、「封建」的本意——「封邦建國」

傳說中，周是一個姬姓部落，它的始祖，名叫棄，擔任過夏朝的農官，精通農業，後來被尊奉為農神后稷。后稷二字，賦有特別含義，「后」有君王之意，「稷」代表農作物，合在一起，便是農業神祇。

關中西部岐山南面的周原，土地肥沃，適宜農耕，古公亶父率領部族，從豳遷居周原，在此定居，自稱為周人。古公亶父在周原建都設官，後來的周人尊稱他為「太王」，把他看作周朝的奠基人。他的幼子季歷即位時，周的國力日漸強大。商王殺死季歷，遏制周的勢力。季歷之子昌（即後來的周文王）表面上繼續臣服於商，暗地裡擴充實力，準備取而代之。這個計畫由他的兒子發（即後來的周武王）實現了。西元前 1046 年，周武王乘勝占領朝歌，標誌著商朝滅亡，周朝建立。

武王克商後身患重病，逝世前留下遺囑，由弟弟周公繼位。周公向天禱告，請求代替武王去死。武王死後，各地紛紛叛亂。周公為了扭轉危局，擁立武王幼子

宜侯夨簋。記載了周康王冊封夨為宜侯。

繼承王位（即周成王），自己攝政輔佐；並且調動軍隊東征，平定武庚、管叔、蔡叔的叛亂。此後，周公在分治殷民的同時，封建諸侯，大抵姬姓、姜姓占據膏腴衝要之地。

這就是所謂「封建」，當時也叫做「封邦建國」。一共封建了七十一國，其中五十三國是同姓諸侯，目的是「封建親戚，以藩屏周」，也就是說，用同姓諸侯構築一道屏障，捍衛周王的中央權威。「封邦建國」顯然是以姬姓貴族為主的，為了穩定大局，也封建一些異姓貴族，不過對他們有所控制。例如，周公把商朝的早期國都商丘及周圍地區封建給商朝貴族微子啟，稱為宋國。同時，封建了許多諸侯，對宋國形成內外兩個包圍圈，內層主要是異姓諸侯：姒姓的杞國、嬴姓的葛國、姜姓的許國、媯姓的陳國等；外層主要是姬姓諸侯：曹國、郜國、茅國、蔡國等。值得注意的是，姬姓諸侯的封國沿著殷周交通線分布，大體與黃河流域主要農產區相吻合，帶有明顯的戰略意義。

周公鑑於武庚和管蔡的叛亂，敏銳地感到，聽任殷商遺民留在原地是危險的，於是決定營建成周（洛邑），把「殷頑民」遷到那裡，派軍隊鎮守威懾。從此，周朝有了兩個都城：西部的鎬京稱為宗周，東部的洛邑稱為成周。如果說，周公營建成周，是為了控制東方，對宗周（鎬京）起到拱衛作用；那麼，「封邦建國」就是把這種拱衛作用向外延伸，築城扼守，彼此呼應。

「封建」既是鞏固和擴大周朝統治的手段，也是貴族內部權力和財產再分配的方式。它的實質是分土分民，周王把土地和人民分給諸侯，叫做「建國」；諸侯把土地和人民分給卿、大夫，叫做「立家」。這樣就形成了金字塔形的封建體制：塔尖是周天子（周王）；第二層是諸侯；第三層是卿、大夫；第四層是士（底層貴族）；第五層是庶民（百姓）。

這種等級森嚴的封建體制，與宗法密切相關。宗法是從氏族組織蛻變而來的血緣宗族關係，把姬姓貴族區分為「大宗」、「小宗」。周王自稱「天子」，既是政治上的共主（王），又是天下同姓的「大宗」。王位由嫡長子繼承，世代保持「大宗」的地位。嫡長子的兄弟們受封為諸侯，相對於周王而言，處於小宗地位。但是，諸侯在自己的封國內，又是大宗；它的封君地位也由嫡長子繼承，嫡長子的兄弟們分別封為卿、大夫，都是小宗。而卿大夫在本宗的各個分支中，又處於大宗的地位。

東漢，周公輔成王畫像石（拓片）。

政治上的共主，與血緣上的大宗緊密結合，是封建體制的特色。說得通俗一點，周天子（周王）把封建制度與宗族關係結合起來，一身而二任。

西方學者認為，周朝建立以後的四、五個世紀，與歐洲中世紀的 feudalism 時代十分相似。近代日本學者在翻譯 feudalism 時，借用周朝的「封建」一詞，譯為「封建主義」。長期以來，「封建」一詞被泛濫使用，演化為落後的代名詞，例如「你這個人太封建」、「封建迷信」之類，確實有必要重新解讀它的本意。

美籍華裔歷史學家黃仁宇在《放寬歷史的視界》中指出：「很多現代中國的作者，稱之為『封建社會』，並且以此將它與歐洲的 feudal system 相比擬，其結果總是尷尬。徵之中國傳統文獻，『封建』也與『郡縣』相對，所以將漢唐宋明清的大帝國、中央集權、文人執政、土地可以買賣、社會流動性大的郡縣制度稱為封建，更比擬為歐洲的 feudal system，就是把這些歷史的大前提弄錯了。」

其實，這並非黃仁宇的創見，1926 年，顧頡剛、傅斯年就有過討論。顧氏向傅氏詢問：「用唯物史觀來看孔子的學說，他的思想乃是封建社會的產物。秦漢以下不是封建社會了，何以他的學說竟會支配得這樣長久？」傅氏同意顧氏的意見，說：「封建一個名詞之下，有甚多不同的含義。西周的封建，是開國殖民，所以封建是一種特殊的社會組織。西漢的封建是割裂郡縣，所以這時所謂封建但是一個地理上之名詞而已。」

因此，近年來關於「中國封建社會」的爭議，也就不足為奇了。侯建新《「封建主義」概念辨析》、馮天瑜《「封建」考論》，先後對「中國封建社會」表示質疑。美國哥倫比亞大學教授李峰的專著《西周的政體》和《西周的滅亡》，從另一個角度對長期流行的觀點發起挑戰。他指出：「如果說西方學術界長期以來所講的 feudalism 是一個錯誤的建構（這一點已很清楚），那麼由它發展出一種概括社會形態的模式（即所謂『封建社會』），再把這一模式套用在古代中國社會之上，這就成了一個錯誤的連鎖反應。」

二、周公「制禮作樂」與禮樂文明

武王是周朝的締造者，可惜英年早逝，周公攝政，輔佐成王，制定了一系列典章制度，在歷史上留下深遠影響的，莫過於「封邦建國」與「制禮作樂」。上面講了「封邦建國」，下面再講「制禮作樂」。

周公，周文王之子，周武王之弟，名旦，因為采邑在周，被稱為周公。他並不是迷戀於權位的人，武王逝世前遺命，由周公繼位，周公顧全大局，擁立武王幼子誦為成王，自己屈居輔佐攝政的地位。在制度建設大體就緒、東都洛邑營建完成之後，他請成王到洛邑主持首次祭祀典禮，開始親政。此後，周公把政權還給成王，自己留守宗周。

然而，周公的結局是悲涼的。周成王十一年（前 1032 年），周公在失意中病逝。病危之際，他請求葬於周地，以表示對周的忠誠。成王卻把他葬到周以外的地方，冠冕堂皇的理由是，不敢把周公視作臣子，實際是不承認周公是忠臣。悲劇的根源在於，他是輔佐成王的攝政者，在成王眼裡，他功高蓋主，威權震主。

確實，周公攝政的七年，成績斐然，而他本人又高風亮節，被後世政治家引為治國的楷模。關於他的政績，漢朝學者伏勝的《尚書大傳》有最為簡潔的概括：「周公攝政，一年救亂，二年克殷，三年踐奄，四年建侯衛，五年營成周，六年制禮作樂，七年致政成王。」

所謂「制禮作樂」，就是制定禮樂制度，建構禮樂文明。

「禮」的本質或確切含義是異，用來區分社會各等級的身分差異，貴與賤、尊與卑、長與幼、親與疏之間，各有各的行為規範。也就是說，貴者有貴者之禮，賤者有賤者之禮；尊者有尊者之禮，卑者有卑者之禮；長者有長者之禮，幼者有幼者之禮；親者有親者之禮，疏者有疏者之禮。這種禮，規定了君臣、父子、兄弟、夫婦之間上下尊卑的關係，不得有所逾越。

《禮記》記載，周禮有五類：關於祭祀的是「吉禮」，關於喪葬的是「凶禮」，關於交際的是「賓禮」，關於征戰的是「軍禮」，關於吉慶的是「嘉禮」。每一個貴族從出生到死亡，從人事到祭祀，從日常生活到政治活動，都必須遵守與其身分相符的「禮」。即便是關於喪葬的凶禮，也是極為複雜的，參加喪禮的人，由於身分等級不同，以及與死者關係的親疏遠近，而有嚴格的區別。因此，喪禮往往是確

認社會關係最為敏感的場合，凶禮所反映的社會關係意義，遠遠大於個人情感意義，它一方面表現縱向的社會等級，另一方面表現橫向的宗族聯繫。

李伯謙《考古學視野下的西周史》指出：「禮樂制度是按照天子、諸侯、卿、大夫、士不同職等制訂的禮儀準則，體現在各個方面。考古學上最能反映這一點的是喪葬制度，例如天子才能用四條墓道，諸侯和卿只能用兩條或一條墓道，士一般不設墓道。隨葬器物也有嚴格差異，天子九鼎八簋、多套編鐘，諸侯和卿七鼎六簋、五鼎四簋、一套編鐘，士三鼎二簋或一鼎一簋、鐘一枚。」東周時期出現的所謂禮制僭越現象，實際上是適應社會發展變化的結果。

頌青銅壺。記載了周王冊命頌之事，對典禮過程有詳細記載。

一個社會只講差異，不講和同，就無法和諧。周公的高明就在於，在「制禮」的同時，又「作樂」，使「禮」與「樂」相輔相成或相反相成。

「禮」強調差異，「樂」則強調和同。《禮記・樂記》說：「樂者，天地之和也；禮者，天地之序也。和，故百物皆化；序，故群物皆別。」意思是說，樂是天地的和諧，禮是天地的秩序，因為和諧，萬物可以共處；因為秩序，萬物都有區別。

所謂樂，當然是指音樂，不過是帶有濃厚社會政治色彩的音樂。它的功能，按照古人的說法，可以概括為十五個字：通倫理，和天地，養萬物，化異同，成天下。說得通俗一點，就是以音樂激起人們相同的共鳴情緒，人無分尊卑貴賤，產生同類感，彷彿四海之內皆兄弟。《禮記・樂記》談到音樂演奏在不同場合的功能，這樣說：

——「樂在宗廟之中，君臣上下同聽之，則莫不和敬」；

——「在族長鄉里之中，長幼同聽之，則莫不和順」；

——「在閨門之內，父子兄弟同聽之，則莫不和親」。

顯然，樂的功能是維繫社會的團結，求得人際關係的和諧。由此看來，禮和樂兩者缺一不可，否則社會就會失衡。《禮記・樂記》對此的議論是最為精到的：

——「樂者為同，禮者為異。同則相親，異則相敬。」（樂強調和同，禮強調差異。強調和同，人們就互相親愛；強調差異，人們就互相尊敬。）

——「禮義立則貴賤等矣，樂文同則上下和矣。」（有了禮，貴賤的等級差別就顯示出來了；有了樂，各色人等上下之間就和諧了。）

——「樂至則無怨，禮至則不爭。」（有了樂，人們就不會埋怨；有了禮，人們就不會相爭。）

周公的治國之道，是在強調等級差異的同時，也強調人與人的和同，在有差別的社會中，盡力營造無差別境界。這是孔子和儒家最為津津樂道的理想境界。

盠青銅方彝。記載了
周王冊命做器者盠的
事情。

西周，銅編鐘。

三、孔子：「郁郁乎文哉，吾從周。」

學者楊向奎《宗周社會與禮樂文明》意味深長地說：沒有周公就不會有武王滅殷後的一統天下，沒有周公就不會有傳世的禮樂文明，沒有周公就沒有儒家的歷史淵源，沒有儒家，中國傳統的文明可能是另一種精神狀態。此所以孔子要夢見周公，稱讚說：「郁郁乎文哉，吾從周。」

孔子對周公的「制禮作樂」崇拜得五體投地，對春秋時代的「禮崩樂壞」極為不滿，他的名言「是可忍也，孰不可忍也」，就是對「禮崩樂壞」的怒吼。

周公的長子伯禽分封於奄（今山東曲阜），國號魯。因此，周公制定的禮樂制度，在魯國有著深厚的土壤。孔子沉醉於禮樂文明之中，十分不滿當時的「禮崩樂壞」，對違反周禮的言行多持反對態度，提倡「非禮勿視，非禮勿聽，非禮勿言，非禮勿動」，即不符合禮的行為不要看，不符合禮的言論不要聽，不符合禮的話語不要講，不符合禮的事情不要做。齊景公向他請教為政之道，他說得很乾脆：「君君，臣臣，父父，子子。」就是要遵循周禮，區分上下尊卑，君要像君，臣要像臣，父要像父，子要像子。晉國鑄刑鼎，把法律條文鏤刻在鼎上，試圖依法治國。他反對說：「晉其亡乎！失其度矣。」這個「度」，就是周禮的貴賤有序，推行法治，勢必導致「貴賤無序」。

最令孔子不滿的是，諸侯僭用天子之禮，卿大夫僭用諸侯之禮、天子之禮。以祭祀為例，按照周禮，只有天子可以舉行郊祭（祭天），諸侯只能祭祀封國境內的名山大川。然而，魯國從僖公開始，也舉行郊祭，季氏則舉行旅祭（祭泰山）。祭祀用的樂舞，即所謂雅樂，有嚴格的等級差別。天子的祭祀樂舞，懸掛的樂器四面排列，舞者八佾（八個行列），六十四人；諸侯的祭祀樂舞，懸掛的樂器三面排列，舞者六佾（六個行列），四十八人；卿大夫的祭祀樂舞，懸掛的樂器兩面排列，舞者四佾（四個行列），三十二人；士的祭祀樂舞，懸掛的樂器一面排列，舞者二佾（兩個行列），十六人。春秋時期的魯國，不僅魯公「八佾以舞《大武》」，連季氏也「八佾舞於庭」了。諸侯和卿大夫居然恬不知恥地僭用天子之禮，無怪乎孔子要高呼：「是可忍也，孰不可忍也！」

孔子三十六歲在齊國聽到「韶樂」，竟然三月不知肉味，感嘆道，想不到音樂可以達到這樣高的境界。究竟是興奮還是感動，不得而知，總之是推崇備至，因

為他看到了「制禮作樂」的真諦。這種樂，是與禮並行不悖的。在他看來，「韶樂」歌頌堯舜的禪讓，可謂盡善盡美；「武樂」歌頌武王征戰天下，盡美而未必盡善。

「武樂」就是周公制作的《大武》樂舞，在《詩經‧周頌》中可以看到它的歌詞。樂舞的第一場是武王帶兵出征，第二場是滅亡殷商，第三場是征伐南國，第四場是平服南國，第五場是統治東方，第六場是班師還朝。這種由編鐘、編磬演奏的雅樂，伴隨著舞蹈，出現在政治、宗教儀式中，顯示等級森嚴的社會還有上下和諧的另一面。所以說：「禮之用，和為貴。」

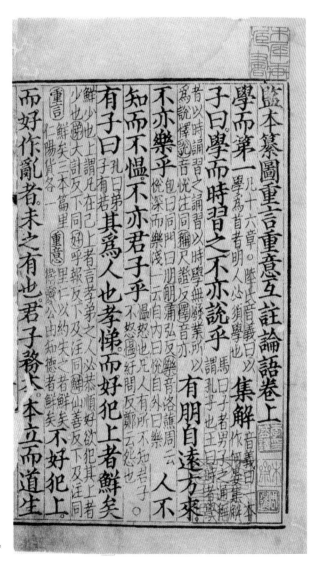

《論語》開篇（宋刻本）。

詩、禮、樂，是儒家教化的三元素，三者之間密切相關。詩可以抒發志趣，但是需要用禮來規範約束，用樂來達成和諧。孔子說「興於詩，立於禮，成於樂」，大概就是這樣的意思吧！

　　孔子死後，葬在曲阜城北泗水旁，弟子們在墳墓邊的草棚裡，服喪三年，追憶先師的諄諄教誨，把他的言論整理成《論語》。孔門弟子出於對先師道德學問的敬仰，以各種方式把它發揚光大。曾子的《大學》、子思的《中庸》、孟子的《孟子》，都致力於闡發《論語》的政治倫理。這就是後世學者奉為儒家經典的「四書」。

〈累累說聖圖〉。仇英繪，文徵明書〈孔子聖蹟圖〉中的一幅。

四、列國爭霸，百家爭鳴

西元前 770 年，周平王在一些貴族和諸侯的護衛下，從鎬京（今陝西西安）東遷到洛邑（今河南洛陽）。周朝初年建立東都（即所謂成周），原是為了控御東方，周朝的真正基地仍在鎬京（即所謂宗周）。東遷之初，宗周故地並未完全喪失，到後來周室衰微，號令不行，周王成了徒有其名的共主。歷史學家把這一年之後的周朝叫做東周，以區別於此前的西周。從此周朝失去了控制四方諸侯的力量，進入了動亂時期，即春秋（前 770 年至前 476 年），這一時代共有一百四十多國，其中大的也有十幾國。

春秋列國的國家功能與結構，遠不如西周國家。西周時期的國家主權屬於王室（周天子），列國都沒有完整的主權，到春秋時代各自稱王稱霸時，各國不承認周王室的宗主權。春秋時代的列國爭霸，從本質上講，是諸侯爭當周王的代替者，爭當中央或中心。在這一過渡時期，霸主制度為中國維持了相當程度的秩序，避免了無中央（中心）的大混亂。所謂「春秋無義戰」的觀點是片面的，因為它沒有擺脫周天子正統的立場。爭霸的結果，一方面國家形態轉化為完整的主權國家；另一方面國家形態擺脫了血緣組織的殘餘，轉化為領土國家。

爭霸的形式大抵是「挾天子以令諸侯」，打著周天子的旗號，積極擴展自己的勢力，成為號令一方的霸主。周天子的天下共主地位早已名存實亡，先前的「禮樂征伐自天子出」，一變而為「禮樂征伐自諸侯出」，周天子不過是一個虛君而已。

首先建立霸業的是齊桓公。正當齊國爭霸中原時，晉國勃興，晉文公成為中原霸主。在晉國稱霸時，楚國向東擴展，滅了一些小國，轉向北方，爭霸中原，楚莊王成為中原霸主。秦國滅掉一些西方小國，逐漸強大，秦穆公向東爭取霸業，遭到晉國遏制，轉而向西發展，成為西方一霸。

爭霸的結果，各種政治力量分化改組，最後剩下了燕、趙、韓、魏、齊、楚、秦七個大國，以及十幾個小國，歷史進入了戰國時代。

東周的五百五十年間，戰爭性質發生了巨大的變化。春秋時代軍隊規模小，戰鬥每每一天就結束。交戰雙方都很講究軍禮，注意禮儀，戰爭成了藝術化的操練，顯示出強烈的騎士風度。這樣的美風，戰國時代消失得無影無蹤。

楚高青銅缶。器口沿脣部
有五字銘文：「商治尹，
楚高。」

鄂君啟錯金青銅節。鄂
君啟是楚懷王之子，青
銅節是楚懷王頒發給鄂
君啟於水陸兩路運輸貨
物的免稅通行證。

戰國時代，伴隨著政治、經濟方面激烈而深刻的變革，出現了各種思潮學派的交鋒與激盪，出現了群星燦爛的百家爭鳴局面。正如呂思勉所說：「先秦時代的學術，是注重於矯正社會的病態的，所謂『撥亂世，反之正』，實不僅儒家，而為各家通有的思想。」諸子百家都致力於矯正社會病態，但所持論點各異，於是乎便有了爭鳴與交鋒，彰顯出思想火花的無窮魅力。

百家爭鳴，有兩種形式：一種是各個學派闡述自己的學說思想，互相問難，進行辯論；另一種是文人學士遊說諸侯，兜售自己的政治主張。這時的諸子百家都主張學以致用，為了救世，必須以其所學去遊說諸侯，與諸侯及其官員發生爭鳴。因而各個學派的鉅子幾乎都是伶牙俐齒、口若懸河的雄辯家，像韓非那樣口吃，只是個別特例。孟子到處遊說，能言善辯，一個叫公都子的人問他：別人都說您喜歡辯論，請問為什麼？孟子回答：我是不得不辯論啊！世道衰微，荒謬的學說、殘暴的行為都出現了，臣殺君，子殺父，我要端正人心，消滅邪說，不得已而辯論。

當時文人學士遊說之風很盛，一個很平凡的知識分子（士），透過遊說，一旦獲得國君賞識，便可提拔為執政大臣。商鞅本是魏相國公叔座的家臣，進入秦國遊說，得到秦孝公賞識，被任命為秦國最高官職大良造；張儀本是魏國人，入秦遊說，做到了秦惠王的相國。

遊說與爭鳴對於政治的走向有著積極作用。商鞅入秦後，與甘龍、杜摯關於「法古」與「反古」的辯論，便是最好的例子。商鞅針對甘龍、杜摯「法古無過，循禮無邪」的論調，駁斥道：「前世不同教，何古之法？帝王不相復，何禮之循？」他認為「治世不一道，便國不法古」，主張「當時而立法，因事而制禮」，這顯然是以法家思想批判儒家思想。孟子遊說於齊、魏、滕、薛、宋、鄒、梁等國，慷慨陳詞，闡述儒家的政治見解。他到魏國，魏惠王對他優禮有加，向他請教治國之道。魏惠王問他：「何以利我國？」孟子回答：「王何必曰利，亦有仁義而已矣！」實際是在用儒家的義利觀批判法家的義利觀。孟子在齊國遊說，齊宣王任命他為上卿，據說他有車數十乘，隨從數百人。這些都是遊說的結果，使得當政者能採用其學說與主張，故能顯赫一時。

各國執政者的寬容政策，為百家爭鳴提供了良好的氛圍，這一點在齊國的稷下學宮表現得最為突出。齊國都城臨淄是春秋戰國首屈一指的大都市，城周五十里，有十三座城門，居民七萬戶，三教九流，各色人等，兼容並蓄。齊國在臨淄西

吳王夫差青銅劍。吳王夫差時期，吳國曾
短暫稱霸中原。吳越地區不適合車戰，劍
的使用很多，其鑄劍水準遠超中原地區。

靴形青銅鉞。

宋公欒青銅戈。宋公
欒即宋景公。君主專
屬兵器上，多用錯金
字署名。

邊稷門外的稷下，設立學宮，招徠各國學者著書立說，議論政治，尊稱為「稷下先生」，也稱為博士。到了齊威王、齊宣王時代，稷下學宮盛極一時，群賢畢至，有事蹟可考者如淳于髡、慎到、鄒衍、宋鈃、尹文、接子、田駢、環淵、荀卿等。齊國雖然崇尚黃老之學，但並不排他，對各家各派兼容並蓄，採取「不治而議論」的方針，使得稷下學宮成為百家爭鳴、思想交鋒的中心。孟子與齊威王、齊宣王政見不同，還是受到禮遇，齊宣王多次向他問政，甚至像征伐燕國這樣重大的軍機，也徵求孟子的意見。後來孟子想離開，齊宣王百般挽留，打算給他豪華的住宅和優厚的俸祿。這樣禮賢下士風度，使百家爭鳴蔚為大觀，令後世文人學士豔羨不已。

相關書目推薦

馮天瑜：《「封建」考論》，中國社會科學出版社，2010

黃仁宇：《放寬歷史的視界》，允晨，1999

楊向奎：《宗周社會與禮樂文明》（修訂本），人民出版社，1997

徐中舒：《先秦史十講》，中華書局，2009

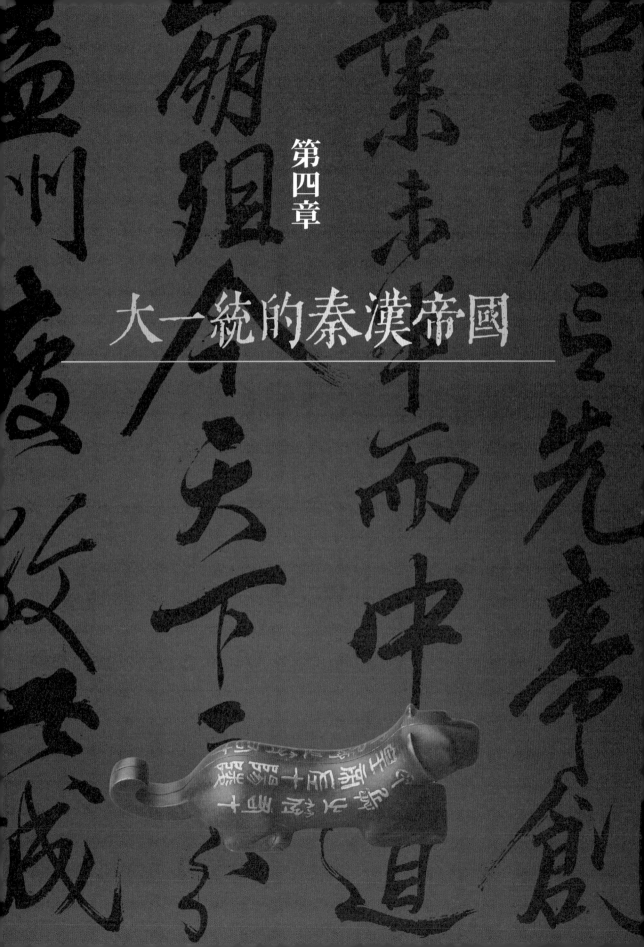

第四章

大一統的秦漢帝國

一、始皇帝──中國第一個皇帝

秦王嬴政在尉繚和李斯的輔佐下，從西元前 230 年到西元前 221 年，用戰爭手段滅亡了韓、趙、燕、魏、楚、齊六國，在華夏大地上建立統一的秦帝國。它以咸陽為首都，東至大海，西至青藏高原邊緣，南至嶺南，北至河套、陰山、遼東。從此，「海內為郡縣，法令由一統」，中國歷史由封建時代進入了帝國時代。

此前的夏、商、周三代的最高統治者，都是「王」，而不是「皇帝」。西周的封建體制下，作為政治「共主」的周王，無法對諸侯的封地實行直接統治。秦朝建立了中央集權的郡縣體制，由皇帝直接統治全國所有的郡縣，直至鄉村。這種皇帝制度與帝國體制的締造者，就是自稱「始皇帝」的嬴政。他統一天下後，發布詔令說：「朕為始皇帝，後世以計數，二世三世至於萬世，傳之無窮。」雖然秦朝二

秦始皇像。

秦始皇陵兵馬俑。兵馬俑其實就是用陶土製成戰車、戰馬、士兵等形狀的殉葬品。

秦坑儒谷。在今陝西
臨潼洪慶堡村西南。

世而亡，是歷史上少見的短命王朝，但是以後不斷的改朝換代，統治者都沒有廢棄皇帝制度，皇帝這個尊號綿延達兩千多年。「至於萬世，傳之無窮」云云，雖不中，亦不遠。

帝國的權力集中於皇帝，皇帝之下有三公九卿，組成管轄全國的中央政府。從形式上看，秦的三公九卿與西周的三公六卿，有些類似，但權限與職責截然不同。

帝國體制的根本性變革是廢除地方分權的封建制度，建立中央集權的郡縣制度，也就是說，以前各自為政的諸侯國林立的局面不復存在，代之以中央政府直屬的郡縣兩級行政區劃。全國劃分為三十六郡（以後增加至四十餘郡），郡的長官是郡守，其副職是郡尉（分管軍事），另外還配備郡監（監郡御史）——直屬於中央的御史大夫，代表中央監控地方。郡級行政區劃下，設立若干縣，長官是縣令或縣長。縣級行政區劃下有若干鄉，長官有三老（主管教化）、嗇夫（主管賦稅、訴訟）、游徼（主管治安）。鄉以下，還有亭、里的建制，亭設亭長，里設里正。皇帝的政令，透過三公九卿，直達於郡、縣，乃至鄉、亭、里，深入農村基層。

這種前所未有的中央集權體制，是始皇帝最具歷史意義的創舉。其起因當然與春秋戰國時代列國紛爭有關，為了避免再度出現那種狀況，他斷然決定廢止封邦建國的封建體制，代之以中央集權的帝國體制。

這種變革的阻力是不言而喻的，六國貴族企圖奪回權力與財產，復辟封建制度，在朝廷中也有他們的代言人。西元前213年，始皇帝在咸陽宮設宴招待官員，七十名博士應邀赴宴。宴會上，官員周青臣發言，讚揚始皇帝推行郡縣制度的好處。博士淳于越譏諷他當面拍馬屁，隨後滔滔不絕地論述郡縣制度不及封建制度優越。始皇帝叫大家議論。丞相李斯駁斥淳于越，用嚴厲的語氣說，書生以古非今，擾亂視聽，對於朝廷的政令，口是心非，造謠誹謗，必須予以禁止。為此，他草擬了嚴禁的辦法：只有政府有關部門可以收藏詩書百家著作，民間收藏的此類著作一律焚毀；命令下達三十日後，不焚毀，處以黥刑（在臉上刺刻塗墨）；敢引用詩書，以古非今的人，處以極刑；官吏知情而不舉報，處以同樣的極刑。

這就是「焚書坑儒」的由來。由此可見，這場變革阻力之大，不得不動用極端手段，從而招致後人無盡的非議。

秦始皇陵銅車馬。其主體為青銅所鑄，配以部分金銀飾品，
約真人真馬的一半大小。工藝精美，惟妙惟肖。

二、郡縣制與封建制的折中主義

秦的統一無疑是順應歷史潮流之舉，被吞併的六國人心不服，始皇帝一死，便蠢蠢欲動。二世皇帝的倒行逆施，加速了秦朝的滅亡。

秦亡以後，群雄並起，誰主沉浮呢？回到先前的封建體制，大家都做諸侯王吧！這就是呂思勉所說

金縷玉柙。是漢代皇帝和高級貴族死後的殮服。玉、柙全部用玉片製成，玉片之間用金絲編綴。

的，「秦漢間封建政體的反動」。一手策劃此事的，就是西楚霸王項羽。六國貴族的後人，滅亡秦朝的有功之人，都被項羽封建為王，包括劉邦這個漢王在內，一共是十八個諸侯王。這種舉措，毫無疑問是倒退，說它是「反動」，毫不為過。

劉邦建立漢朝後是否改弦更張呢？沒有。如果說，項羽的封建是迎合六國貴族的復辟願望，那麼劉邦的封建異姓諸侯王，是出於無奈。這些異姓諸侯王如楚王韓信、淮南王英布、梁王彭越、趙王張敖、韓王韓信、燕王臧荼、衡山王（長沙王）吳芮，在楚漢戰爭中已經形成，漢朝建立後，漢高祖劉邦不過是承認既成事實而已。劉邦依靠他們建立大漢帝國，卻埋下了潛在的分裂危險。這些異姓諸侯王的封地，幾乎接近於戰國時期六國的全部疆域。他們自恃開國功臣，憑藉手中強大的兵力，與朝廷分庭抗禮。

漢高祖在處死韓信、彭越以後，把其他異姓諸侯王一一剪除。當時形勢對於剛剛建立的漢朝而言，十分嚴峻，不消滅這些異姓諸侯王，後果不堪設想，正如他自己所說：「成敗未可知。」問題在於，消滅異姓諸侯王以後，由於缺乏自信，又封建了同姓諸侯王。他的兒子劉肥封為齊王、劉長封為淮南王、劉如意封為趙王、劉恢封為梁王、劉恆封為代王、劉友封為淮陽王，他的弟弟劉交封為楚王，姪子劉濞封為吳王。

舊史家說，「漢承秦制」，此話並不錯。漢高祖繼承了始皇帝開創的中央集權的帝國體制，以及皇帝尊號，皇帝之下的三公九卿，地方的郡、縣、鄉、亭、里行政系統，與秦制完全一樣。郡有郡守（後更名為太守）、郡尉等官職，分別掌管政治、軍事、監察之權。縣分大小，萬戶以上設縣令，萬戶以下設縣長，下轄縣丞、縣尉，分別掌管文書、治安之職。基層組織是里，十里為亭，有亭長；十亭為鄉，有三老、嗇夫、游徼，分別掌管教化、稅收、治安。

但是，漢承秦制是打折扣的，是在郡縣制與封建制之間採取折中主義，推行一種「郡縣」與「封國」兼而有之的郡國制。

原因在於，錯誤地以為秦朝的短命，是由於廢除封建制，「孤立而亡」。劉邦分封自己的子弟為諸侯王，希望仰仗劉氏宗室的血緣關係，構築皇權的屏障。結果適得其反，不久就爆發了吳王、楚王為首的七國之亂，公然向朝廷挑戰。漢景帝平定吳楚七國之亂，把諸侯王國的各種權力收歸中央，取消其獨立

琅琊刻石。是西元前219年秦始皇
東巡到琅琊郡（今山東膠南西北）
時所立，歌頌了自己統一中國的豐
功偉績，強調了統一度量衡、統一
文字的重要性。

地位。漢武帝繼續推行「削藩」政策，使得王國只能衣食租稅，不能過問政事，諸侯王國名存實亡。所以傅斯年要說，西漢的封建不過是割裂郡縣的地理名詞而已。

鐵秤錘。實測重31.5公斤，為迄今出土最重的鐵秤錘，是秦始皇在全國範圍內統一度量衡制的重要物證。

三、帝國體制的強化

漢武帝劉徹頗有雄才大略，使得大漢帝國盡顯威儀，登上了世界的巔峰，與西方的羅馬帝國遙相呼應。

他為了提高皇帝的威權，一方面削弱丞相的權力，另一方面建立皇帝直接掌控的宮內決策機構，稱為「中朝」或「內朝」，而丞相領導的中央政府稱為「外朝」，淪為執行機構。同時，為了加強中央對地方郡國的控制，把全國分為十三部，皇帝向每一部派遣一名刺史，代表中央監察郡國一級長官。當時有一百零八個郡國一級政區，由中央直接管理似乎鞭長莫及，刺史部的建立解決了這一難題。刺史部只是一個監察區，負責監察若干郡國。然而，刺史的地位並不高，不過是年俸六百石的小官，他監督的郡國守相是年俸二千石的大官。以小制大，可謂一舉兩得，既可以防止監察區成為變相的大行政區，導致尾大不掉，又可以加強中央對地方的控制。

漢武帝任命具有法家色彩的桑弘羊擔任治粟都尉，主管財政經濟，大力整頓。一是實行鹽鐵官營，打擊地方豪強操縱鹽鐵經營，把生產與銷售鹽鐵的權利收歸國家壟斷。二是實行平準均輸。所謂平準，是由中央政府在首都長安設立平準官，對運來的貨物按照長安市場價格，貴賣賤買，調節供需，控制市場波動。所謂均輸，是由中央政府在各地設立均輸官，主管貨物的合理流動，既能補給軍需供應，又能支應都市消費，維持倉庫積儲，達到「流有餘而調不足」的目的。桑弘羊是當時著名的理財家，繼承並發揚李悝的法家主張，維護了農民的利益，也有利於國家財政收入的增加，這就是所謂「民不益賦而天下用饒」。

漢武帝在位的半個多世紀，帝國日益強大，不斷向邊陲及亞洲腹地發動軍事遠征。向西南遠征的結果，是在那裡設立了三個郡；向南方的遠征，則把版圖擴展到越南北部，在那裡建立了九個郡；向東北遠征的結果，是在朝鮮半島建立了四個郡。北方與西北方的遠征軍，在李廣、衛青、霍去病的指揮下，擊敗了騷擾中原的匈奴，在西北邊陲設立了兩個郡。

在這樣的背景下，張騫受命兩次出使西域。第一次出使，聯合大月氏夾擊匈奴；第二次出使，聯合烏孫夾擊匈奴，目的都是「斷匈奴右臂」。張騫外交活動的

影響是深遠的。一方面，他歸國後向漢武帝報告西域見聞，以及關於中亞的第一手資訊，甚至還有前往印度的路線與有關羅馬帝國的消息；另一方面，他為絲綢之路的開通奠定了基礎。

決決大漢當然需要統一的意識形態作為支撐，於是「罷黜百家，獨尊儒術」提上議事日程，並成為國策。這一國策的表述者——春秋公羊學大師董仲舒，根據「春秋大一統」思想，批評當時的狀況：師門不同，議論各異，百家都有各自的治國方略，統治者無法保持一貫的方針，使得百姓無所憑藉。因此，他主張運用政權力量，阻止其他學派與師從孔孟的儒家學派齊頭並進。

其實，在此之前漢武帝已經採用丞相衛綰的建議，罷黜專治法家、縱橫家學說的官員；把不研究儒家經典的「太常博士」一律罷黜，把黃老刑名等百家之學從官學中排除。漢武帝根據董仲舒、公孫弘的建議，設置五經博士，專門研究《詩》、《書》、《禮》、《易》、《春秋》等儒家經典，在首都長安建立太學，教授五經，從學習五經的太學生中選拔官員。這就是「罷黜百家，獨尊儒術」。這種政策旨在確立儒家學說在官學中的「獨尊」地位，不許其他學派分沾，而不是禁止諸子百家在社會上流傳，讀書人要研究，盡可自便。

敦煌壁畫〈張騫出使西域辭別漢武帝圖〉，持笏跪地辭行者是張騫。

在現實政治中，漢武帝的「獨尊儒術」是有所保留的，拘泥迂腐的儒術，和他好大喜功的作風格格不入。所以他相當依賴法家，為帝國實施財政經濟改革的桑弘羊，就出自法家。這種施政方針稱為「儒表法裡」——儒術掩蓋下的法治，正如漢宣帝所說，「漢家自有制度，本以霸王道雜之」，透露出王道（儒）與霸道（法）並用的祕密。

錯金銀雲紋青銅犀尊。這是一個
酒器，腹中空，前部有蓋，口中
有導流管。通體飾細如游絲的錯
金銀雲紋，華麗無比。

四、王莽託古改制

漢武帝轟轟烈烈的一生，以悲劇告終，征伐匈奴慘敗，到處呈現饑饉動亂跡象，他的晚年是在悔恨中度過的。西元前 87 年，他巡行到今周至這個現方，一病不起，七十歲的他永別了統治五十四年的帝國，躺在長安西北宏偉的茂陵地宮裡。繼位的是年僅八歲的昭帝劉弗陵，大司馬大將軍霍光按照遺詔輔政，一切政務全由霍光裁決。十三年之後，昭帝去世，霍光擁立漢武帝曾孫劉詢為帝，即漢宣帝。霍光死後，宣帝親政，奉行王道與霸道並用的治術，強調「信賞必罰，綜核名實」，用文法吏和刑名術來監督各級官吏。他敏銳地預感到漢家天下將要敗在篤信儒術優柔寡斷的兒子手裡。事實確實如此，昭帝、宣帝時代尚能維持武帝時代的鼎盛局面，以後相繼即位的元帝、成帝、哀帝、平帝，一代不如一代，終於導致外戚在宮廷政治中權勢膨脹，王莽的崛起絕非偶然。

王莽從步入政壇到當上皇帝，用了三十一年時間。這一段歷史，在東漢欽定的《漢書》裡，被故意扭曲了，把王莽描繪成亂臣賊子，他的所作所為，一概是虛偽做作。其實王莽攝政，可圈可點之處不少。當時政界貪汙成風，王莽不但不貪，還一次次把自家的財產分給下屬和貧民，自奉節儉，生活清苦，夫人的穿著打扮像個僕人。他的兒子殺死一個奴婢，為了標記法不阿貴，王莽竟勒令兒子自盡。葛劍雄在《泱泱漢風》中說：如果政治家都願意付出如此大的代價來作假，政治一定會清明得多。所以當時把王莽當成聖人、周公、救世主，有些人不乏拍馬奉承之意，多數人還是真心流露，否則的話，只靠劉歆等輿論高手是造不出那麼大聲勢的。

面對嚴重的社會問題，王莽進行一系列改革。改革的本意是革故鼎新，奇怪的是，王莽的改革不是向前看而是向後看，改革的一切理論根據就是一部儒家經典《周禮》，歷史學家稱為「託古改制」。王莽言必稱三代，事必據《周禮》，為他提供經學依據的是西漢末年經學大師劉向的兒子，也就是後來成為新朝「國師公」的劉歆。

為了解決「富者田連阡陌，貧者無立錐之地」的社會問題，王莽主張恢復西周的井田制。他在始建國元年（9 年）宣布「更名天下田曰王田」，取消土地私有制，一律收歸國有，按照《周禮》所描繪的井田制度，平均分配土地，人均不得超

青銅方斗。鑄造於王莽始建國元
年（9年）。根據銘文可知，自秦
統一中國後，度量衡制曾長期處
於穩定狀態。

「始建國二年」青銅鏡。銘文
表達了王莽代漢稱帝後希冀天
下安寧的願望。是中國現存最
早的一面紀年鏡。

過一百畝，禁止買賣。這種倒退的主張註定是沒有出路的，如果按照井田制重新分配土地，全國的耕地遠遠達不到人均一百畝；何況土地私有和買賣是小農經濟的基礎，符合歷史前進的趨勢。用行政命令的手段倒退回西周去，得不到任何階層的支持，王莽不得不在第三年宣布取消「王田令」，承認恢復井田制的改革失敗。

王莽根據劉歆的建議，進行工商業改革，根據依然是《周禮》，具體措施是五均六管。所謂五均，是在長安、洛陽、邯鄲、臨淄、成都等大城市設立五均官，對工商業經營和物價嚴格控制。所謂六管，是把鹽、鐵、酒等六種產業改為國家經營，實行專賣。這種官商行為違背市場規律，滋生舞弊，搞得一團糟，迫使王莽在垮台前一年宣布廢除這項改革。

按照《周禮》改革貨幣制度，更加匪夷所思。把早已失去貨幣功能的原始貨幣重新推向市場，把貨幣分成五物、六名、二十八品，一方面行不通，另一方面換算比值不合理，搞得混亂不堪。

按照《周禮》改革官制、官名，甚至分封了兩千多個公、侯、伯、子、男，連政府官員都搞不清楚那麼複雜的名稱，使得政府機構難以運作。

總之，所有的改革都一塌糊塗。

王莽企圖依據儒家經典重建一個「大同」世界，一勞永逸地解決社會問題。要解決社會問題，倒退是沒有出路的。倒行逆施的結果，加深了社會危機，引來了綠林、赤眉起義。王莽建立的「新」朝，只存在了短短的十幾年，如同流星般迅即消逝。光武中興後，在東漢史臣的筆下，王莽成了西漢腐敗政治的替罪羊。

美國歷史學家費正清（John King Fairbank）、賴肖爾（Edwin Oldfather Reischauer）在《中國：傳統與變革》中指出：王莽的土地國有和赦免奴婢的努力，使他得到「中國第一個社會主義者」這一錯置時代的稱號。另一位美國歷史學家畢漢斯（Hans Bielenstein）批評這種「浪漫主義的非歷史性的解釋」，他認為，王莽不是班固《漢書》所說的那個無能、狡猾、偽善和妄自尊大的蠢人，從積極方面衡量，王莽是機智而能幹的；從消極方面衡量，王莽不過是一個過分依賴古文經學的有點迂腐的儒生。

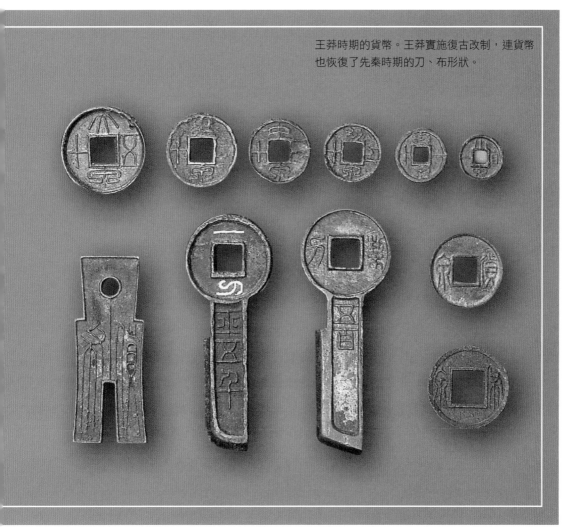

王莽時期的貨幣。王莽實施復古改制，連貨幣
也恢復了先秦時期的刀、布形狀。

五、清議與黨錮之禍

劉秀開創東漢王朝，史家稱為光武中興。明帝、章帝時代，中興氣象繼續發展，和帝以後，中興氣象消失，由盛轉衰，外戚、宦官專權是一個根本原因。

一部分官僚士大夫獨立不羈，不隨波逐流，他們品評人物，抨擊時弊，號稱「清議」。在腐敗成風的當時，發揮了激濁揚清的作用。

太學生群體數量眾多，他們熟讀經書，關心時政，在輿論上支持清議派，因而太學自然成為一個清議中心。冀州刺史朱穆彈劾貪官和宦官黨羽，遭到貶官，太學生劉陶等數千人遊行到皇宮，上書請願，迫使桓帝赦免朱穆。兩年後，劉陶上書批評皇帝，生活在閉塞狀態中，完全不了解國情。後來他出任諫議大夫，依然保持太學生時代的鋒芒，慷慨直言「天下大亂皆由宦官」，遭到宦官詆毀，下獄致死。

在標榜名教的太學生看來，國家命運繫於閹宦之手，是奇恥大辱。由於宦官專權，賄賂公行，原先的察舉徵辟制度遭到破壞，所謂賢良、孝廉，異化為獵取功名利祿的幌子。太學生與郡縣生徒的升官途徑受阻，憤憤不平，諷刺道：「舉秀才，不知書；察孝廉，父別居。寒素清白濁如泥，高第良將怯如雞。」

太學生最為推崇的官員，是敢於反對宦官的李膺、陳蕃、王暢等人，他們品評道：「天下楷模李元禮（膺）」，「不畏強禦陳仲舉（蕃）」，「天下俊秀王叔茂（暢）」。事實確實如此。李膺作為清議派首領，抨擊弊政不避怨嫌，故而「自公卿以下莫不畏其貶議」。李膺與太學生領袖郭泰等結交，反對宦官專權，被人誣告「養太學遊士，交結諸郡生徒，更相驅馳，共為部黨，誹訕朝廷，疑亂風俗」。漢桓帝按照宦官要求，下令逮捕李膺及其「黨人」二百多名，幸虧外戚竇武出面援救，才於次年赦免回鄉，但是終身禁錮，不得為官。這就是所謂「黨錮之禍」。

當時社會輿論都同情「黨人」，把那些遭到迫害的仁人志士稱為三君、八俊、八顧、八及、八廚，引為社會楷模——「海內希風之流遂共相摽搒」。「黨人」范滂出獄還鄉，南陽士大夫都出城迎接，車多達幾千輛，顯然把他看作衣錦榮歸的英雄。度遼將軍皇甫規以不在黨籍為恥，竟上表自請依「黨人」治罪。可見在昏天黑地的年代，社會良知並未泯滅。

「黨錮之禍」毫無疑問是鎮壓不同政見者的冤案，被誣為「黨人」者，其實並沒有結成什麼「黨」，所謂「共為部黨」云云，全是誣陷不實之詞。誠然，那些「黨人」或許不無瑕疵，但是他們反映了社會輿論主流，敢於向腐朽勢力挑戰，精神可嘉。他們獲得後人好評，絕非偶然，正如《後漢書》所說：「咸能樹立風聲，抗論昏俗，而驅馳險厄之中，與刑人腐夫同朝爭衡。」明末清初的思想家顧炎武對遭到「黨錮之禍」的志士仁人讚頌備至：依仁蹈義，捨命不渝，夏、商、周三代以來，風俗之美，沒有超過這一時期的。

東漢宅院畫像磚。這種住宅是士紳豪強的
住宅樣式，具有軍事防禦功能。

六、絲綢之路

「絲綢之路」這一名稱是德國地理學家李希霍芬在 1877 年出版的《中國》一書中首先提出的。1910 年，德國歷史學家赫爾曼在《中國和敘利亞之間的古絲路》中，把絲綢之路延伸到地中海西岸。

從漢朝開始的絲綢之路，用中國的絲綢把長安與羅馬連接起來，成為東西方經濟文化交流的紐帶，不僅在中國歷史上，而且在世界歷史上，都意義非凡。

漢武帝時代，張騫兩次出使西域，完成了探索溝通西域的史詩般功業。張騫回國後向漢武帝報告西域各國的情況，今人仍可從《史記·大宛列傳》看到當時的盛況。此後漢朝的使臣到達奄蔡（今裡海東岸）、安息（波斯，即今伊朗）、條支（今地中海東岸）。漢朝為了發展與這些國家的往來貿易，修築道路，設置驛站。中國出口的生絲與絲織品成為對外貿易的重要組成部分，由中亞、西亞運到羅馬帝國，成為羅馬元老院議員和貴族夫人的珍貴衣料；羅馬的鐵製品、玻璃製品以及金銀，由西向東流入中國。漢朝用絲綢向中亞各國換回馬匹、玉器，引進新的作物，如苜蓿、石榴、葡萄等。西方學者赫德遜（G. F. Hudson）在《歐洲與中國》第三章「絲綢貿易」中說，紀元後最初幾個世紀，在羅馬的塔斯丘斯街上有個中國絲綢市場，這裡的絲綢交易乃是古代最具深遠影響的大規模商業。羅馬上流社會需求絲綢的風尚，也流行於西班牙、高盧和不列顛。所以這一絲綢貿易就曳著其精美料子的線頭，從太平洋到大西洋，橫越整個舊大陸，形成一個共同經濟聯盟。沿著絲綢之路源源不斷西去的絲綢，在歷史上留下了明顯的影響。對於中亞諸國首領們而言，擁有絲綢是高級地位的一種標誌；對於羅馬帝國而言，絲綢是一種奢侈衣料，為了進口這些物品，對羅馬經濟造成了相當大的負擔。

19 世紀至 20 世紀，探險家與學者在絲綢之路沿線的考古發現，不僅證實了當時存在的一些古國，還證實了絲綢之路經久不衰的狀況，大量精美的絲織品、刺繡服飾的出土，依稀可以看見絲綢之路當年的繁忙景象。在鄯善、車師、龜茲、烏孫、于闐以及尼雅河流域當地人的墓葬中，發現許多漢錦、絲綢、鐵器、裝飾品，表明當時中原與西域交往的密切程度。

絲綢之路的舉世聞名雖然是由於絲綢貿易，但是它的貢獻遠遠超越了經濟層面，而成為東西方文化交流的管道。中國發明的造紙術、印刷術和火藥，就是由這

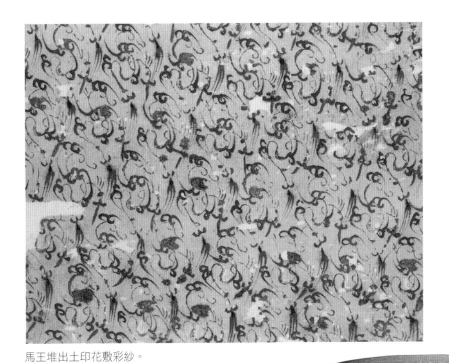

馬王堆出土印花敷彩紗。

馬王堆出土乘雲繡。

東漢碧琉璃杯。
這種杯為鈉鈣玻
璃，其成分與羅
馬玻璃相符。

條絲綢之路傳入近東，再傳至歐洲的。佛教、伊斯蘭教、基督教，也由此路傳入中國。因此可以說，絲綢之路是大航海時代之前，改變世界歷史與文明的大通道。它不但溝通了東西方文明，而且促成了東西方文明的互相交融，共築輝煌。

由於這樣的緣故，關於絲綢之路的探險與研究，也就具有無可比擬的價值。西方學者斯文・赫定（Sven Hedin）、斯坦因（Marc Aurel Stein）等，先後在樓蘭、婼羌、尼雅、和田等地，發現絲綢之路的遺跡、遺物，如毛筆、竹簡、木牘、紙張、殘絹、古錢、漢鏡、陶器，以及《戰國策》殘卷，還有梵文貝葉、佉盧文、婆羅米文、窣利文的文書。經過專家的長期研究，佉盧文書之謎得以揭開，它用阿拉米字母拼寫自己的文字，是印歐語系中古印度雅利安語的一種方言，最早流行於古犍陀羅地區（今巴基斯坦白沙瓦一帶），西元 2 世紀傳入大夏，以後傳入塔里木盆地一帶，成為那裡的通行文字。1940 年英國學者貝羅（T. Burrow）出版了《中國突厥斯坦出土佉盧文書譯文集》；1998 年中國學者林梅村出版了《沙海古卷——中國所出佉盧文書（初集）》。專家們不嫌寂寞，埋首破譯已經死亡的文字，其研究精神令人讚嘆，令人欽佩。

七、經學走火入魔

$\large{漢}$武帝「罷黜百家，獨尊儒術」，是為中央集權尋求意識形態的支持。運用政權力量控制意識形態，其實是法家的發明，韓非、李斯都精於此道。始皇帝根據他們的理論，用「焚書坑儒」的手段來對付讀書人，控制意識形態，實際上並不成功。正如一位詩人所說：「坑灰未冷山東亂，劉項元來不讀書。」推翻秦朝的劉邦、項羽並不是讀書人。《漢書・儒林傳》說，漢武帝用功名利祿來引誘讀書人，只有精通儒家經典才能進入仕途，把讀書人的聰明才智束縛於儒家經學之中，專注於章句訓詁，而無暇旁騖，終於達到了控制的目的。

隨著儒家經學成為官學，與功名利祿相聯繫，它的弊端就日益顯露。呂思勉談到經學的弊端時指出：「鄭玄遍注群經，在漢朝號稱最博學的人，而其經說支離滅裂，於理決不可通，自相矛盾之處不知凡幾。此等風氣既盛，治經者遂多變為無腦筋之徒。雖有耳目心思，都用在瑣屑無關大體之處。」

從漢武帝建元五年（前 136 年）設置五經博士，到漢平帝元始年間，將近一百四十年，在功名利祿的刺激下，儒家經學得到了突飛猛進的發展。儒家經典的篇幅都不大，對它的注釋卻動輒百餘萬言，以此為專業的經師多達千餘人。專攻經學的博士弟子由武帝時的五十人，逐步遞增，昭帝時一百人，宣帝時二百人，元帝時一千人，成帝時增加到三千人。到了東漢順帝時期，太學的博士弟子猛增到三萬人，在太學附近私塾裡還有近萬人在攻讀經學。

在浩蕩大軍的推動下，經學向政治滲透，幾乎無孔不入。漢元帝多才多藝，卻毫無政治才幹，所用的大臣，多是迂腐的經學家。朝廷討論國事，只會引用儒家經典語錄來判斷是非曲直。漢成帝沉迷於經學，用儒家經典的教導來包裝自己，卻不知道如何執政。

西漢末年篡奪政權的王莽，本身就是一個經學家，言必稱三代，事必據《周禮》。他的顧問——經學大師劉向之子劉歆，以「國師公」身分，用古文經學為新朝建構一套不同於今文經學的理論，作為「託古改制」的依據。王莽事事處處以周公為楷模，亦步亦趨，使他的改革顯得迂腐不堪，與時代格格不入。

《熹平石經》殘石。《熹平石
經》是中國歷史上最早的官定
儒家經本,為書法家蔡邕用標
準的八分隸書體寫成,故又被
稱為《一體石經》。

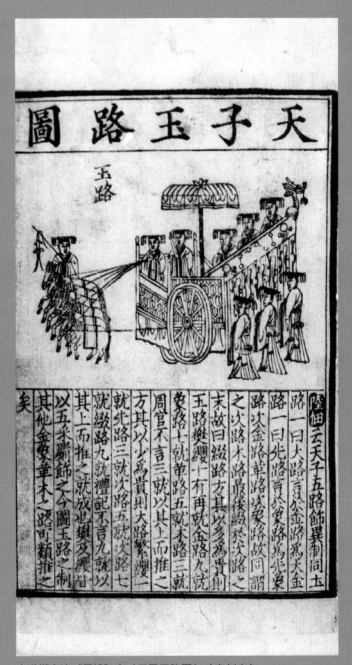

東漢鄭玄注《周禮》之〈天子玉路圖〉（宋刻本）。

東漢建立者光武帝劉秀精通經學，愛好讖緯。讖緯是經學的衍生物，用一種神祕主義方式解釋儒經，形成了讖緯之學。讖是假託神靈的預言，緯是假託神意解釋儒經的書。王莽當上皇帝，利用了讖緯；劉秀當上皇帝，也利用讖緯。在這一點上，劉秀與王莽頗為相似，不過劉秀略遜一籌。王莽為了政治目的利用讖緯，心裡明白那是假的。劉秀為了政治目的利用讖緯，卻發自內心，深信不疑，無論做什麼事都要靠讖緯來決定。

日本學者內藤湖南評論道：充分利用讖緯學說的是王莽。他透過偽造圖讖而奪取了漢室。讓人覺得不可思議的是，光武帝也以讖緯為武器，推翻了王莽，使漢室中興，這真是因果報應。當人們把學問變成一種已經玩熟的玩具時，便不再滿足於對經書的解釋，而開始依據不同的知識加以穿鑿附會。

讖緯的盛行，使得經學走火入魔了。

相關書目推薦

樊樹志：《歷史長河：中國歷史十六講》（二版），中華書局，2020

呂思勉：《秦漢史》，商務印書館，2010

內藤湖南著，夏應元、錢婉約譯：《中國史通論》，九州出版社，2008

榮新江：《絲綢之路與東西文化交流》，北京大學出版社，2015

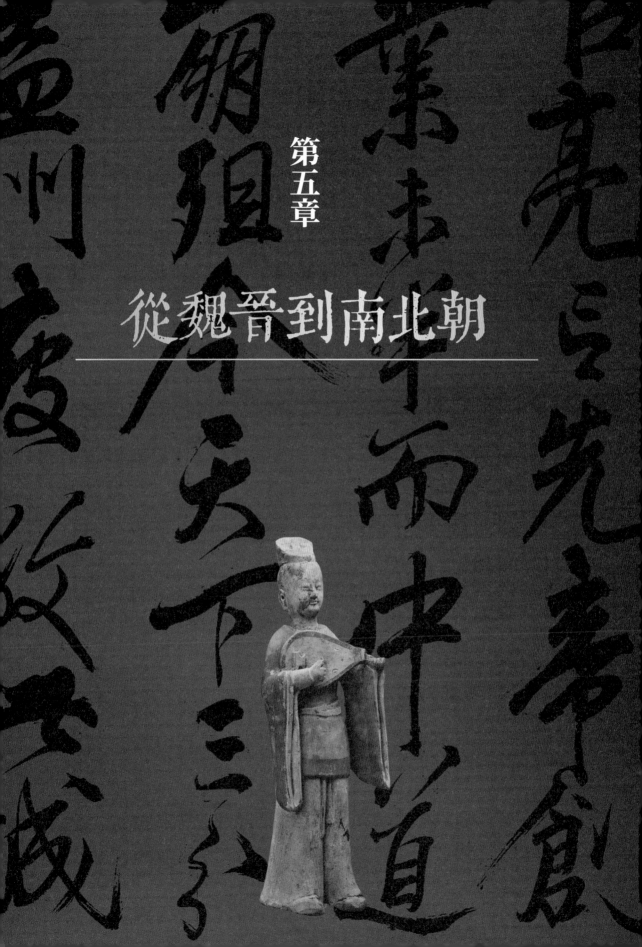

第五章

從魏晉到南北朝

一、三國何時鼎立？

東漢王朝晚期，社會秩序趨於崩潰，爆發了太平道首領張角宣導的黃巾起義。當時巴蜀一帶流行「五斗米道」——道教的一個流派，因為信教者要出五斗米而得名。巴郡五斗米道首領張修發動起義，與張角遙相呼應。在蜀郡的五斗米道首領張魯，格外引人注目。

三國魏青銅弩機。弩機上刻有製造年月和工匠姓名。弩機是弩的擊發部件。

張魯以治病的方式傳教，提倡在教徒之間實行互助，信教的農民很多。張魯利用張修起義的影響，在漢中傳布五斗米道，自稱「師君」，下轄若干「祭酒」。各部祭酒都在大路上建設房舍，稱為「義舍」，並且提供米肉，稱為「義米義肉」，教徒可以免費住宿吃飯。這種政教結合、勞武結合的社會組織內部，吃飯不要錢，有點類似後來水泊梁山的「大塊吃肉，大碗喝酒」，帶有劫富濟貧的意味。這種現象源於道教的平均主義——「損有餘以補不足」，在當時及後世都有很大影響。

黃巾起義延續了二十多年，使東漢王朝陷於名存實亡的狀態之中。亂世之奸雄曹操收編了三十萬黃巾軍以後，軍事實力大增，從長安逃出來的漢獻帝，被他迎接到許昌，取得了「挾天子以令諸侯」的地位，儼然成為漢室的護法神。

躊躇滿志的曹操以為可以一舉拿下江南，便揮師南下。江東的孫權與依附荊州劉表的劉備，決定聯盟，共同抵禦曹軍。劉備派諸葛亮前往柴桑（今江西九江）商議聯手抗曹事宜。諸葛亮向東吳人士分析形勢：曹軍遠道而來，猶如強弩之末，又不習水戰，孫、劉合作定能取勝；曹操敗後勢必北撤，三分天下的局面自然形成。

建安十三年（208年）冬，曹軍戰艦首尾相接，浩浩蕩蕩開到了赤壁。孫、劉聯軍不過五萬，與號稱八十萬，實際近二十萬的曹軍相比，顯然處於劣勢。但是，優勢與劣勢是可以轉化的。曹軍長途跋涉，水土不服，軍中發生傳染病，士氣低落，優勢已消失大半。剛一交戰，就敗退江北。曹操當然不甘心，他針對士兵不習水戰的弱點，把戰艦用鐵鍊鎖在一起，減少晃動。這種做法十分愚蠢，一旦遭到火攻，將不可收拾。果然不出所料，老將黃蓋巧施詐降計，十艘戰艦滿載浸透膏油的柴草，憑藉冬天少有的東南風，向江北疾駛。曹軍滿心以為是來投降的，毫無戒備。十艘戰艦接近曹軍時，突然火燒油草，烈火藉著東南風的助威，直撲曹營，一時烈火滾滾，濃煙彌漫，鎖在一起的戰艦及岸上軍營全部葬身火海。聯軍乘勢水陸並進，曹操落荒而逃。

這就是著名的赤壁之戰。二十八歲的諸葛亮和三十四歲的周瑜，運籌帷幄，充分發揮膽識與韜略，以少勝多，打贏了這場關鍵戰役。

赤壁之戰後，果然如諸葛亮所言，曹、孫、劉三分天下，初露端倪。人們往往以為，這時三國鼎立局面已經形成，其實不然。曹操活著時，並沒有建國稱帝，遑論孫權、劉備！也就是說，那個時候並沒有三個並立的國家，充其量不過是三股割據勢力而已。

關羽敗走麥城，被吳軍殺死，荊州失守。孫權害怕遭劉備報復，上書向曹操稱臣，勸曹操代漢稱帝。曹操識破他的用心，對左右說：這小子想把我放在爐火上烤啊！曹操不想代漢稱帝，是避免成為眾矢之的。一直到死，他的身分始終是漢朝的丞相。

建安二十五年（220年），曹操去世，他的兒子曹丕廢掉了漢獻帝，自立為帝，國號魏，首都洛陽。次年，劉備稱帝，國號漢，首都成都。再次年，孫權稱帝，國號吳，首都建業（今南京）。

三國鼎立的局面至此正式形成，而赤壁之戰已經過去十多年了。

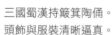

三國蜀漢持簸箕陶俑。
頭飾與服裝清晰逼真。

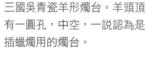

三國吳青瓷羊形燭台。羊頭頂
有一圓孔，中空，一說認為是
插蠟燭用的燭台。

二、打著「禪讓」幌子的篡立

諸葛亮信奉申不害、韓非的法術，用法術治理蜀漢。在對外關係方面，他始終堅持聯吳攻魏的策略。劉備為了替關羽報仇，打算攻打江東，他極力勸阻；劉備死後，他派人出使吳國，重新結盟。在著名的〈出師表〉中，他回顧自己「受任於敗軍之際，奉命於危難之間」，以憂患心態對待劉備的臨終託孤。在「鞠躬盡力，死而後已」心情的驅使下，出師北伐，屯兵漢中，進攻祁山。當時魏與吳正面對峙，西面空虛，蜀漢取勝是有可能的。但前鋒參軍馬謖違反節度，在街亭（今甘肅秦安）潰敗，喪失大好時機，諸葛亮只得退回漢中。以後三年，多次出兵，由於兵力不足，軍糧接濟困難，均不支而退。

諸葛亮在距離長安一百多里的五丈原（今陝西岐山），與魏將司馬懿相持一百多天，積勞成疾，病逝於軍中，享年五十四歲。遵照他的遺命，安葬於漢中定軍山（今陝西勉縣西南）。蜀漢退兵後，司馬懿率軍巡視諸葛亮部署的營壘，嘆

諸葛亮像。

道：「天下奇才也！」英雄之間惺惺相惜的情感，令人感慨。歷史學家錢穆在《國史新論》中說：三國儼然一段小春秋，曹操、諸葛亮、魯肅、周瑜，都以書生在大亂中躍登政治舞台，他們雖身居高職，依然儒雅風流，不脫書生面目。諸葛亮、司馬懿在五丈原，陸遜、羊祜在荊襄的對壘，成為歷史佳話，以前只有春秋時代有此高風雅趣。

諸葛亮去世，對於魏國吞併南方，是一個好消息。孰料，魏國內部卻發生了內訌。最終，司馬氏打著「禪讓」的幌子，篡奪曹魏政權。

歷史現象往往會重演。220 年，曹操之子曹丕逼漢獻帝讓位，自己稱帝（魏文帝），為了掩人耳目，美其名曰「禪讓」，彷彿是漢獻帝主動讓賢似的。沒有料到，相隔不到五十年，265 年，司馬炎重演曹丕代漢的「禪讓」故事，廢黜魏元帝曹奐，自立為帝（晉武帝）。此人既想篡位，又想逃避篡位的惡名，便上演「禪讓」的把戲，迫使曹奐主動讓位，自己假惺惺推卻一番，篡位終於美化成「禪讓」，雙方都描繪成堯舜般的聖君。

司馬氏是當時有名的世家大族，世代擔任東漢王朝的將軍、太守。司馬懿則是這一家族中的佼佼者，極富謀略，又善於權變，在戰爭中樹立了聲望，頗為魏文帝曹丕所器重。魏文帝死，繼位的魏明帝曹叡，沒有一點祖父、父親的才幹。臨死前託孤，命宗室曹爽與司馬懿一起輔佐八歲的曹芳。曹爽忌憚司馬懿權重，難以駕馭，削奪他的兵權。司馬懿裝病不出，暗中窺測時機，乘曹芳、曹爽出城上墳之機，發動政變，把曹氏兄弟及重要官員一網打盡。從此魏國權力完全落入司馬氏家族之手。司馬懿死後，兒子司馬師掌權，曹芳想奪權，反被司馬師廢掉，另立曹髦為帝。司馬師死，弟弟司馬昭執政，曹髦不甘心受挾制，揚言：「司馬昭之心，路人所知也！」結果被司馬昭殺死，另立曹奐為傀儡皇帝。

265 年，司馬昭死，兒子司馬炎索性廢掉曹奐，自己做起皇帝來了。不過，那是打著「禪讓」幌子進行的，國號由魏改為晉。

岳飛書諸葛亮
〈前出師表〉
（局部）。

三國魏〈受禪表
碑〉（局部）。

三、竹林七賢與魏晉風度

司馬氏在篡權廢魏的過程中，政治野心與卑劣手腕暴露無遺，恪守正統觀念的士人對此極為反感。然而，螳臂豈能擋車，徒喚奈何！

繼司馬昭消滅了蜀漢政權之後，司馬炎消滅了東吳政權，三國鼎立的局面不復存在，被統一的晉朝所代替。這個統一過程充滿了暴力與恐怖，士人們對此敢怒而不敢言，害怕招來殺身之禍，不得已採取玩世不恭的態度，佯狂避世。「竹林七賢」——嵇康、阮籍、山濤、阮咸、向秀、王戎、劉伶，就是他們的代表人物。

他們當中，有的崇尚虛無，蔑視禮法；有的縱酒昏睡，放浪形骸。外人看來瘋瘋癲癲，其實是佯狂，內心極為清醒。公開場合裝得清高灑脫，特立獨行，私下裡痛苦萬分。人格完全分裂了。

他們都是知名人士，有很高的社會聲望，司馬氏為了穩定自己的天下，特別需要這些人出來唱贊歌。憑藉手中的權力，軟硬兼施，分化瓦解，迫使他們公開表示歸順和擁護的政治態度，山濤、阮籍、向秀等人，不得不先後順從司馬氏政權。

山濤，號巨源，與司馬懿有親戚關係，曹爽被殺後，隱居不出。在司馬氏的強大壓力下，只得出來做官，當過吏部尚書、尚書右僕射。他想引薦嵇康出來做官，遭到嵇康嚴詞拒絕，並且和他絕交。

〈高逸圖〉。畫中四人自右向左依次為山濤、王戎、劉伶、阮籍。每人身邊有一小童俯首侍候。

阮籍，曾經當過步兵校尉，人稱阮步兵。他生性高傲，放蕩不羈，為了保全自己，故意裝作「不與世事」，終日酗酒，無奈司馬氏軟硬兼施，違心地寫了〈勸進表〉，為司馬昭歌功頌德。後來，他竟然做到「口不臧否人物」的地步，結果得以終其天年。

嵇康，字叔夜，因為與曹氏宗室聯姻，不肯倒向司馬氏。山濤引薦他出來做官，他憤然寫了一封絕交信——〈與山巨源絕交書〉，斷然表明態度：「但欲守陋巷，教養子孫，時時與親舊敘離闊，陳說平生，濁酒一杯，彈琴一曲，志意畢矣。」關於〈與山巨源絕交書〉，臺灣學者臺靜農別有一番解釋：「山巨源與嵇叔夜，兩人應是相知的了，心情上多少具有共同呼吸之感。後來山公將委身司馬氏為選曹郎，居然薦叔夜自代，使叔夜不得不寫那封絕交書。雖然是好友，出處豈能強同？山公行事，又不像有意拖人下水的人，那麼山公真是不知叔夜的人了。叔夜那封絕交書招致的後果，不知山公作何感想。」

那後果便是，司馬昭捏造一個罪名，把嵇康處死。嵇康死時才四十歲，臨刑還彈了一曲〈廣陵散〉。原先為了避禍，和嵇康一起佯裝打鐵的向秀，見嵇康被殺，無可奈何地前往洛陽，歸順了司馬昭。

魏晉之際真是一個動亂而迷惘的時代，名士們苟全性命於亂世，心態發生了畸形的裂變，擺脫名教而自命通達，成為當時的流行風尚。

儒家一向講究儀表端莊，道貌岸然。魏晉名士反其道而行之，走向兩個極端：或者過分注重化妝，塗脂抹粉，追求陰盛陽衰的病態美，男人女性化；或者不修邊幅，破衣爛衫，放浪形骸，故意醜化自己，看起來似乎是一個邋裡邋遢的瘋子。如果說，前者是內心空虛的矯揉造作，那麼，後者便是發洩內心鬱悶的偽裝。

請看後者的種種表現：名士們接待賓客，故意穿破衣爛衫，「望客而喚狗」；參加宴會，故意不拘禮節，「狐蹲牛飲，爭食競割」。更有甚者，赤身裸體，一絲不掛，美其名曰「通達」。阮籍經常在外人面前，脫光衣褲，叉開雙腿坐著，稱為「箕踞」（一種失禮的坐姿）。劉伶一絲不掛在室內會客，客人表示驚訝，他卻振振有詞地說：我把天地作為房屋，把房屋作為衣褲，諸君為何進入我的褲中？

竹林七賢這種怪誕行為，是出於對現實的不滿，佯狂而放縱，人們把他們看作瘋子、狂人，其實他們內心十分清醒。他們的名士效應，引來眾人羨慕，從表面上效仿，紛紛「散首披髮，裸袒箕踞」，那是不明就裡的東施效顰。

飲酒本是一種高雅的風氣，曹孟德唱道：「對酒當歌，人生幾何？……何以解憂，唯有杜康。」《世說新語》說：「名士不必須奇才，但使常得無事，痛飲酒，熟讀〈離騷〉，便可稱名士。」這裡說的是假冒名士的捷徑，真正的名士飲酒並非附庸風雅，而是為了避禍。

司馬昭想迎娶阮籍的女兒為兒媳，阮籍極不願意和司馬氏結成兒女親家，但當面拒絕會招來政治麻煩，於是乎大醉六十日，使得對方無從開口，欲殺不能。司馬氏想加罪於他，多次派鍾會向他詢問對時事的看法，企圖抓住把柄，羅織罪狀。不料每次去，阮籍都酩醉如泥，根本無法交談。飲酒的妙用發揮到了極致，竟然成為躲避政治災禍的不二法門，《晉書·阮籍傳》說：「（阮）籍本有濟世志，屬魏晉之際，天下多故，名士少有全者，籍由是不與世事，遂酣飲為常。」看來他並非嗜酒成癖的高陽酒徒，狂醉乃是無可奈何的痛苦選擇。

漢朝的經學，一失於迷信的讖緯，二失於繁瑣的傳注，三失於經師的墨守家法，拘泥而僵化。到了魏晉這個動亂時代，既不能治國安邦，也不能成為功名利祿的捷徑，更不能消災避禍，人們紛紛另闢蹊徑，於是出現了玄學。名士們注重內在的精神自我完善，輕視外在的功名富貴，內心曠達，形跡放浪，表現出某種反潮流的姿態。

嵇康不涉獵經學，喜歡讀《老子》、《莊子》，敢於非議成湯、武王，鄙薄

周公、孔子，揚言儒家經典未必是人人必需的太陽。他提倡超越儒家名教，聽任自然。這是對儒家政治倫理的大膽挑戰。

阮籍更加厲害，對遵循儒家禮法的假名士，他輕蔑地稱為「褲中之虱」。他會用青白眼看人，對看不順眼的「禮俗之士」，就翻白眼，視而不見。因此恪守儒家禮法的人，對他「疾之若仇」。

魏晉名士的批判武器是道家的「無」，即自然主義。名士們隨心所欲，師心、使氣，「嵇康師心以遣論，阮籍使氣以命詩」。重自然、輕名教成為風尚。畫師顧愷之善寫丹青，尤擅人物肖像，畫龍點睛的神來之筆，透露出末與本、形與神的辯證思維。他的〈洛神賦圖〉以曹植名篇〈洛神賦〉為題材，藝術地再現了洛神飄逸委婉之美，洋溢著無拘無束的浪漫情懷。書聖王羲之的行書、草書，把書法藝術推向高峰，一掃漢代隸書那種沉穩厚重呆板筆法──這種筆法適應了儒家拘守家法的窠臼；王羲之崇尚老子的自然主義，以及莊子的達觀通脫，使書法擺脫了禮法的束

南朝宋模印磚畫〈竹林七賢與榮啟期〉拓片。

晉顧愷之〈洛神賦圖〉（局部）。此圖描述的是漢魏文學家曹植渡洛水時與女神相戀的故事。

縛，追求柔媚矯健的風格，遒勁溫婉，舒卷自如，可謂得自然之精靈，融巧思之堂奧。他的〈蘭亭序〉被後世讚譽為「天下第一行書」，絕非偶然。

竹林七賢的風度，令後人欣羨不已。旅美作家木心在《哥倫比亞的倒影》中，筆底頗帶感情地寫道：「滔滔泛泛之間，『魏晉風度』寧是最令人三唱九嘆了；所謂雄漢盛唐，不免臭髒之譏；六朝舊事，但寒煙衰草凝綠而已；韓愈李白，何足與竹林中人論氣節。宋元以還，藝文人士大抵骨頭都軟了，軟之又軟，雖具鬚眉，個個柔若無骨，是故一部華夏文化史，唯魏晉高士列傳至今擲地猶作金石聲，投江不與水東流……」這種汪洋恣肆的品評，於偏激中閃現獨具隻眼的史識，木心端的是在「三唱九嘆」了。

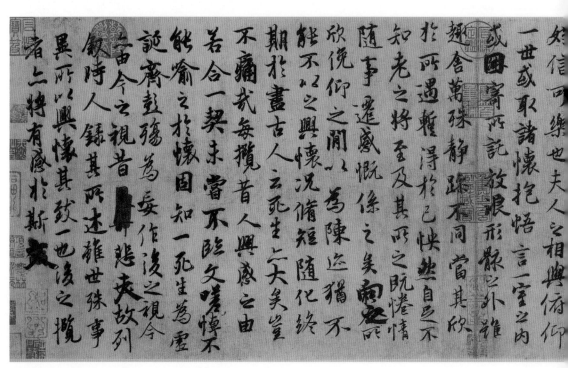

晉王羲之〈蘭亭序〉（摹本）。

四、胡人漢化與漢人胡化

西晉八王之亂以後，北方騎馬民族南下，紛紛建立割據政權，中原陷入分裂狀態，直到北魏統一，長達一百三、四十年間，史稱五胡十六國時期（304年至439年）。

五胡是當時對五個騎馬民族的稱呼，即匈奴、鮮卑、羯、氐、羌。十六國是指這些民族建立的政權：漢（前趙）、後趙、前燕、成漢、前涼、前秦、後秦、後燕、西秦、後涼、西涼、南涼、北涼、南燕、北燕、夏。

這一時期最值得稱道的是民族大融合，既有胡人漢化，也有漢人胡化，可以說是漢胡互化。

北方騎馬民族南下，入據中原農業區的過程，就是逐步漢化的過程，從東漢光武帝建武二十六年（50年）南匈奴開始入據山西，到西晉武帝泰始元年（265年），匈奴的南遷持續了二百多年，逐步漢化。最突出的例子就是匈奴政權建立者劉淵，學習漢族文化，師事上黨崔游，學習《毛詩》、《京氏易》、《馬氏尚書》，尤其愛好《春秋左氏傳》，諸子百家與《史記》、《漢書》無不綜覽。304年，他起兵反晉，自稱是「漢氏之甥，約為兄弟」，因此建立國號為漢，自稱漢王，追尊蜀漢後主劉禪為孝懷皇帝。

前秦的苻堅，重用漢族寒門士人王猛，實行漢化，對王猛主張「宰寧國以禮，治亂邦以法」十分欣賞。他廣修學宮，獎勵儒生，爭取漢族士大夫支持。他對博士王寔說：朕一月之內三次親臨太學，目的在於，不使周公、孔子的微言大義在我手裡失傳，是不是可以追上

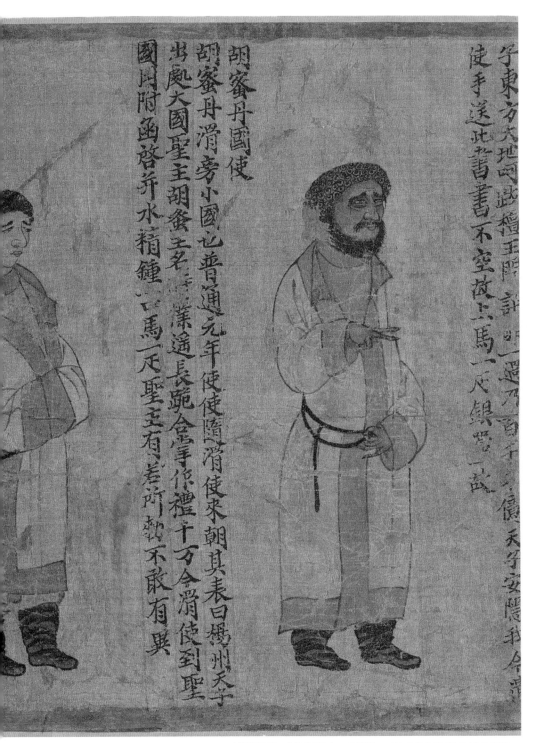

〈職貢圖〉（北宋摹本，局部）。是少數民族及外國使者像，
每人身後有簡短題記，記該國情況及其與中國的交往。

鮮卑服飾陶俑。

黃釉樂舞圖瓷扁壺。
扁壺上畫的樂舞是後
來盛行於唐代的胡騰
舞，原為中亞塔什干
地區的民間舞蹈。

漢武帝、漢光武帝了？王寔回答：陛下神武，撥亂反正，開庠序之美，弘儒教之風，漢武帝、漢光武帝何足道哉！

何茲全說得好：西晉末年，隨著士族上層的渡江，裝在他們頭腦裡的玄學也被帶過江去，原先影響甚微的經學士族留在北方，保持著漢朝講經學重禮儀的舊傳統。而胡族政權占據北方，要立國中原，必須熟悉儒學傳統，以漢法治漢人。胡族君主與漢人士族在這種背景下，進行了卓有成效的合作，儒學顯示了強大的生命力與同化作用。

因此，胡人的漢化、漢人的胡化，是同步進行的。隨著胡漢雜居，大量胡物胡俗（胡人的物品與習俗）在中原推廣，影響最為深遠的事例，莫過於漢人改變席地而坐的習慣。胡床（胡人的座椅）自北而南廣為流行，促使高足家具在中原出現，改變了沿襲已久的席地而坐的習慣。這是值得大書特書的變化。此前中原人民習慣席地而坐，即盤腿坐或跪坐；如果雙腳前伸，叫做「箕踞」，是極不恭敬的失禮行為。引進了稱為「胡床」的座椅，漢人才逐漸改變席地而坐的習慣，使用高足家具——凳子、椅子和桌子。《後漢書·五行志》寫道：「靈帝好胡服、胡帳、胡床、胡坐、胡飯、胡空侯、胡笛、胡舞，京都貴戚皆競為之。」表明這種變化在東漢末年已經初露端倪，到了五胡十六國時期，民風為之一變，這其中就包括「胡床」和「胡坐」。考古學家在羅布泊、尼雅等遺址，發現漢晉時期雕刻犍陀羅紋樣的椅子，就是當時的「胡床」。以後「胡床」不斷演化，有各種各樣的名稱：繩床、交椅、交床、逍遙座、折背樣、倚床等，我們現在使用的凳子、椅子，就是它的衍生物。

漢人胡化是多方面的，滲透於生活的各個方面。飲食方面，有胡餅、胡椒酒（畢撥酒）、胡飯、胡羹、羌煮；燒烤獸肉，用乳酪為飲料。文化娛樂方面，胡歌、胡樂、胡舞、胡戲的流行，給漢人增添了新的活力和色彩。北方漢族子弟學習胡語，成為風行的時髦之舉，久而久之，北方漢語中也夾雜胡虜之音。

胡人漢化最成功的首推北魏孝文帝，他大力改革鮮卑舊俗，實行全盤漢化。他是北魏諸帝中漢化色彩最濃的一位，有著深厚的漢文化修養，「雅好讀書，《魏書》說他手不釋卷。《五經》之義，覽之便講。……才藻富贍，好為文章，詩賦銘頌，任興而作」。他以大儒自居，以儒學治國。

一是恢復孔子的素王地位，尊孔祭孔活動逐步升級，迎合中原士大夫的願望，

籠絡大批士人。

二是實行禮治，改革鮮卑舊俗。下令進行語言改造，禁止三十歲以下官員說鮮卑話，違者一律降職。又把鮮卑複音姓氏改為音近的單音漢姓，例如：拓跋改為元、穆棱改為穆、步六孤改為陸、賀賴改為賀、獨孤改為劉、賀樓改為樓、勿忸于改為于、紇奚改為嵇、尉遲改為尉、達奚改為奚等，一共一百一十八個複姓改為單姓。孝文帝為了加速漢化，促使鮮卑人與漢人通婚，自己帶頭迎娶漢人士族之女。皇族和漢人士族通婚，一般鮮卑人自然要效法，入據中原的鮮卑人很快和漢族融為一體了。

北魏一代，儒學作用非凡，大大加速民族融合的進程，也使得中原文化發揚光大。在北方漢族士大夫眼中，隔江而治的南朝不再是正統所在，只有北魏治下的中原才是傳統文化的中心。

東晉的將領劉裕，在兩次北伐中先後滅掉南燕、後秦，權勢顯赫。他逼晉恭帝讓位，自立為帝，改國號為宋，建立了南朝的第一個政權。東晉王朝存在了一百零三年（317年至420年），被宋所取代。南朝的宋、齊、梁、陳繼承了東晉的正統，與北朝抗衡，存在了一百六十九年（420年至589年）。作為中原王朝正統的南朝，沿襲了東晉以來門閥政治的腐朽方面，頹靡不振。南北統一的重任自然落到了北朝身上。

北魏改革的結果，促進了民族的融合，卻引來守舊勢力的不滿。鮮卑上層貴族對皇帝偏愛漢人士族頗為反感，對削弱鮮卑貴族勢力有所非議，宮廷爭鬥與陰謀綿延了三十年。到了534年，北魏分裂為東魏、西魏。東魏延續十六年，西魏延續二十一年，演化為北齊、北周。其後，北周吞併了北齊。北周軍事貴族楊堅由隋國公一躍而為隋王，於581年廢周靜帝自立，改國號為隋，繼而滅了南朝最後一個王朝——陳，完成了全國的統一。

相關書目推薦

勞榦：《魏晉南北朝簡史》，中華書局，2018

錢穆：《國史新論》，東大，2018

木心：《哥倫比亞的倒影》，印刻，2012

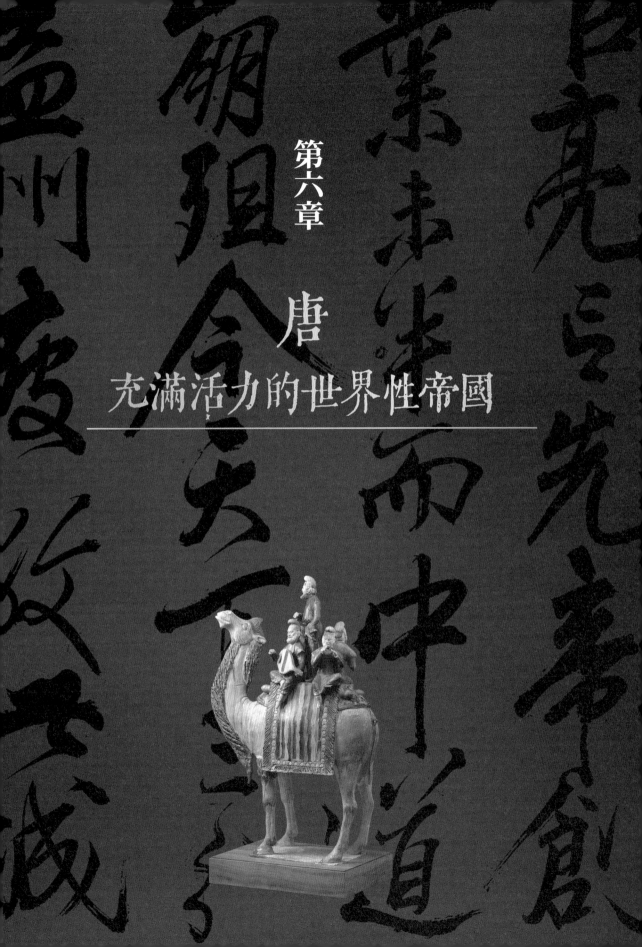

第六章

唐
充滿活力的世界性帝國

一、隋的創制

清朝歷史學家趙翼說：「古來得天下之易，未有如隋文帝者。」儘管他是篡立，但使全面統一得以實現，功不可沒。開皇九年（589年）正月，伐陳成功，統一南北，結束了自東漢末年以來整整四百年的分裂局面。隋文帝楊堅有著漢族與鮮卑族混合血統，在他身上兼具漢人胡化與胡人漢化的雙重色彩，這種漢人與胡人相容的身分，使得隋朝不同凡響，開創的制度為唐朝所繼承——唐承隋制，足見它的分量非同一般。

一是建立中央政府的三省六部制度。隋文帝採納大臣崔仲方的建議，廢除北周官制，恢復漢魏舊制。事實上，隋朝的大部分官署和職稱都模仿北齊，而北齊制度是沿襲北魏全盤漢化政策的結果。恢復漢魏舊制的命令，表明隋朝有雄心成為偉大的統一國家，因此必須有一套中央集權的政治制度。中央設立內史省（中書省）、門下省、尚書省，作為最高政務機關。三省之間各有分工又互相制約，內史省（中書省）是決策機構，門下省是審議機構，尚書省是行政機構。尚書省的長官是尚書令，副長官是僕射，下設吏部（掌銓選）、禮部（掌禮儀）、兵部（掌軍事）、都官部（刑部，掌刑法）、度支部（民部，掌戶口錢谷）、工部（掌工程建設）。這種三省六部的中央政府體制，為後世很多朝代所沿用。

安濟橋石欄板。安濟橋位於今河北趙縣，又名趙州橋、大石橋。

二是建立選拔官員的科舉制度。為了削弱東晉南朝門閥政治的影響，廢除了地方長官辟舉本地人士擔任官吏的制度，把官吏的任用權集中到中央，改變了長期以來士族控制地方政權的局面。隨著士族門閥的衰落，廢除了遵照門第高低選用官吏的九品官人法，代之以科舉考試制度。科舉制的創造性在於，透過考試來選拔人才。首先設立的是秀才科、明經科，參加考試的有國子學、州縣學的生徒，也有各州按照規定推薦的貢士，一律依據考試成績錄取，錄取與任用權掌握在吏部手中。

趙州橋。

秀才科需要廣泛的學識，除了試策，還加試各體文章，錄取標準很嚴格，隋朝三十多年一共才錄取十多人。明經科主要測試對於某一部儒家經典的熟悉程度。隋煬帝增設進士科，只試策，主要考文才，放寬錄取標準。一般知識分子可以透過明經、進士兩科考試而進入仕途，從此開創了選拔官員的新途徑，經過唐朝的完善，一直沿用到清朝。西方學者認為，中國的科舉制度是歐洲文官考試制度的濫觴。

三是開鑿以洛陽為中心的大運河。隋煬帝即位後，營建東都洛陽，並且把首都從長安遷往洛陽，目的是便於掌控全國。洛陽因而成為最大的中心城市，有東市（豐都市）、南市（大同市）、北市（通遠市）等商業區，豐都市有一百二十行，三千餘肆，市上「重樓延閣，互相臨映，招致商旅，珍奇山積」。為了使得洛陽成為交通樞紐，從大業元年（605 年）到大業六年，連續開鑿四條以洛陽為中心的運河：

通濟渠——從洛陽西苑引谷水、洛水入黃河，從黃河（板渚）入汴水，由汴水達淮水；

邗溝——從山陽（淮安）至於江都（揚州），入長江；

江南河——從京口（鎮江）至餘杭（杭州）；

永濟渠——引沁水至黃河，東入衛河，北至涿郡（北京）。

大運河的開鑿，連通由北向南的五大水系：沽水（海河）、河水（黃河）、淮水（淮河）、江水（長江）、浙江（錢塘江），使得南北向的人工運河和東西向的自然河流互相連接，對於加強北方地區和南方地區的聯繫，具有深遠的意義。杜佑《通典》寫道：「西通河洛，南達江淮」，「交、廣、荊、益、揚、越等州，運漕商旅，往來不絕」。

經過兩代的經營，隋朝呈現出一派富庶強盛之勢。馬端臨《文獻通考》意味深長地說：「古今稱國計之富者莫如隋」，「積米其多至二千六百餘萬石」。值得注意的是，隋的國富，一方面反映了經濟的發展，另一方面反映了統治者聚斂財富的癖好。明末清初思想家王夫之《讀通鑑論》總結歷史經驗，十分反對國家聚斂財富，主張「藏富於民」。他說：「財散則民聚」，「財聚則民散」，「聚錢布金銀於上者，其民貧，其國危；聚五穀於上者，其民死，其國速亡」。隋朝二世而亡，或許可以由此悟出一些道理。

京杭大運河。

二、貞觀之治——「天可汗」的太平盛世

歷史學家陳寅恪認為，隋唐制度淵源都帶有胡人因子，李唐皇室之女系母統雜有胡人血胤，世所共知。大唐將相之中頗有胡種，更不足為奇。岑參詩曰：「花門將軍善胡歌，葉河蕃王能漢語」；「琵琶長笛曲相知，羌兒胡雛齊唱歌」。幾百年胡人漢化與漢人胡化同步建構的新時代，洋溢著前所未有的活力。

　　唐朝的締造者李淵，出生在山西地區一個有著漢人與胡人混合血統的貴族之

家，他的母親獨孤氏出身於突厥望族，與北周、隋兩家皇室有著密切關係，因而世襲唐國公。618年，隋煬帝被起義軍處死，李淵正式稱帝，建立唐朝。李淵是建立唐朝在先，消滅各個割據勢力在後，唐朝實際上並不是作為隋的對立面出現的，而是作為它的繼承者出現的。

　　唐高祖李淵的兒子——唐太宗李世民，無論文治武功，還是內政外交，都值得讚賞，取得了超越泱泱大漢的業績。個中道理何在？一言以蔽之，端在於漢胡互化。正如他自己所說：「朕才不逮古人而成功過之。……所以能及此者，……自古

演奏陶俑。演奏、歌舞等在宮廷和民間的
慶典及宴飲中都是不可或缺的助興節目。

皆貴中華，賤夷狄，朕獨愛之如一，故其種落皆依朕如父母。」因此，他才被周邊民族的可汗推崇為高居於他們之上的「天可汗」。

學者黃仁宇談到貞觀之治時，動情地寫道：「西元 7 世紀的初唐，可算得是中國歷史上令人振奮的一段時期。630 年李靖破突厥，唐太宗李世民被四夷君長推戴為『天可汗』。當日高祖李淵已退位為太上皇，仍在凌煙閣置酒慶賀。上皇自彈琵琶，皇帝當眾起舞，這種場面，在中國歷史上絕無僅有。」說得太好了。我想補充一句，在這種氛圍下培育出來的太平盛世，以後也不曾再現。

唐太宗不但不驕縱，反而有一種憂患心態，他說：「天子者，有道則人推而為主，無道則人棄而不用，誠可畏也。」諫議大夫魏徵經常對他提出尖銳的批評，他都能夠虛心接受，使政治安定，百姓樂業。這種君臣關係，後人津津樂道，引為君臣關係的楷模。確實，貞觀時期君臣之間納諫與直諫的良好風氣，在歷史上極為少見。唐太宗以隋煬帝拒絕納諫、文過飾非為鑑，虛懷博納，從諫如流。大臣們大多出於公心，敢於直言，面折廷諍。就是在這種良好的政治氛圍中，唐太宗和他的大臣長孫無忌、房玄齡、杜如晦、魏徵等，聯手締造了持續二、三十年的太平盛世——貞觀之治。

皇帝與大臣之間的權力制衡，是貞觀之治的關鍵。唐承隋制，中央設立三省——中書省、門下省、尚書省，總理全國政務。皇帝頒布政令，必須經過中書省、門下省副署，才算合法。凡國家大政方針，先由中書省研究，作出決定，再由門下省審核，如有不當，可以駁回。中書省、門下省副署以後，才交由尚書省及其下轄的六部付諸實施。

中央政府設立政事堂，作為宰相的議事機構，一切重大政務都由政事堂會議討論，經皇帝批准後頒行。三省的首長：中書省的中書令、門下省的侍中、尚書省的左右僕射，都是宰相。以後凡是參加政事堂會議的其他大臣，帶有「參知機務」、「參知政事」等頭銜，也都是宰相。所以參加政事堂會議的宰相，多達一、二十人。錢穆在《國史新論》中說：「漢代宰相是首長制，唐代宰相是委員制。最高議事機關稱政事堂。……凡遇軍國大事，照例先由中書省中書舍人（中書省屬官）各擬意見（五花判事），再由宰相（中書省）審核裁定，送經皇帝畫敕後，再須送門下省，由給事中（門下省屬官）一番復審，若門下省不同意，還得退回重擬。因此必得中書、門下兩省共同認可，那道敕書才算合法。……皇帝不能獨裁，宰相同樣不能獨

裁。」皇帝、宰相都不能獨裁，就是巧妙的權力制衡。

唐太宗採納魏徵的建議，確立寬仁、慎刑的宗旨，讓長孫無忌、房玄齡修訂法律。貞觀十年（636年）正式公布的《唐律》（即《貞觀律》），把前朝法律幾乎刪減一半，也比號稱寬簡的隋朝《開皇律》更為寬簡。據說，貞觀四年（630年）全國判處死刑才二十九人。法簡刑輕，是太平盛世的一個標誌。貞觀一代，君臣上下守法成風，《貞觀政要》說，官吏大多清廉謹慎，王公貴族、大姓豪猾之輩，都畏威屏跡，不敢侵欺百姓。於是乎出現了這樣的狀況：「商旅野次，無復盜賊，囹圄常空，馬牛布野，外戶不閉。」這就是稱為「貞觀之治」的太平盛世。

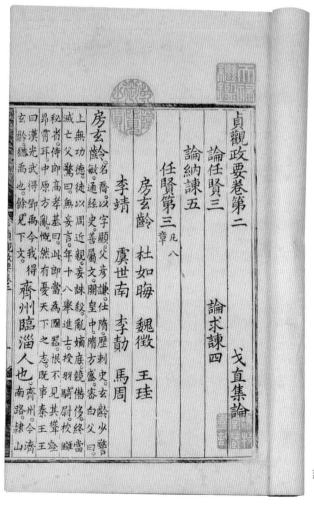

記載唐太宗功業的
《貞觀政要》。

三、充滿活力的世界性帝國

美國學者伊佩霞（Patricia Buckley Ebrey）在《劍橋插圖中國史》中如此定位唐朝：「將中國擴展成一個充滿活力的世界性帝國。」對此，她作了簡短的引申：「國家的統一，南北大運河的開通，兩座宏偉京城的修建和國內貿易的擴大，均刺激了經濟的發展。唐朝京城長安發展成世界上最大的城市，有居民百萬，吸引著來自亞洲各地的商賈、留學生和朝拜者。」

首都長安由宮城、皇城和郭城三部分組成，全城呈長方形，周長 36.7 公里，面積 84 平方公里，規模之大，在當時世界上沒有一座城市可以與之比肩。它不僅是全國的政治、經濟、文化中心，而且是舉世聞名的國際都會，東西方文明的交匯中心。全國有 2 萬多公里的驛道，1,639 所驛站，編織成發達的交通運輸網絡，它的輻射中心就是長安。西域各國和大唐來往，長安是目的地，也是中轉站；東亞、南亞各國走陸路與西域交往，長安是必經之地。各國使節頻繁來此進行政治活動，傳播域外文化，也從這裡帶回唐朝文化。四方文士雲集於此，又有左右兩教坊，能歌善舞，域外傳來新聲佳曲，經教坊上演，文士吹捧，傳遍京城，影響海內。

當時世界上的許多國家都與唐朝有頻繁的交往。美國學者謝弗（E. H. Schafer）在《唐代的外來文明》一書中說：「在唐朝統治的萬花筒般的三個世紀中，幾乎亞洲每個國家都有人曾經進入過唐朝這片神奇的土地。……前來唐朝的外國人中，主要有使臣、僧侶和商人這三類人。」他還說，長安的外來居民數量相當龐大，主要是北方人和西方人，即突厥人、回鶻人、吐火羅人、粟特人、大食人、波斯人、天竺人。

成千上萬的外國人帶來了他們的信仰和宗教，並且在中國大地上生根發芽。

——波斯薩珊朝的國教祆教（拜火教），6 世紀傳入中國，它和伊斯蘭教、摩尼教、景教一起在唐朝初期傳播。唐朝前期、中期，隨著胡商日益增多，長安和洛陽都有祆教寺院。7 世紀 70 年代，薩珊朝波斯王子卑路斯來到長安，應他的請求，唐高宗下令在醴泉坊建造波斯胡寺，成為旅居長安波斯人禮拜集會的場所。

——大食（阿拉伯）的第三任哈里發奧斯曼，派遣使節來到長安，朝見唐高宗，是伊斯蘭國家和中國的第一次正式外交往來。伊斯蘭教隨之傳入中國。

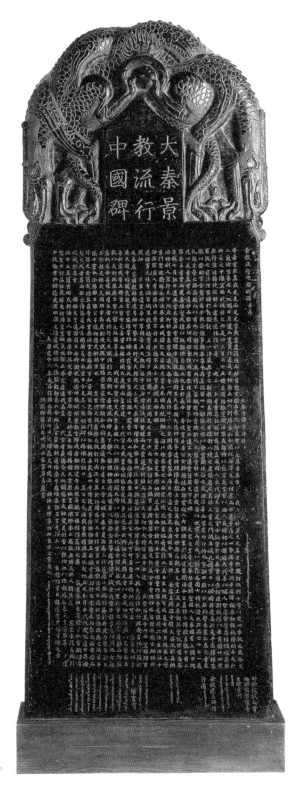

大秦景教流行中國碑。

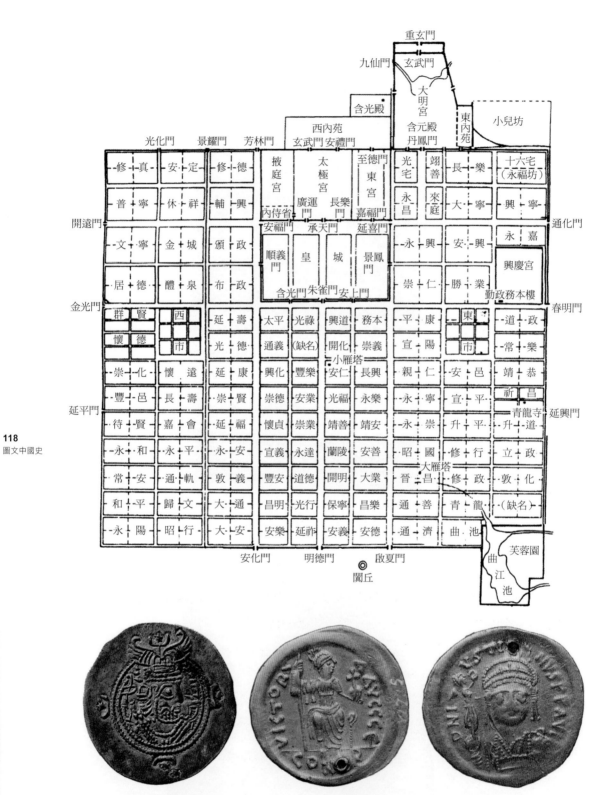

波斯金幣。庫斯老二世銀幣是薩珊晚期錢幣的典型樣式，以後諸王均仿此樣式，甚至影響到阿拉伯帝國占領薩珊王朝以後。

東羅馬金幣。這是東羅馬查士丁二世時期的金幣，這種坐式圖像就是查士丁二世創造的。

——東羅馬帝國（拜占庭帝國）與唐朝長安、西突厥汗廷之間，都有使節和商旅往來，景教（基督教聶斯脫利派）隨之傳入中國。貞觀九年（635 年）景教僧侶阿羅本來到長安傳教，唐太宗在詔書中說「波斯僧阿羅本，遠將景教來獻上京」，下令在長安城中的義寧坊建立景教寺院，當時稱為波斯寺，唐玄宗時改稱大秦寺。建中二年（781 年），吐火羅人出資在那裡樹立「大秦景教流行中國碑」，為歷史留下了寶貴的紀錄。明朝天啟年間，這塊碑刻被發現後，對它考證、研究的學者前赴後繼，中國學者馮承鈞、向達、方豪、羅香林，日本學者佐伯好郎、石田干之助，法國學者伯希和，便是其中的佼佼者，它的重要性由此也可見一斑。

唐朝與東鄰的交往則是另一種景象。

唐文化東傳朝鮮，佛教發揮了媒介作用，其中圓光和尚的貢獻最值得注意。他在隋末唐初逗留長安四十年，回國後，深得新羅國王信任，傳播佛教，被尊為聖人。他主張五戒（事君以忠，奉親以孝，交友以信，臨陣勿退，慎於殺生），把儒家倫理融入佛教教義之中。花郎（貴族少年）深受影響，形成「花郎魂」。

新羅先後來到唐朝留學的學生，有兩千人之多。僅僅晚唐的幾十年中，在長安科舉考試中金榜題名的新羅留學生就有五十八人，他們「登唐科第語唐音」，回國後傳播唐文化。新羅積極吸收唐朝的律令、科技、佛教、儒學、學校、科舉等政治文化之精髓。

繁榮昌盛的唐朝吸引新羅移民，在沿海地區形成新羅僑民的聚居地，以經商、運輸為業。日本圓仁和尚《入唐求法巡禮行記》說：唐朝後期的登州、萊州、青州、泗州、海州、揚州等地，都有新羅村、新羅院、新羅坊、新羅館。

新羅在各方面都深受唐朝影響，以致西方漢學家把新羅看作是「唐朝的微型翻版」。當時的日本，也被看作另一個「唐朝的微型翻版」。

日本的遣唐使，以及隨同前行的留學生、學問僧，不絕於途。據日本學者研究，日本曾派出十九批遣唐使，其中的三批，僅限於任命而未成行。其餘的十六批，又有三批是「送唐客使」，一批是「迎入唐大使」，因此正式遣唐使是十二批。隨行的留學生、學問僧等專業人員，在長安學習唐朝的政治制度、文化及佛法。開元、天寶年間，大唐成為亞洲乃至世界矚目的大國，遣唐使達到高峰，有三批遣唐使的隨行人員都超過五百人。遣唐使及隨員回國後，在日本掀起輸入唐文化的高潮。

日本的大化革新是在遣唐使的推動下實行的，它的一大舉措是在浪速（大阪）按照長安的模式建立新的首都與政府部門，確立唐朝式樣的賦稅制度。以後的首都平城（奈良），也完全仿照長安設計建造，不過面積只有長安的四分之一。在琵琶湖南岸的首都平安（京都），也以長安為藍本。

　　日本文化的魅力之一，就是大量移植並保留唐文化，許多在中國已經絕跡的傳統，卻在日本保留至今。有人戲言，如果想了解唐朝，不妨去奈良、京都看一看。

　　唐朝在世界上享有盛譽，後世外國稱中國為「唐」，稱中國人為「唐人」。北宋朱彧《萍洲可談》說：「蠻夷呼中國為唐。」《明史·真臘傳》說：「唐人者，諸番呼華人之稱。」這種傳統一直延續到近代。

唐長安城天壇遺址。

四、盛唐氣象：海納百川，有容乃大

唐朝最為後人津津樂道的，莫過於它海納百川、有容乃大的氣概，寬容與接納外來文化，孕育出燦爛輝煌的盛唐氣象。毫無疑問，這是以充分的自信心為底蘊的，不怕被外來文化所同化，立足於我，為我所用。伊佩霞說：「與 20 世紀前中國歷史上任何其他時代相比（除了 20 世紀），初唐和中唐時的中國人自信心最強，最願意接受不同的新鮮事物。」

唐在繼承傳統文化的基礎上，大量吸收外來文化，融合成全新的唐文化，最有典型意義的是樂舞與服飾。

唐太宗平定高昌，引進高昌樂。唐的十部樂中，燕樂、清商樂是傳統的雅樂、古樂，其他如龜茲樂、天竺樂、西涼樂、高昌樂、安國樂、疏勒樂、康國樂、高麗樂，都是從邊疆或域外引進的。開盛唐音樂風氣先河的〈秦王破陣樂〉，描述李世民的赫赫戰功，演奏時，「雷大鼓，雜以龜茲之樂，聲振百里，動盪山谷」，洋溢著一派豪邁激越的異域氣氛。

唐玄宗是一個音樂皇帝，元稹、李白都推崇他「雅好度曲」，是一個出色的業餘作曲家，在「胡音唐化」方面貢獻尤多。他不僅完成了佛曲的改編，而且發展為舞曲，使得「胡音」一躍而為唐舞，流芳百世的〈霓裳羽衣曲〉是他的代表作。他把印度佛曲──〈婆羅門曲〉改編成盛唐樂舞的傑作，由楊貴妃演繹為舞蹈，簡直是無與倫比的天作之合。請看白居易〈霓裳羽衣舞歌〉的生動描繪：

> 飄然轉旋回雪輕，嫣然縱送游龍驚。
> 小垂手後柳無力，斜曳裾時雲欲生。

楊貴妃的侍女張雲容，善於霓裳羽衣舞，貴妃讚賞備至，贈詩一首：

> 羅袖動香香不已，紅蕖裊裊秋煙裡。
> 輕雲嶺上乍搖風，嫩柳池邊初拂水。

當時的達官貴人宴飲聯歡，盛行來自西域的「胡舞」，舞步輕快，旋律活潑，風靡一時。以迅速旋轉而著稱的「胡旋舞」，在宮廷中大受歡迎。唐玄宗女兒壽安公主的生母曹野那姬，是西域粟特人進貢給皇帝的「胡旋女」，因為擅長胡旋舞，儀態萬方，而為唐玄宗喜愛。上有所好，下必仿效，楊貴妃與安祿山都喜歡胡旋舞。安祿山是個大胖子，體重三百多斤，腹垂過膝，跳起胡旋舞來，捷如旋風。白居易〈胡旋女〉寫道：

> 天寶季年時欲變，臣妾人人學圓轉。
> 中有太真外祿山，二人最道能胡旋。

宮廷裡面的太真——楊貴妃和邊疆的安祿山兩人，都是胡旋舞的高手。這種在後世看來非常怪誕的事，當時是時髦的風尚。

唐張萱〈虢國夫人遊春圖〉。

元稹詩曰：「女為胡婦學胡妝，伎進胡音務胡樂。」這反映了天寶年間長安、洛陽胡風盛行的狀況。除了胡音、胡樂，就是胡服、胡妝了。從中亞傳來的胡舞，舞女大多身穿「香衫窄袖裁」、「小頭鞋履」與窄口褲，在時髦人士中風靡一時，故而詩人說：「小頭鞋履窄衣裳」，成為「天寶末年時世妝」。這種風氣也席捲宮廷內部，這與唐玄宗支持胡服唐化有很大關係。楊貴妃喜歡「披紫綃」，她的姐姐虢國夫人也愛穿「羅帔衫」，都是輕薄的袒肩露頸的裝束，改變了婦女遮蔽全身的服裝概念，使得中原服飾趨向開放，顯露女性的自然美。可惜的是，這種風氣到了宋朝，便戛然而止了。

英國學者崔瑞德（Denis Twitchett）主編的《劍橋中國隋唐史》寫道，通往中亞和西方的絲綢之路，在文化交流方面意義非常重大：當中國正處於其世界主義思想極為盛行、受到的外來影響甚於以前或以後任何時候，它們也是主要的文化聯繫的環節。透過這些路線，許多中國的思想和技術傳向西方，但在隋和初唐時期，中國

敦煌壁畫〈樂舞圖〉。

更多地是從西方傳入思想和技術。中國的佛教是當時最活躍、最有影響和最先進的思想體系，它一直是從北印度和中亞諸國吸取新的推動力。其他新宗教，如拜火教、摩尼教、景教和以後的伊斯蘭教，也從伊朗和中亞傳入。除了這些思想影響外，傳入的還有音樂、舞蹈乃至金屬製作、烹飪這些技藝的新成果，以及諸如數學、語言學方面的重要成就。外國人，從印度僧人到波斯眼科醫生、粟特的賣藝人和商人，都可以自由地進入中國。

　　唐朝是古典詩歌的黃金時代，作詩成為獲取功名的正途，科舉考試注重以詩賦取士，因此唐朝文人幾乎無一不是詩人，詩作數量之多實在驚人。清朝康熙時編的《全唐詩》，有詩四萬八千九百多首，作者二千三百多人。

　　書法在盛唐時代也登上了高峰，書法藝術風格為之一變。張旭、顏真卿的書法創新，形成本朝一代新風。

　　張旭，字伯高，他的草書與李白的詩歌、裴旻的劍舞，當時並稱三絕，大抵都以狂放恣肆為特徵。張旭的草書一派飛動，宛如天馬行空，縱橫馳騁，被譽為草聖。

張旭草書〈古詩四帖〉（局部）。

顔真卿，字清臣，官至吏部尚書，封魯郡公，人稱顔魯公。他的書法破舊立新，方正雄健，渾厚莊嚴，一掃初唐虞世南、褚遂良妍媚之風，變媚為工，易媚為拙，改瘦為肥，創造盛唐新書體。由於顔體書法不同於王書、張草的神來之筆，只可意會不可端倪，適應了社會發展的需要，不僅終唐之世盛行不衰，而且以後歷代都遵奉為書法正宗。

顔真卿〈多寶塔感應碑〉（局部）。

五、南無阿彌陀佛

「南無阿彌陀佛」是佛門弟子最常用的關鍵字語，梵文的譯音，意為崇拜無量壽佛——西方極樂世界的教主。然而，現在充斥於螢幕的影視劇，常常把這六個字的前三個讀錯。其實，「南無」，應讀作 nāmō；「阿」，應讀作 ē 或 ō。

佛教傳入中國，大約在東漢初年。西晉末年，中原上層社會開始接受佛教，它的教義在世族豪門中廣為流傳。到了南北朝，佛教大放光芒，北方各地有佛寺三萬多所、僧尼二百萬人；南朝的梁武帝醉心於佛教，建康（南京）一地就有佛寺五百多所，僧尼十多萬人。北方的佛教與經學相適應，重視戒行和禪定；南方的佛教與玄學相適應，重視義理。隋統一後，南北融通，教理與實踐並重。到了唐朝，佛教進入了全盛時代，它的標誌就是佛經的翻譯，以及佛教宗派的形成。

佛經翻譯的開拓者玄奘，貞觀元年（627 年）從長安出發，經涼州，越玉門關，抵達高昌，取道焉耆、龜茲，進入吐火羅，最後到達佛教發源地印度。他先後巡禮佛教六大聖地，在那爛陀寺拜戒賢為師，學習五年。以後遍訪各地，講習佛法。貞觀十五年春，他攜帶 657 部佛經回國，四年後回到長安。唐太宗命宰相前往迎接，自己在長安接見他，隨後下令調集高僧協助玄奘翻譯佛經。玄奘一共翻譯佛經 74 部、1,335 卷。在譯經的過程中，玄奘培養了一批弟子：圓測、窺基、慧立、玄應等。由於朝廷的重視，譯經工作在此後將近兩百年間，不曾間斷，出現了義淨、實叉難陀、菩提流志、金剛智、不空、般若三藏等翻譯佛經的大師。

出於對佛經的精深領悟，玄奘創立了自己的宗派——唯識宗。他強調「萬法唯識」，世俗人眼中的外界事物，不過是心識動搖所顯現的影像。由於他們從分析「法相」入手，又稱為法相宗。人們也因為繼承玄奘衣鉢的弟子窺基常住長安慈恩寺，又稱它為慈恩宗。這一宗派過分沉迷於深奧的教義，帶有濃厚的原教旨主義色彩，曲高和寡，不易為一般人接受，很快就走向衰微。日本和尚入唐求法，把法相宗傳入日本，流傳至今。

佛教的宗派各有自己的理論體系、規範制度，以及勢力範圍、傳法世系，並且都憑藉一所大寺院作為傳教中心。主要宗派有淨土宗、天台宗、唯識宗、華嚴宗、禪宗，影響最大的是淨土宗、禪宗。

淨土宗的創始人善導宣稱，不可能依靠個人力量解脫現世的苦難，必須依靠佛力的接引，才能脫離現世的穢土，往生西方淨土，那是沒有一切身心憂苦，只有無量清靜喜樂的西方極樂世界。淨土宗鼓吹最容易的成佛法門，也就是往生西方淨土的捷徑：口中念稱南無阿彌陀佛，就能除去八十億劫生死之罪，得到八十億微妙功德。因此，在下層民眾中間廣為流傳。

禪宗主要流傳於上層士大夫之中，它的信徒文化程度很高，卻並不埋頭於佛經文本的苦讀，而是講究內心的領悟。它的實際創始人慧能（六祖）認為，一切萬法（佛性）盡在芸芸眾生自身心中，所謂佛，所謂淨土，就是世人心性本來清淨的狀態；所謂地獄、煩惱，就是世人心性沉淪的狀態。因此，不必修行、布施，也可以成佛。禪宗無論漸悟派還是頓悟派，都主張不必念經，不必坐禪，不必持齋拜佛，只要有決心，便可覺悟佛的真諦。歷史學家范文瀾說，禪宗僧徒所作語錄，除去佛徒必須的門面語，思想與儒學少有區別，它對於後世的理學影響至深。

佛教成為中國人生活不可分割的組成部分，改變了人們的想像力，佛經故事發揮了舉足輕重的作用。舉個最常見的例子，陰曆七月十五日的盂蘭盆節（也稱鬼節），始於南朝，盛於唐朝，盂蘭盆一詞，是梵文 Ullambana 的音譯，本意是「解倒懸」——解救在地獄受苦的鬼魂，來自佛經中的目連救母故事。據《盂蘭盆經》記載，目連為了報答母親哺育之恩，用「道眼」觀察陰間，看到亡母在一群餓鬼之中，沒有飲食，骨瘦如柴。目連用缽盛飯送給母親，母親拿到後，化作了火炭。目連悲痛哭泣。向佛祖告訴。佛祖對他說，七月十五那天，用盆器供奉飯菜水果、香油錠燭、床鋪臥具，供養十方大德眾僧。目連照辦，母親果然脫離餓鬼之苦。事後，目連對佛祖說：將來所有佛門弟子都應該奉盂蘭盆，救度父母。佛祖聽了大悅，傳言弟子，每年七月十五，不論學識淵博的僧侶，還是一字不識的村民，都擺出食物，為陰間受苦的餓鬼充饑。838 年至 847 年生活在中國的日本僧人圓仁，目睹這一場景，在書中寫道：揚州的四十多所寺廟，前往祭拜的人絡繹不絕。七月十五中元節，地官赦罪之辰，和尚到各家記錄亡者姓名，遍送檀越，謂之關節。入夜，搭台放焰口，施捨食物，沿河放燈，謂之照冥。此種習俗，稱為盂蘭盆會。

鎏金銅觀音造像。

玄奘像。

三彩天王俑。

相關書目推薦

陳寅恪：《隋唐制度淵源略論稿 唐代政治史述論稿》，里仁書局，1980

謝弗著，吳玉貴譯：《唐代的外來文明》，中國社會科學出版社，1995

范文瀾：《唐代佛教》，重慶出版社，2008

黃永年：《物換星移話唐朝》，中華書局，2013

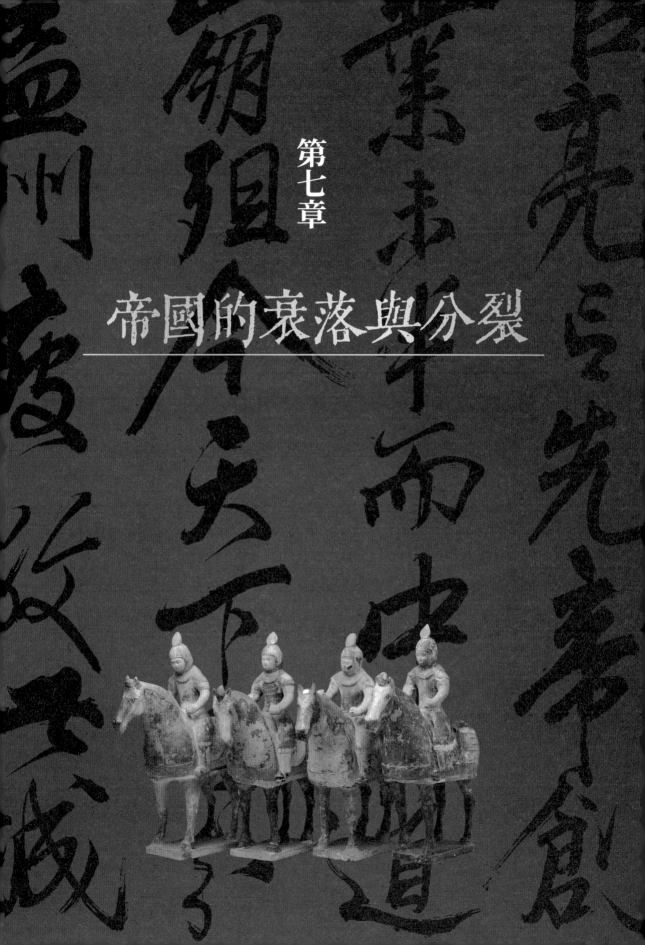

第七章

帝國的衰落與分裂

一、「憶昔開元全盛日」

705 年，宰相張柬之等大臣利用武則天老病的機會，發動宮廷政變，迫使武則天退位，扶助她的兒子李顯復位（唐中宗）。八十二歲的武則天就在這一年死去，她在遺囑中公開宣稱：「去帝號，稱則天大聖皇后。」表示她本人仍是大唐的皇后。

　　武則天死後的八年中，政變不斷。唐睿宗之子李隆基是一個很有政治才幹的人，他利用禁軍的不滿情緒，發動軍事政變，殺死皇后韋氏、安樂公主及武氏近親，恢復睿宗李旦的帝位。睿宗無能，他的妹妹太平公主把持朝政。712 年，太子李隆基合法繼位，是為唐玄宗。次年，唐玄宗粉碎太平公主發動的政變，政局才趨於穩定。

　　二十八歲登上皇位的李隆基，善於騎射，精通音律，又擅長書法，是一位多才多藝的皇帝。他在開元年間（713 年至 741 年）勵精圖治，把唐朝的繁榮昌盛發展到了頂點。唐玄宗為了扭轉先前的動盪政局，重建太平盛世，表現出卓越的政治眼光，任用的宰相，先後有姚崇、宋璟、張嘉貞、張說、李元紘、杜暹、韓休、張九齡等，堪稱一時名流。這些人各有所長，都能直言極諫，富有革新精神。君臣同心協力，開元時期政治清明，經濟繁榮，被後人譽為太平盛世。在史家看來，開元之治不過是對貞觀之治的模仿。唐玄宗重用姚崇、宋璟，求諫納諫，革除弊政，抑制奢靡，所取得的政績，當時人概括為八個字：「貞觀之風，一朝復振。」也就是

唐玄宗像。唐玄宗李隆基，
善騎射，通音律，擅書法，
多才多藝。

說，再現了貞觀時代的風氣。

最突出的標誌是，恢復貞觀時期寬仁的法治原則，把「行仁義」作為治理天下的第一要務，廢止武則天時期的酷吏政治和嚴刑峻法，表彰執法平直的官員，禁止酷刑、濫刑。開元二十五年（737 年）全國判處死刑僅五十九人，大理寺監獄裡一片清冷景象。

在法制建設中最值得注意的，是唐玄宗下令編纂《唐六典》。這部中國現存最早的行政法典，歷時十六年，於開元二十六年編成，彰顯了開元盛世政治體制的完備化。

開元時期政治清明、社會穩定，經濟迅猛發展，形成唐朝的黃金時代。杜甫如此唱道：

> 憶昔開元全盛日，小邑猶藏萬家室。
> 稻米流脂粟米白，公私倉廩俱豐實。
> 九州道路無豺虎，遠行不勞吉日出。
> 齊紈魯縞車班班，男耕女桑不相失。

這並非詩人的歌功頌德，而是實況的反映。全國在籍編戶，貞觀初期不滿 300 萬戶，開元二十八年（740 年）增至 841 萬戶、4,814 萬口；天寶十三載（754 年）增至 906.9 萬戶、5,288 萬口。全國的耕地，從唐初的「土曠人稀」、「率土荒儉」，到開元、天寶年間達到八億畝左右，明朝鼎盛時期都沒有突破這一紀錄。

古話說：「倉廩實知禮節，衣食足知榮辱。」開元、天寶時期中央政府直屬的倉庫儲存糧食達 1,245 萬石。不僅藏富於國，而且藏富於民，開元年間有人說「人家糧儲皆及數萬」，民間藏糧極為豐富，反映了連年豐收帶來的富庶景象，所以杜甫說「公私倉廩俱豐實」。據杜佑《通典》記載，當時「天下無貴物」，物價普遍低廉，長安、洛陽米價每斗不過 20 文，麵粉每斗 32 文，青州、齊州穀子每斗 5 文。由於家給人足，富庶安康，商賈長途遠行，不必佩帶防身兵器。

二、「漁陽鼙鼓動地來，驚破霓裳羽衣曲」

歷史的轉折往往令人費解，充滿弔詭，唐玄宗在開元年間開創了一個盛世，卻在天寶年間親手把它毀掉，輝煌的唐朝從此由盛轉衰。這位多才多藝的風流皇帝，知道「依貞觀故事」──在貞觀之治的軌道上滑行，卻不知道「守成難」，沒有「慎終如始」的憂患意識，出現了開元盛世，就忘乎所以，在一片「萬歲」聲中，忙於封禪泰山，忙於奢侈的「千秋節」（自己的生日慶典）。身邊的宰輔大臣投其所好，阿諛奉承，推動他向驕縱昏庸的路上走去。

這個宰輔大臣就是奸相李林甫。朝中大臣都看出此人外表「巧言似忠」，其實「口蜜腹劍」。唐玄宗卻對他深信不疑，提拔他為宰相，登上中書令要職，專擅朝政達十六、七年之久。李林甫的升官訣竅，就是一切順從皇帝旨意，讓他放心縱欲，巧妙地利用了唐玄宗對絕代佳人楊玉環的痴迷。

楊玉環原本是唐玄宗兒子壽王李瑁的妃子，芳齡十六歲的美少女，竟然讓她的公公墜入情網。開元二十八年（740 年），五十六歲的唐玄宗和二十二歲的楊玉環在驪山溫泉幽會，從此一發而不可收拾。唐玄宗為了跨越公公與兒媳的倫理難關，別出心裁地命壽王妃楊玉環出家當道士，道號太真。第二年就把她冊封為自己的妃子──太真妃，到了他六十一歲生日那一天，公開把二十七歲的楊玉環冊封為貴妃。

從白居易〈長恨歌〉可以看到，李、楊之間並非政治婚姻，確有真正的情愛，二人有共同的音樂歌舞素養，情趣相投，可謂琴瑟和諧。無怪乎白居易唱道：「承歡侍宴無閒暇，春從春遊夜專夜。後宮佳麗三千人，三千寵愛在一身。」唐玄宗已經無心日理萬機，「春宵苦短日高起，從此君王不早朝」。

楊貴妃並沒有干預朝政，但劍南人楊釗利用裙帶關係，冒充她的遠房堂兄，博得唐玄宗的賞識，賜名「國忠」，繼任李林甫留下的宰相空缺。這個政治暴發戶一步登天，飛揚跋扈，忘乎所以。如果說，李林甫是「養成天下之亂」，那麼楊國忠就是「終成其亂」，導致「海內分裂，不可復合」的後果。

當然根本的責任在唐玄宗身上，他不僅把朝政交給李林甫、楊國忠之流，而且寵信邊鎮番將安祿山，終於引起天下大亂。混血胡人安祿山，身兼平盧、范陽、

〈太真上馬圖〉。天寶年間的安史之亂，楊貴妃成為輿論中心，最終香殞馬嵬驛。

唐李思訓〈明皇幸蜀圖〉。題：青綠關山迴，崎嶇道路長。客人各結束，行李自周詳。總為名和利，
那辭勞與忙。年陳失姓氏，北宋近乎唐。

河東三鎮節度使，此人高大肥胖，是一個「外若痴直，內實狡黠」的野心家。唐玄宗見他腹垂過膝，戲問道：你這個胡人，肚子裡有什麼東西，大到如此程度？安祿山應聲答道：沒有多餘的東西，只有赤膽忠心。唐玄宗聽了十分舒坦。為了獲得皇帝的歡心，安祿山在楊貴妃身上下功夫，四十五歲的他，竟然成為二十九歲的楊貴妃的乾兒子。她興高采烈，用特大的襁褓包裹安祿山，讓宮女用彩轎抬著，舉行了儀式，皇帝還煞有介事地賞賜了「洗兒錢」，搞得像真的「喜得貴子」一樣。

統轄二十萬精兵的安祿山已經在密謀反叛，唐玄宗依然對他深信不疑，派人帶去親筆信，邀請他十月間到華清宮洗溫泉浴。好昏庸的快活天子，大禍臨頭還渾然不覺。

天寶十四載（755 年）十一月初九，安祿山在薊城（今北京西南）發動叛亂，打出的幌子是「奉密詔討楊國忠」，玩弄的不過是「清君側」的老把戲。叛軍如同秋風掃落葉一般，直奔洛陽、長安而來。白居易〈長恨歌〉寫道：「漁陽鼙鼓動地來，驚破霓裳羽衣曲。」緊急戰報打破了李隆基和楊玉環的歌舞昇平。僅僅三十四天，安祿山就拿下了洛陽，並且在那裡稱帝，國號大燕，把天寶十五載改為聖武元年，一派改朝換代的架勢。接下來，潼關陷落，長安失去屏障，唐玄宗倉皇逃離長安。

皇帝的警衛部隊在馬嵬驛發動兵變，殺死奸相楊國忠，迫使皇帝命令太監高力士縊死楊貴妃。當時唐玄宗七十二歲，楊貴妃才三十八歲。絕代佳人香消玉殞，成為政治祭壇上的犧牲品。民間傳說，縊死的是楊貴妃的侍女，她本人已逃亡日本。這當然是人們對絕代佳人的美好遐想。

長達七年零三個月的安史之亂最終被平息，但是，唐朝元氣大傷，從此一蹶不振。

三、從割據到土崩瓦解

安史之亂爆發後，朝廷為了平定叛亂，把邊地的軍鎮擴展到內地，在重要的州設立節度使，指揮幾個州的軍事，逐漸演化為地方一級權力機構，稱為藩鎮。

藩鎮割據本質上是安史之亂的延續與發展。安史之亂是邊地藩鎮反對中央的叛亂，叛亂平定以後，那些參加平叛戰爭的藩鎮擁兵自重，故意保存安史舊部，向中央討價還價。中央無力收回兵權，只得接受安史部將名義上的歸降，以賞功為名，授予節度使名號，讓他們統轄安史原先的轄區。

藩鎮的弊端在於「地擅於將，將擅於兵」，意思是說，節度使一手掌握軍隊和財賦，中央政府不能過問；而節度使又受制於驕兵悍將，一旦失去部下的擁戴，可能被逐被殺。藩鎮割據的結果，必然是社會的動亂、瓦解。在河北及其周邊地區的「河朔三鎮」——李懷仙的幽州節度使、李寶臣的成德節度使、田承嗣的魏博節度使，尤其如此。他們割據一方，不接受朝廷政令，不向中央繳納賦稅。

節度使在其轄區統攬軍權、政權、財權，與中央處於若即若離狀態。戰爭動亂始終不停，節度使的權力愈發擴大，甚至可以任免下屬文武官吏，致使地方官吏幾乎成了節度使的家臣，士兵幾乎成了節度使的私人家丁。節度使一旦死亡，很難由朝廷委派人選繼任，而是由節度使的兒子繼承，或者由部將繼承，報請朝廷批准不過是形式而已。

中央的形勢也日趨頹靡。在平定叛亂的戰爭中，宦官逐漸掌握軍權、政權、財權，與藩鎮互相聲援，使得皇帝大權旁落。太監李輔國由於扶持太子李亨即位有功，晉升為太子家令、判元帥府行軍司馬，主管四方奏事，以及御前軍符、印信、號令。唐肅宗李亨回到長安，不斷對他加官進爵，掌管中央禁軍和朝廷一切大權，以後又破例出任兵部尚書。唐肅宗病危，李輔國與另一名宦官程元振合謀，擁立太子李豫即位，更加驕橫不可一世，公然對皇帝說：「大家（指皇帝）但內裡坐，外事聽老奴處置。」唐德宗時期宦官權力有增無減，不僅控制軍權，而且控制將相的任免權。

宦官與藩鎮兩股勢力勾結的結果，從唐憲宗到唐朝滅亡，所有皇帝都形同傀儡，十個皇帝，除了最後一個是軍閥朱全忠所立，其餘九個都是宦官所立，有兩個

被宦官所殺（憲宗、敬宗）。皇帝淪為宦官可以任意擺弄的傀儡，等而下之，宰相、大臣自然淪為宦官的附庸，號稱「南衙」的中央政府，成為宦官控制的「北司」的附屬機關。

給腐朽的唐朝致命一擊的是黃巢的反亂。史書說，黃巢家有資材，好騎射，略通詩書，反亂前以詠菊詩抒發霸氣：

待到秋來九月八，我花開後百花殺。
沖天香陣透長安，滿城盡帶黃金甲。

唐代宦官俑。宦官專權幾乎貫穿了唐朝的中後期。

黃巢自稱「沖天大將軍」，橫掃各地，轉戰長江、閩江、珠江流域，先後攻占杭州、越州、福州、泉州、潮州、廣州。不久揮師北上，攻下東都洛陽、京城長安，唐僖宗倉皇逃亡成都。廣明元年十二月十三日（881年1月16日），黃巢在長安含元殿登上皇帝寶座，改國號為大齊，年號為金統。在他的暴力掃蕩下，達官貴人死亡逃散，消滅殆盡。韋莊的詩句如此描摹當時的情景：「天街踏盡公卿骨」，「甲第朱門無一半」。五代時，後唐政權在北方尋找唐朝宗室、名門望族，竟然一無所獲，可見「天街踏盡公卿骨」，並非誇張。

黃巢橫渡長江四次，橫渡黃河兩次，是歷史上空前的「流寇」。雖然延續九年的動亂以黃巢死亡而終結，但是後果嚴重，使得唐朝土崩瓦解，名義上雖苟延殘喘二十年，其實早已名存實亡。

四、五代十國一瞥

從907年朱溫建立梁朝，到960年趙匡胤建立宋朝，前後五十四年，是五代十國時期。

所謂五代，是指在黃河流域相繼建立的梁、唐、晉、漢、周五個王朝，為了區別於先前已有的同名王朝，歷史學家把它們叫做後梁、後唐、後晉、後漢、後周。這五個政權以中原王朝的正統自居，後世史家也將其奉為正統，他們寫的五代史，五代的皇帝有「本紀」，而十國的皇帝則稱為「世家」，言外之意是在宣揚五代是正統，十國是僭偽。這顯然是偏見，縱觀被視作正統的五代，大多是武夫專權，以腐敗為特色，只有後周是個例外。反觀被視作「僭偽」的十國，卻頗有起色，令人刮目相看。

在五代更迭中，有一個橫跨五個朝代的人物很值得注意，那便是馮道。此人歷五朝十一帝，不離將相、三公高位，似乎八面玲瓏，毫無氣節可言。歐陽修主編的《新五代史》，把馮道斥責為「無廉恥者」——「不廉則無所不取，不恥則無所不為」。其實大可不必用道德評價凌駕於歷史評價之上。在那樣一個「置君猶易吏，變國若傳舍」的時代，出現馮道式的大臣，並不奇怪。他奉命出使遼朝，契丹君主郊迎，大臣勸阻，藉口是「天子無迎宰相之禮」。他死後，周世宗柴榮「輟視朝三日，冊贈尚書令，追封瀛王，諡曰文懿」。這些君主對他的看法，恐怕不是單憑馮道阿諛逢迎就能得到的，其中一定有才學和功業令人敬仰的地方。簡而言之，一是沒有使已經混亂不堪的政治局面朝更加混亂的方向發展；二是忍辱負重地阻止契丹軍隊在汴梁的大屠殺。此人的作用，無人可以替代。他寫的自況詩，道出了自己的心境：

> 道德幾時曾去世，舟車何處不通津。
> 但教方寸無諸惡，狼虎叢中也立身。

歷史學家王賡武的論文《馮道——論儒家的忠君思想》，發他人所未發：馮道在與他同時代的許多人心目中是一個有操持的儒者，一個有節制的人，甚至是一個

錢鏐鐵券。憑著這個鐵券，錢鏐本人可以免
除九次死罪，其子孫後代可免除三次死罪，
若觸犯國家其他法律，相關官員不得過問。

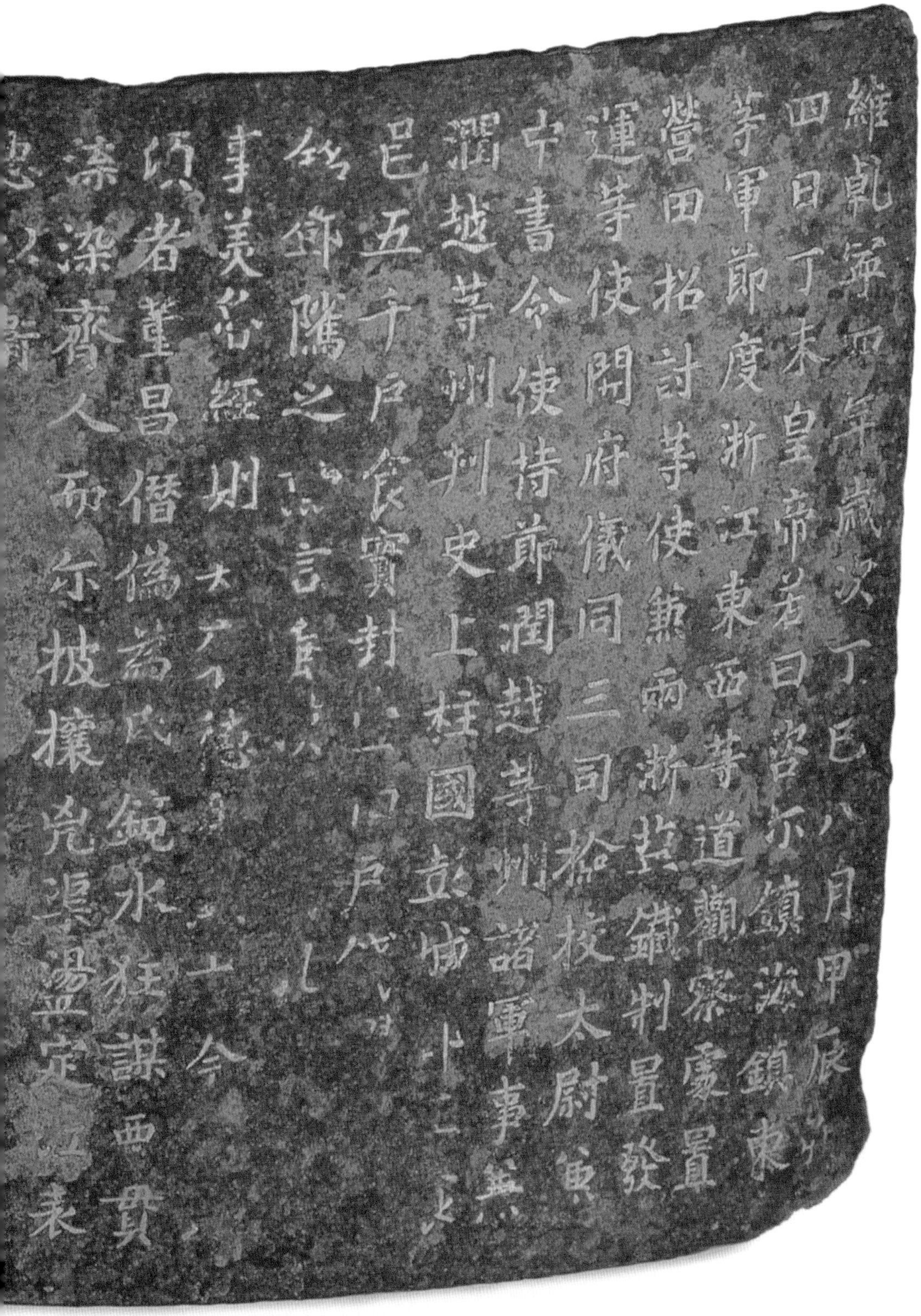

維乾寧四年歲次丁巳八月甲辰朔
四日丁未皇帝若曰咨尔鎮海鎮東
等軍節度浙江東西等道觀察處置
營田招討等使兼兩浙鹽鐵制置發
運等使開府儀同三司檢校太尉兼
中書令使持節潤越等州諸軍事兼
潤越等州刺史上柱國彭城郡開國公食邑
已五千戶食實封一千八百戶錢
尔鄰隊之
事美志經州大不德今
頃者董昌偕偽為鎮永狂謀西貫
柰梁齋人而尔披攘兌退湯逐定江表

五代顧閎中〈韓熙載夜宴圖〉（局部）。

「模範宰相」；在他死後將近一百年間，這樣的美名仍有人傳誦。但是後來宋代兩位大史學家（歐陽修與司馬光）的評論逐漸占據上風，從此馮道便成為典型的貳臣，成為許多有關忠貞的笑話中的嘲笑對象。

在我看來，王賡武的觀點很有道理，歷史真相竟然如此難以探尋，由此也間接地反映射出歷史研究的無窮魅力。

所謂十國，是指在南方建立的九個割據政權：吳、南唐、吳越、前蜀、後蜀、閩、南漢、楚、南平，以及在山西建立的北漢。

十國之中，最令人惋惜的是南唐。大將徐知誥廢吳國皇帝楊溥，自己稱帝，把國都遷至金陵（南京），自稱是唐憲宗之子建王李恪之後，改姓名為李昪，改國

號為唐，史稱南唐。吳、南唐在南方割據政權中，號稱「地大力強，人才眾多」，經過二十年的與民休息，輕徭薄賦，經濟有所恢復。李昇死後，其子李璟繼位，國力鼎盛，巍巍大國。李璟死，其子李煜繼位。南唐的元宗李璟和後主李煜，都有極高的文學造詣，詩詞堪稱一絕。李後主亡國後寫的〈虞美人〉哀怨動人，被譽為千古絕唱：

春花秋月何時了，往事知多少。小樓昨夜又東風，故國不堪回首明月中。
雕欄玉砌應猶在，只是朱顏改。問君能有幾多愁，恰似一江春水向東流。

十國中最令人懷念的是吳越王錢鏐。錢鏐以杭州為都城，據有太湖周邊十三州之地。他深知亂世中的小國處境艱難，睡不安枕，用小圓木做枕頭，稍動即醒，稱為警枕。他發動民眾修築捍海石塘，設置龍山、浙江兩閘，遏制潮水內灌，浙江因此而稱為錢塘江。錢塘、六和塔以下的錢塘江石堤，即修建於此時。他開拓杭州的城郭，建造周圍七十里的羅城，西起閘口以北的秦望山，沿錢塘江到候潮門一帶，又沿西湖到寶石山，東北至艮山門一帶。城內的街道、河流、市場、民居也做了相應的擴建。隨著杭州城市的擴大，西湖成為城市不可分割的一部分，為了美化，他組織一千人的「撩湖兵」，疏浚西湖。西湖風景區的開發也在此時初具規模，除了西晉創建的靈隱寺有所擴建，還新建昭慶寺、淨慈寺，以及九溪的理安寺、靈峰的靈峰寺、雲樓的雲樓寺、赤山埠的六通寺、上天竺的法喜寺、月輪山的開化寺等。聞名遐邇的西關外雷峰塔、月輪山六和塔、閘口白塔、寶石山保俶塔，都興建於此時。杭州在吳越建都的幾十年中有了長足的發展，為一百多年後南宋在此建都奠定了基礎。

北方的後周取代後漢，黑暗政治才透露出一線光明。周世宗柴榮是五代亂世中難得一見的政治家，史稱「器貌英奇，善騎射，略通書史黃老，性沉重寡言」。他繼位後進行一系列改革，自稱：做三十年皇帝，第一個十年開拓疆土，第二個十年休養百姓，第三個十年致太平。可惜他在位僅僅五年，三十九歲就英年早逝，政治抱負未能施展，未免遺憾。不過為趙匡胤建立宋朝奠定了基礎，也聊可自慰了。趙匡胤是後周的歸德軍節度使兼禁軍首領、殿前都點檢，發動陳橋驛兵變，黃袍加身，逼周恭帝禪讓，順利地改朝換代。

相關書目推薦

黃永年：《唐史十二講》，中華書局，2007

石雲濤：《安史之亂：大唐盛衰記（西元 755—763 年）》，麥田，2012

伊佩霞著，趙世瑜等譯：《劍橋插圖中國史》，果實出版社，2005

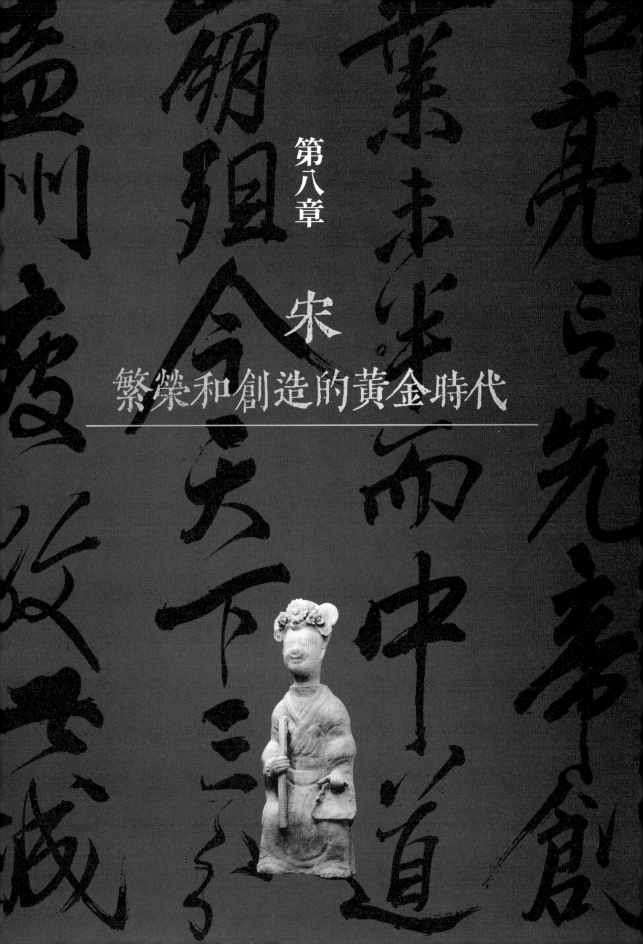

第八章

宋
繁榮和創造的黃金時代

一、「唐宋變革論」——近世史的發端

1920 至 1930 年代，日本京都學派的開創者內藤湖南，把宋朝以後的中國歷史稱為近世史。他認為，以中國為中心的東亞是一個獨立的文明，其歷史的展開形成一個自身完整的世界。因此，關於歷史分期方法，不應以歐洲史為標準來衡量中國史。中國史上的近世，應該從宋朝開始，或者說，從唐末到宋初是中世向近世的大轉折，由此倡言「唐宋變革論」。

內藤湖南認為，唐宋之交在政治、經濟、文化各方面，都有根本的變化。他

都官郎中閔從周封牒。這是宋仁宗頒敕都官郎中閔從周的封牒，是研究北宋政治與家族史的寶貴資料。

在京都大學的中國近世史講義，分析「近世史的意義」，說道：「所謂近世的內涵，與中世相比，大體上有哪些不同呢？首先，從政治上講，是貴族政治的衰落，君主獨裁政治的興起。在中國，貴族政治是從六朝開始，止於唐朝中期，為其全盛時期。當然這種貴族政治，與遠古的宗教式的氏族政治不同，也與以武人為中心的封建政治迥異。」他還說：「這種貴族政治，自唐末到五代，從中古向近世過渡中衰落下來。代之而起的是君主獨裁政治。貴族衰落的結果，使君主與人民之間的距離，越來越接近了。當被任命為高官時，並不是由於其門第而產生的特權，而是由天子的權力所任命的。這種制度，從宋以後，逐步發展起來，直到明清時代，獨裁政治完全形成。」

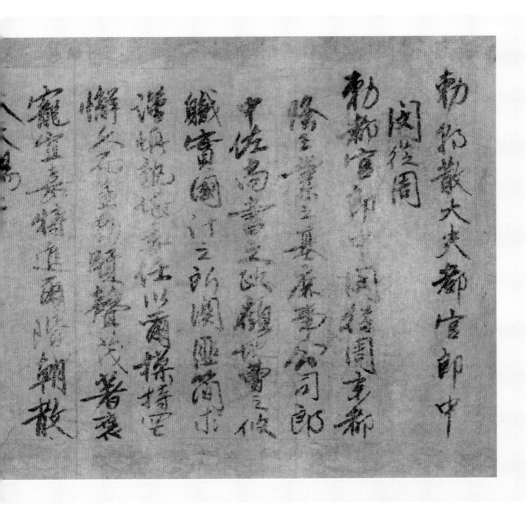

內藤湖南的「唐宋變革論」，經過宮崎市定的闡釋，進一步完善。宮崎市定的《東洋近世史》指出，發端於宋代的中國近世史的特徵，可以概括為以下幾方面：大規模的都市，發達的交通和交換經濟，以契約關係為基礎的地主佃農關係，以僱傭兵為基礎的龐大的中央禁軍，作為高等文官參試（科舉）形成的文人官僚群體。這些要素構成的中央集權的官僚國家體制，與此前的唐代迥然有別。

此後的學者進一步做精細化論證，把目光深入社會基層。佐竹靖彥的專著《唐宋變革的地域研究》，致力於研究唐宋變革在社會基層的表徵。他從四個方面論證：宋代的鄉村制度、華北地域的變革、長江中下游地域的變革、四川地域的變革，開拓了「唐宋變革論」的廣度與深度。

德國漢學家庫恩在《宋代文化史》中指出，中國在 11 世紀至 13 世紀發生了根本的社會變化。首先，文官政治取代了唐朝以前的以地方藩鎮為代表的軍人政治，受到儒家教育的文人擔任政府高級行政官員。其次，宋朝在農業文明、城市文明和物質文明（如手工業）方面取得了很大的成就。農業技術的新發展、新土地的開墾，以及農作物產量的提高，奠定了宋朝經濟繁榮的基礎。城市商業和手工業得到迅猛發展，出現了以商人為代表的新富人階層，促進了飲食文化、茶文化、建築與居住文化的發展。因此，庫恩認為，宋朝是中國中世紀的結束和近代的開始。

宋史專家虞雲國在論述宋朝士大夫的地位時，特別提及宋太祖趙匡胤在太廟「誓碑」中，指示子孫「不得殺士大夫及上書言事人」。他分析這一現象，呼應「唐宋變革論」，說道：唐宋之際政治格局的最大變化，就是中唐以前的貴族政治壽終正寢，君主的地位也有了相應的變化。中唐以後出現了一個非身分性庶族地主階級，他們最終取代了退出歷史舞台的身分性門閥地主階級，成為唐宋變遷以後整個政權的基礎。隋唐以後開始實行的科舉制，進入宋朝以後進一步擴大和完善。這種「取士不問家世」的科舉制，實際上向整個社會的各個階層敞開了經由科舉取士進入統治圈的可能性。唐宋之際社會變化在社會階級關係上的直接後果，就是憑藉科舉制培育出一個相對獨立的士大夫階層。這一階層形成以後，勢必要進入官僚統治圈，表達自己的政治訴求。宋太祖「誓碑」中所說「不得殺士大夫和上書言事人」，既是這種社會變化的反映，也進一步在政策上推動著這種變化。

二、「杯酒釋兵權」與文官體制

宋太祖趙匡胤為了革除晚唐以來藩鎮割據的弊端，確立以文官體制為核心的官僚政治，削奪地方權力，把軍權、財權、政權集中到中央。

首要的問題當然是軍權。唐末的藩鎮，有了兵權就興旺，丟了兵權就消亡；五代的軍閥，兵強馬壯就做皇帝。趙匡胤也是如此，掌握禁軍大權，發動兵變，奪取帝位。

五代的周世宗柴榮死後，年僅七歲的兒子柴宗訓繼位，歸德軍節度使兼禁軍首領趙匡胤，在開封北面二十里的陳橋驛發動兵變。趙匡胤的弟弟趙匡義（後改名為光義）和歸德軍掌書記趙普，授意將士把黃袍披在趙匡胤身上，擁立他當皇帝。趙匡胤登上皇帝寶座，心裡並不踏實，害怕部將再來一次「黃袍加身」，奪取他的帝位，但又不想效法劉邦大殺功臣，便用高官厚祿作為交換條件，剝奪開國元勳的兵權。

某一天，趙匡胤宴請石守信等開國元勳。酒過三巡，趙匡胤說：我沒有你們就沒有今天，但是貴為天子，還不如當節度使快樂，晚上都不能安枕而眠。

石守信等十分不解，頓首說：如今天命已定，誰還敢有貳心？陛下為何有這種感受？

〈宋太祖蹴鞠圖〉（局部）。蹴鞠是宋初軍中的娛樂，開國皇帝和貴族都喜愛這項活動。

趙匡胤說：哪一個人不想富貴？一旦有人把黃袍加到你的身上，你難道不想要嗎？

石守信等說：臣愚昧，想不到這一點，希望陛下憐憫。

趙匡胤乘機勸誡道：人生如同白駒過隙，十分短暫，不如多積累財產留給子孫，在歌舞昇平中頤養天年。這樣，君臣之間沒有猜忌嫌疑，豈不完美！

石守信等終於明白了皇帝意圖，說道：陛下考慮得這麼周到，所謂生死肉骨，大概就是這個意思了。

第二天，石守信等大將都向皇帝請病假，乞求皇帝解除兵權。趙匡胤大喜過望，立即賞賜這些開國元勛榮譽官銜與優厚待遇，建造豪華府第，讓他們去享清福。這就是皆大歡喜的「杯酒釋兵權」。

緊接著，他著手改造禁軍，降低禁軍統帥的地位、職權，疏遠禁軍將領與士兵的關係，不使軍隊成為將領的私家武裝，把軍權集中於中央，聽命於皇帝。

與「收精兵」同時進行的是「制錢穀」，即集中財權。針對晚唐以來藩鎮大量截留地方稅收，有經濟實力對抗中央的弊端，宋太祖把各地稅收機關收歸中央掌握，地方稅收只留少部分，大部分上繳國庫。

軍權、財權的集中，必須由政權集中予以保障，其最重要的措施就是分割宰相的權力：

——以「同中書門下平章事」為宰相，「參知政事」為副宰相；

——以樞密院（首長為樞密使）分割宰相的軍權，宰相的政事堂與樞密使的樞密院，號稱「二府」，互相鉗制；

——以「三司」（鹽鐵、度支、戶部合稱三司）分割宰相的財權，號稱「計相」。

宰相主政，樞密院主軍，三司主財，三權分離，權力互相制衡。這種文官體制並不完備，存在不少弊端（如事權分散、機構重疊、效率低下），但是相對於前朝的貴族政治，卻是一大進步，有它的合理性。以後的慶曆新政、熙寧變法，力圖消除它的弊端，結果卻適得其反，實在令人費解。

三、名副其實的商業革命

在史家筆下，宋朝經常遭受非議，評價不高。比如說，積貧積弱的問題始終未能解決，在與騎馬民族契丹、女真、蒙古的較量中，始終處於下風。

歷史是多側面的，假如換一個視角，人們可以看到，宋朝其實是一個「繁榮和創造的黃金時代」。這是美國學者墨菲在《亞洲史》中論述的觀點。它的主要標誌有兩個：一是發生了名副其實的商業革命；二是達到巔峰狀態的科技成就。其實，幾十年前，王國維就曾說過，宋朝的科學與文化，是之前的漢唐、之後的元明望塵莫及的。陳寅恪也說，中華民族的文化，經過幾千年的演進，到宋朝登峰造極。

北宋紙幣。紙幣的出現，解決了大宗貿易的支付困難。最早的紙幣出現在北宋前期的四川地區。

說起商業革命，人們或許會想到近代或前近代，宋朝有商業革命嗎？

美國漢學宗師費正清和前美國駐日大使賴肖爾合寫的《中國：傳統與變革》一書指出：宋代經濟的大發展，特別是商業方面的發展，或許可以恰當地稱之為中國的「商業革命」。這一迅速發展使中國的經濟發展水準顯然高於以前，並產生出直至 19 世紀在許多方面保持不變的經濟和社會模式。

斯塔夫里阿諾斯的《全球通史》，被奉為同類教材中的經典，它在「宋朝的黃金時代」的標題下寫道：除了文化上的成就，宋朝時期值得注意的是，發生了一場名副其實的商業革命，對整個歐亞大陸有重大意義。

所謂名副其實，是說它有充足的歷史事實依據。

把北宋首都東京開封與唐朝首都長安稍加比較，就可以發現都城結構的與時俱進。最突出的一點是，不再有坊、市之間的嚴格區分。長安嚴謹方正的格局，作為居民區的「坊」，在封閉的圍牆之內，除了東、西、南、北四個坊門，一般住家不許沿街開門。商業區被限制在各占兩坊之地的東市、西市之內，與居民區截然分

北宋張擇端〈清明上河圖〉（局部）。

北宋東京平面圖。

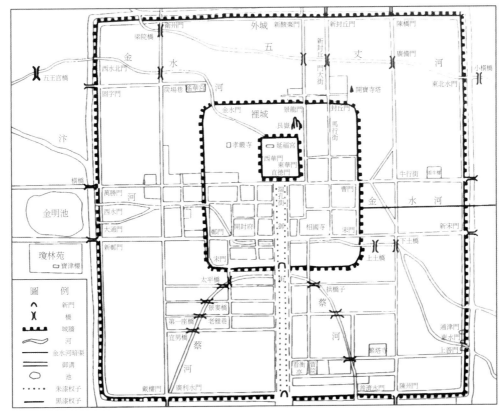

五王宫橋

汴

横橋

金明池

瓊林苑
□寶津樓

圖　例
＾　　新門
▲　　橋
▓▓　城牆
〰　　河
━　　金水河暗渠
━　　御溝
○　　池
┅┅　朱漆杈子
━━　黑漆杈子

西水門　衡州門
梁院橋

金　水　河

外城　新酸棗門　　新封丘門　　陳橋門
五　　　　丈　　　　廣備門

新封丘門大街

西水北門
固子門

廢場巷 宜華宮

金水門　裡城　景龍門
長嶺

孝嚴寺　延福宮
西華門　　東華門
直德門

開寶寺塔

小橫橋
東北水門

封丘門
馬行街

牛行街　百牛欄

萬勝門
西水門
大通門

河
御　街
府
鄭門　開封府
宋門

太平橋
景麥橋
第一座橋　老雅巷
宜男橋

蔡　河
戴樓門　廣利門門

曹門　金　水　河
相國寺　宋門　新宋門

下土橋
上土橋

拱橋子

蔡
河
看衡亭 賈
院

通津門
東水門
上善門

薳塔寺
菁遺水門　陳州門

153
第八章
宋：繁榮和創造的
黃金時代

北宋張擇端〈清明上河圖〉（局部）。

開。由於坊門、市門都定時開關，在東市、西市內不可能有通宵達旦的夜市。根據文獻記載，東市、西市的商業活動，中午以二百下鼓聲宣告開張，日落前以三百下鐘聲宣告結束。坊、市的封閉格局，和國際大都市的身分極不相稱。

這種狀況在東京開封是不存在的。從五代到宋初，隨著東京的逐漸興盛，不再有坊和市的區分，沿街民居可以任意當街開門；商業活動也從封閉的區域中解放出來，擴散到了大街小巷的沿線，形成了近世都市的商業街。於是出現了前所未有的商業新景觀，商業活動不再有時間限制，開封城內十字大街有「鬼市」──五更點燈營業至天明；馬行街至新封丘門大街，夜市營業到三更，五更時分早市重新開張；至於娛樂場所──瓦子，營業「通宵不絕」。

東京開封的格局充滿商業氣息，四條御街以及其他街道，把商業區與居民區打成一片。許多交通便利的街巷，都有繁華的「街市」，其中東、西、南、北四條御街最為熱鬧，行市、酒樓、茶坊、食店、瓦子等構成多個商業中心，摩肩接踵，晝夜喧鬧。北面御街的街市甚是繁華，與它連接的潘樓街、土市子都是有名的商業街。南面的界身巷，有金銀彩帛交易所，文獻對它有這樣的描述：「屋宇雄壯，門面廣闊，望之森然。每一交易，動即千萬，駭人聞見。」

張擇端畫於 1126 年的〈清明上河圖〉，形象地再現了東京鼎盛時期的商業繁榮景象。畫卷由汴河東水門外虹橋一帶起始，逐步向西展現：跨越汴河的市橋及周圍的街市，城門口的街市，十字街頭的街市，城門內一座三層建築──孫家正店，門前有彩樓歡門，富麗堂皇，是東京著名的酒樓。東京號稱「正店」的大型酒樓，有 72 家之多，它們兼具商品交易功能，是同業商人看驗商品品質、商定價格、簽訂契約的場所。畫面上隨處可見商店的招牌、幌子，如「王家羅錦匹帛鋪」、「劉家上色沉檀揀香」、「劉三叔精裝字畫」等，顯露出市場競爭中廣告意識的萌芽。

東京城內以經商為業的有兩萬多家，其中 640 家資本雄厚的商戶，分屬 160 行，經營米、茶、鹽等商品貿易。東京倚汴河建城，北通黃河，南通淮河、長江，因此東京市場上充斥海內外的各種商品。東京濃厚的商業氣息，集中體現了北宋商業已經發展到一個新的歷史階段。黃仁宇《中國大歷史》說，當時全國商品交換的價值合計相當於 1,500 萬至 1,800 萬盎司黃金，折成現在的價值，約合 60 億至 70 億美元。如此龐大的財貨流通在當時世界上是絕無僅有的。

在這種背景下，貨幣發生了突破性變革，出現了世界上最早的紙幣。當時通行的銅錢、鐵錢不能適應長途販運貿易，以及巨額批發貿易，市場呼喚新型的輕便貨幣。宋真宗初年，益州（今四川成都）16家富商聯手發行紙質錢券——「交子」，它是一種建立在商業信用基礎上的紙幣。宋仁宗時代，中央政府把民間發行的「交子」，變成國家發行的紙幣，在益州設立「交子務」，負責印刷、發行事宜，使得這種紙幣有了固定面額、流通期限、準備資金以及兌現保障。後來中央政府又在東京設立交子務，負責向全國各地發行紙幣。交子之外，還有稱為「會子」的紙幣。會子原先叫做「便錢會子」，所謂「便錢」帶有匯兌的意思，「便錢會子」是一種相當於匯票、支票之類的紙質票據，大約在 12 世紀中葉，發展成為兼具流通功能的貨幣。

名副其實的商業革命正在中國大地上蓬勃展開。

北宋東京城牆遺址示意。

北宋 東京城 地下 8 至 10 公尺

第一層古馬道

第二層古馬道

門樓倒塌遺跡

清代挖補城牆

摻水槽基礎

現代城牆

明台

四、巔峰狀態的科學技術成就

中國的四大發明——印刷術、指南針、火藥、造紙術，對世界文明做出了巨大貢獻，其中的三項，在宋朝有了劃時代的發展。

第一項是由雕版印刷發展到活字印刷。雕版印刷是每一頁都需要雕刻一塊印版，印刷字數多篇幅大的書籍，工程浩大，費時費力。宋仁宗慶曆年間（1041 年至 1048 年），平民畢昇發明活字印刷術：用膠泥製作一個一個字印，然後排版，刷墨印書。印完一頁，膠泥活字還可以再次排版使用。由於泥活字容易磨損，後來代之以木活字、銅活字。畢昇的發明思路——製字、排版、印刷三道工序，成為後世活字印刷術的先聲，意義不可估量。法國學者布羅代爾（Fernand Braudel）在他的著作中說：畢昇於 1040 年至 1050 年發明了活字印刷術，使印刷術面目一新。14 世紀初，使用木活字已經流行，甚至傳到了突厥斯坦。15 世紀前半期，金屬活字在中國和朝鮮均有改進，並在德國美因茲人古騰堡發明活字印刷術（15 世紀中葉）之前半個世紀得到廣泛的傳播。

第二項是指南針的廣泛使用。北宋慶曆年間成書的《武經總要》記載，使用指南車和指南魚辨別陰天或夜間行軍方向。後來又發展成磁針和方位盤的一體化裝置——羅經盤。成書於北宋後期的《萍洲可談》，記載了當時海船上使用指南針的情況：「舟師識地理，夜則觀星，晝則觀日，陰晦觀指南針。」由此可見，當時已經把指南針（水羅盤）用於航海。南宋時，阿拉伯商人經常搭乘中國海船，學會了使用指南針，並把它傳入歐洲。

第三項是火藥用於戰爭。北宋初年，火藥廣泛使用於戰爭。征討南唐時用過火炮、火箭，以後又有火球、火蒺藜（裝有帶刺鐵片的火藥包）。《武經總要》記錄了火藥的三種配方，可見當時火藥生產已經達到相當規模；並且出現了用拋石機投擲炮彈的「鐵火炮」，用毛竹製成的「突火槍」——世界上最早的管型火器。1230 年，波斯人把這些技術傳入阿拉伯，以後又從穆斯林統治下的西班牙傳到歐洲，對歐洲產生了深遠的影響。

關於這一點，近代「科學方法論之父」——培根（Francis Bacon）給予高度評價：印刷術、火藥、指南針這三種發明，都曾改變了世界的全部面貌和狀態。世界上沒

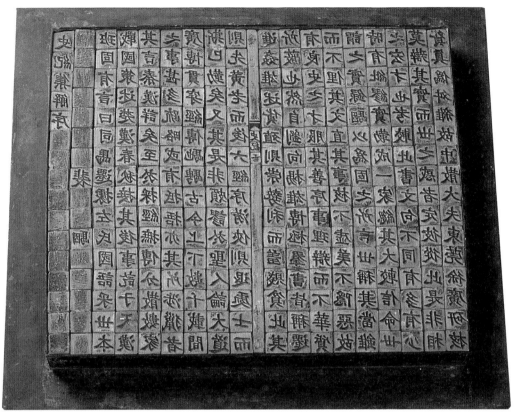

泥活字版（模型）。用泥活字印書，標誌著活字印刷術的誕生。比德國古騰堡活字印書早約半個世紀。

有一個帝國，沒有一個教派，沒有一個星宿，比這三種發明對於人類發生過更大的力量與影響了。

11 世紀末，蘇頌和韓公廉等人創造了世界上第一座天文鐘——水運儀象台。它高 12 公尺，上層安放渾儀，中層安放渾象，下層安放傳動機械。它的報時裝置，能夠準時報告一天十二時辰一百刻，一夜五更二十五籌。報時運用的擒縱原理，與近代鐘錶構造極為近似。令人嘆為觀止的是，它的動力來源於水的衝擊，通過擒縱器使得儀象台有節奏地轉動，把報時、觀象、測天的功能同時顯現出來，可以按時、刻、辰、更，自動打鼓、搖鈴、擊鐘、鳴鑼。這座天文鐘設在 11 世紀末的開封，是當時世界上首屈一指的傑作。五百年以後，1598 年耶穌會士利瑪竇把西洋自鳴鐘獻給萬曆皇帝時，被國人視為新發明，殊不知自己的祖先早已發明了比它

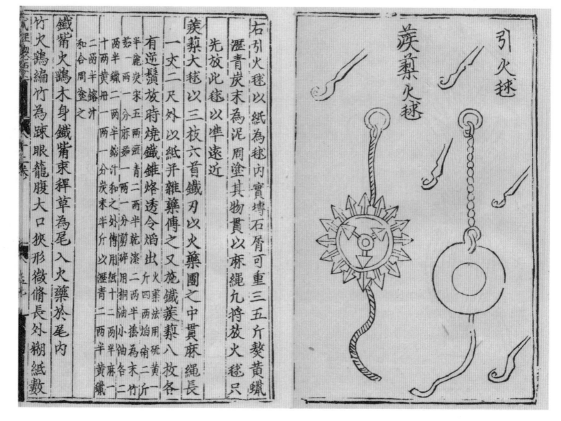

《武經總要》中關於火藥配方的書影。火藥雖然後期大量應用於軍事，卻是煉丹、製藥的實踐結果。

複雜得多的天文鐘！

　　當時科學技術達到的高水準，集中反映在沈括《夢溪筆談》中。畢生致力於中國科技史研究的李約瑟（Joseph Needham）認為，沈括「或許是全部中國科學史上最有趣味的人物」，他的代表作《夢溪筆談》是「中國科學史上的一個里程碑」。

　　沈括（1031 年至 1095 年），字存中，浙江錢塘（今杭州）人，曾任延州（今陝西延安）知州，晚年移居潤州（今江蘇鎮江）夢溪園，撰寫《夢溪筆談》。該書涉獵天文、地理、物理、化學、生物、數學、醫學等學科知識，當時的許多科技發明，如活字印刷術、指南針的應用等，都借助他的著作記載，得以流傳至今。他提出了十二氣曆的編制方法（以立春為元旦，按節氣定月分，大月 31 天，小月 30 天，

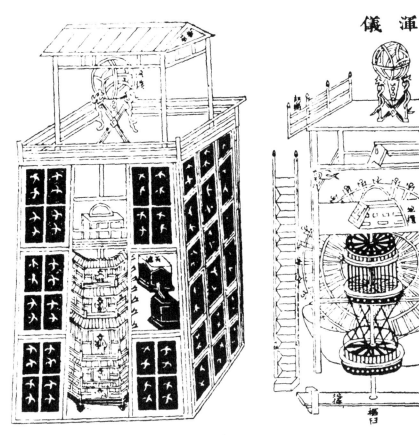

水運儀象台。這是世界上最古老的天文鐘。

大小月相間），雖然沒有實行，但在曆法史上無疑是一項卓越成就。他對 1064 年
隕星的觀測，留下了翔實的紀錄，並且首次提出了隕星是隕鐵的創見。他最早使用
「石油」這一名稱，意識到它的用途和價值，預言「此物後必大行於世」。為了紀
念這位舉世聞名的科學家，1979 年 7 月 1 日，中國科學院紫金山天文台把 1964 年
發現的一顆小行星命名為「沈括」。

　　李約瑟的《中國科學技術史》指出，中國科學技術發展到宋朝，已呈現巔峰
狀態，在許多方面實際已經超越了 18 世紀中葉工業革命前的英國或歐洲的水準。
這位世界級學者的論斷是客觀公正的，令人信服。

重刻夢溪筆談後序

吾既序所以重刻筆談之指客有問及夢溪者
因考得其說元豐五年括以龍圖閣學士知延
州坐永樂城陷不能救謫均州團練副使從秀
州後以先祿少卿分司居潤自號夢溪翁著此
書蓋潤州圖志冊陽縣東三十五里有金牛山
一名經山山東有溪即夢溪括嘗慶至其處謫
居得此溪宛如夢中故名夢溪括又有忘懷錄
三卷相傳括少有懷山錄可資山居之樂者報

夢溪筆談卷第一

故事一

沈　括　存中

上親郊郊廟冊文皆曰恭薦歲事先景靈宮謂
之朝獻次太廟謂之朝饗末乃有事于南
郊予集郊式時曾預討論常疑其次序若
先爲尊則郊不應在廟後若後爲尊則景
靈宮不應在太廟之先求其所從來蓋有
所因按唐故事凡有事于上帝則百神皆

《夢溪筆談》書影。北宋的重大發明和科技人物，有賴這本書的記載得以傳世。

相關書目推薦

虞雲國：《細說宋朝》，上海人民出版社，2002

鄧廣銘：《宋史十講》，中華書局，2006

費正清、賴肖爾著，陳仲丹等譯：《中國：傳統與變革》，江蘇人民出版社，1992

李約瑟著，李彥譯：《中國古代科學》，中華書局，2017

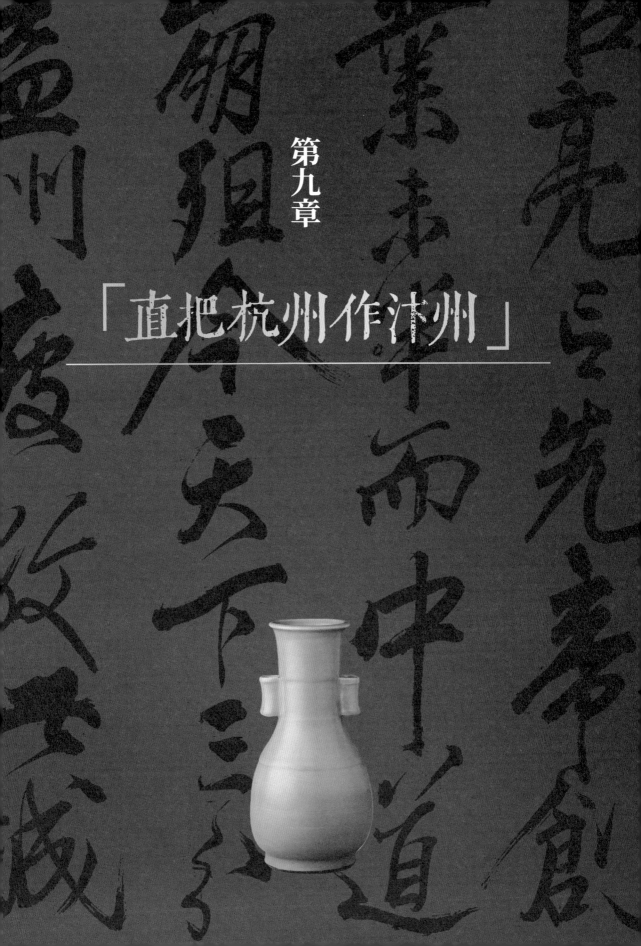

第九章

「直把杭州作汴州」

一、「元祐黨籍碑」的由來與流毒

1045 年，試圖裁減冗員的「慶曆新政」失敗，范仲淹等人罷官。十三年之後，應召入朝的王安石向皇帝上萬言書，要求變革祖宗法度。仁宗和他的繼承者英宗都不予理睬，直到年輕的神宗即位，才接受王安石的變法主張。

熙寧二年（1069 年），神宗皇帝任命王安石為參知政事（副相），放手讓他變法，首先推出均輸法和青苗法。熙寧三年，王安石升任同中書門下平章事（宰相），變法達到高潮，先後推出免役法、市易法、方田均稅法等。熙寧新法大多集中於財政經濟領域，牽涉到財產與權力的再分配，阻力很大，王安石舉步維艱，熙寧七年罷相，次年復相，九年再度罷相，退居江寧，直到病死。元豐八年（1085年），神宗死，哲宗即位，改年號為元祐，廢除新法，史稱「元祐更化」。

「元祐更化」的關鍵人物宰相司馬光，聯手呂公著、文彥博等元老大臣，提出「以復祖宗法度為先務」，批評王安石新法是「捨是取非，興害除利。名為憂民，其實病民；名為益國，其實傷國」。看起來司馬光與王安石針鋒相對，其實主要是運用什麼手段擺脫弊政的分歧。王安石說，他與司馬光「相好之日久，而議事每不合」，是因為「所操之術多異」。司馬光也說，他與王安石「趣向雖殊，大歸則同」，他們的大方向是一致的。

但是，關於要不要變法的爭議，一直紛紛攘攘。2004 年，有人寫了一本《王安石變法研究史》，洋洋幾十萬言，大意是說，幾百年來，對王安石變法眾說紛紜，迄今無法定論。有人對變法的失敗大為惋惜，感嘆尋覓，究竟哪些細節出了差錯？

其實，問題不在於細節，而在於指導思想。

王安石是一位經學家，寫過一本《三經新義》，對《周禮》特別推崇——「一部《周禮》理財居其半」。他把儒家經典《周禮》作為變法的理論根據，用向後看的儒家理論指導向前看的改革，使自己陷入自相矛盾的境地，失敗是必然的。日本學者內藤湖南說得好：《周禮》中的政治，是根據當時的理想而制定的。應用《周禮》第一個失敗者是王莽，第二個失敗者是王安石。可謂一針見血之論。

王安石死後，新法與舊法兩派的鬥爭演化為朋黨之爭，意氣用事，毫無是非可言，這種糾葛一直延續到北宋滅亡。

元祐黨籍碑。徽宗時，蔡京為相，把支持王安石變法的309人列入「黨籍」，公之天下。元祐黨籍碑成為朋黨之爭的重要見證。

宋徽宗趙佶親政後，打出恢復熙寧新法的旗號，重用蔡京為宰相。蔡京以推行新法為幌子，大搞派系傾軋，打擊異己勢力。此人早年追隨王安石變法，「元祐更化」時搖身一變，反對新法；紹聖時，章惇恢復新法，他轉而依附章惇。一旦大權在握，蔡京又以變法派面貌出現，追究「元祐更化」的主要當事人，達到打擊政敵之目的，把文彥博、呂公著、司馬光、蘇轍、程頤等 120 人扣上「元祐奸黨」的帽子，再加上主張恢復舊法的其他官員，共計 309 人。宋徽宗親筆書寫了這份名單，刻石立碑，稱為「元祐黨籍碑」，顯然是以皇帝欽定的形式，進行政治迫害。這種折騰，已經與新法、舊法之爭毫無關係，卻是北宋滅亡的一個重要內因。由此，我們不難理解當時人的一些議論，比如北宋末年一位學者型官僚楊時，把王安石和蔡京並列為蠹國害民的奸臣。更有人認為，是變法——變更祖宗法度，導致了北宋的滅亡。這顯然是痛心疾首的偏激觀點。

　　宋史專家劉子健在《中國轉向內在》中概乎言之：宋徽宗儘管打著新政的旗號，卻失去了改革的本來精神，只剩下改革的缺點和腐敗攪和在一起。

　　蔡京之流以推行新法為名，行聚斂財富之實。恢復免役法，意在多徵役錢；恢復方田均稅法，意在額外徵稅；大改茶法、鹽法，意在增加茶稅、鹽稅。宋徽宗頗為得意地說：「此太師（蔡京）送到朕添支也。」對蔡京為朝廷聚斂財富讚揚不已。得到讚揚的蔡京更加變本加厲，在杭州設造作局，由宦官童貫主管，集中東南工匠幾千人，製作奢侈品，上貢朝廷。又在蘇州設應奉局，搜集花石草木，滿足徽宗的愛好，由奸臣朱勔主管。以後規模擴大，從各地調集大批船隻，每十艘編為一綱，號稱「花石綱」，勞民傷財，流毒東南十二年。

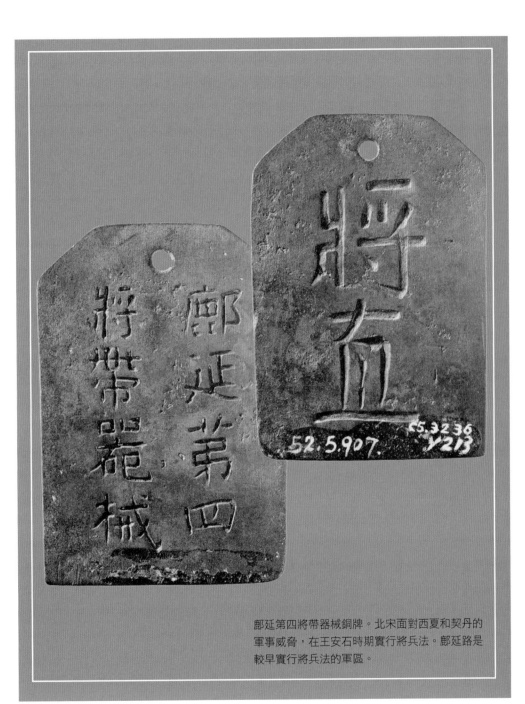

鄜延第四將帶器械銅牌。北宋面對西夏和契丹的
軍事威脅，在王安石時期實行將兵法。鄜延路是
較早實行將兵法的軍區。

二、宋遼澶淵之盟、宋金海上之盟

契丹與秦漢時期的東胡，魏晉南北朝時期的烏桓、鮮卑有著淵源關係，游牧於遼河流域，9世紀以後逐漸強大。916年，耶律阿保機建立契丹國，稱帝建元，後人稱為遼太祖，年號神冊，都城臨潢府（今內蒙古自治區巴林左旗），成為中原最大的威脅，在奪取了燕雲十六州以後的一、二百年中，契丹騎兵隨時可以長驅直入。

契丹內部實行蕃漢分治的二元化政治體制，遼太宗實行雙重國號，在農業區稱為大遼，在游牧區稱為大契丹；在契丹文和女真文中，遼朝始終稱為契丹。

宋太宗兩次北伐失敗，放棄收復幽雲十六州的計畫，對遼採取守勢。而遼方則由守勢轉為攻勢，從此契丹騎兵不斷南下，縱橫馳騁。宋真宗景德元年（1004年），遼的承天太后和遼聖宗率軍南下。新任宰相寇準力排眾議，敦促宋真宗親往

契丹人形象。庫倫七號遼墓墓道北壁壁畫〈出行圖〉之二。引馬僕役為契丹人。

澶州前線督師，宋軍擊斃遼的大將蕭撻凜，雙方陷入相持局面，互相妥協，達成澶淵之盟。雙方約定：宋朝每年向遼朝繳納銀十萬兩、絹二十萬匹；遼帝稱宋帝為兄，宋帝稱遼帝為弟。

斯塔夫里阿諾斯《全球通史》戲稱：宋朝每年要向游牧民族「送禮」，是宋朝一個致命的弱點，游牧民族入侵十分容易，「送禮」政策實行了一個半世紀。擁有發達的經濟和強大的科技實力的宋朝，為何在戰爭中處於下風？這和騎馬民族的優勢密切相關。一個騎兵擁有三匹馬（兩匹供輪換），他們身穿盔甲，帶兩把弓、

宋〈文姬歸漢圖卷〉（局部）。

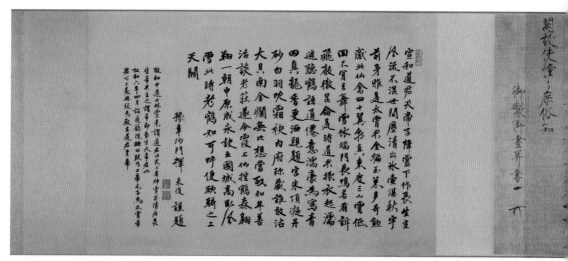

北宋趙佶〈瑞鶴圖〉（全卷）絹本。

一把斧、一把劍、一根繩和一些乾糧，具備持續的戰鬥力。在開闊的平原地帶，契丹武士發明了連鎖陣，由十人、百人、千人為組合，有先鋒、兩翼、中軍和皇帝衛隊。另一個技術因素是使用鐵馬鐙，使得騎兵有一個牢固的踏腳之處，可以騎在馬上箭無虛發，令中原步兵望而生畏。在冷兵器時代，亞洲的軍事天平傾向於騎兵。

女真是黑水靺鞨的後裔，臣服於契丹。契丹把生活在遼陽一帶接受遼文化的女真部落，編入遼的戶籍，稱為熟女真；把生活在松花江以北的女真部落，稱為生女真。生女真逐水草而居，依靠狩獵和游牧為生。11 世紀，生女真的完顏部日漸強大，統一女真各部。1115 年，完顏阿骨打稱帝，建國號大金，立年號收國，定都於會寧府（今黑龍江阿城南白城子），正式建立與遼朝相對抗的金朝。阿骨打率軍攻克遼北重鎮黃龍府（今吉林農安），並在護步達崗（今黑龍江五常以西）大敗遼天祚帝率領的遼軍。次年，奪取遼東半島以東地區，加號大聖皇帝（太祖）。

女真的社會組織叫做猛安謀克，猛安意為「千」，即千夫長；謀克意為「百」，即百夫長。女真人「壯者皆兵」，兵民合一，平時生產，戰時出征。強大的金朝成為遼朝的威脅，史書寫道：「遼人嘗言：『女直兵若滿萬，則不可敵。』」

宋朝方面見金屢屢戰勝遼，幻想「以夷制夷」，簽訂宋金海上之盟，雙方約定，宋和金南北夾擊遼，取勝後，金獲取長城以北之地，宋獲取長城以南之地。結果遼軍在金軍進攻下，節節敗退，金軍奪取大片國土。遼軍雖然不是金軍的對手，但是對付宋軍綽綽有餘，宋軍連戰連敗，從遼軍手中奪回長城以南國土的預想化作泡影，不得不用「燕京代租錢」一百萬貫的代價，從金軍手中討回擄掠一空的燕京及周邊土地。

金太宗即位後，繼續發兵攻打遼軍。1125 年，遼朝宣告滅亡，遼的國土被金朝吞併。至此，宋朝與金朝之間的緩衝地帶已不復存在，中原地區成為金朝的下一個吞併目標。

宋金海上之盟的教訓是深刻的，把「敵人的敵人」視作盟友，是危險的外交策略，勢必玩火自焚。

三、從「靖康恥」到「紹興和議」

1125年，金滅遼後，立即掉轉鋒芒，直逼宋朝。宣和七年（1125年），金軍兩路南下，圍攻東京開封。

宋徽宗趙佶其人，擅長「瘦金書」及工筆花鳥畫，他的書畫作品如果放在當今拍賣市場上，價格肯定是天文數字，趙佶本人因此也聞名遐邇。然而，此公當皇帝是極不稱職的，讓蔡京之流把持朝政，自己沉迷於道教，自稱「教主道君皇帝」。他聽到金軍南下的消息後，不肯承擔抵抗的重任，乾脆卸肩胛，匆忙讓位給太子趙桓（即宋欽宗）。

欽宗即位，改年號為靖康，尊徽宗為太上皇。太學生陳東等上書，彈劾蔡京、王黼、童貫、梁師成、李彥、朱勔六名奸賊，「異名同罪」，應該處以死刑，「傳首四方，以謝天下」。風雨飄搖之中的欽宗不得不下達聖旨：王、童、朱三人斬首，李、梁賜自縊，蔡京流放嶺南。

倉促即位的欽宗，毫無政治經驗，不知如何收拾這個爛攤子。大敵當前，他束手無策，只得派遣使節前往金營求和，答應賠款割地的條件。靖康元年（1126年）八月，金軍再次南下，朝廷中的主和派不僅主張割地，而且主張遣返各地前來保衛東京的軍隊，拆除周邊防禦工事，以妥協退讓乞求太平。然而，事與願違，金軍乘虛而入，一舉攻陷京城，欽宗親自前往金營求和，投降文書上寫著：「微臣捐軀而聽命。」

靖康二年（1127年）四月初一，金軍押解著金銀財寶和朝廷的寶璽、輿服、禮器，以及大批俘虜，其中包括徽、欽二帝和后妃、皇子，一起北上。東京這座帝都成為一個空殼，大宋王朝竟然以這樣一種形式走向了覆滅，簡直是奇恥大辱，所以人們稱之為「靖康恥」。

金軍北撤時，皇室成員全部被俘，徽宗第九子康王趙構正在河北部署軍事，僥倖漏網。他在南京應天府（今河南商丘）被舊臣擁戴為帝（宋高宗），改元建炎，建炎元年（1127年）以後的宋朝，史稱南宋。

宋高宗對金軍極度恐慌，放棄應天府，逃往揚州，金軍直逼揚州。高宗倉皇渡江，逃往杭州。金軍緊緊追趕，高宗不停地逃亡，從越州（今紹興）、明州（今

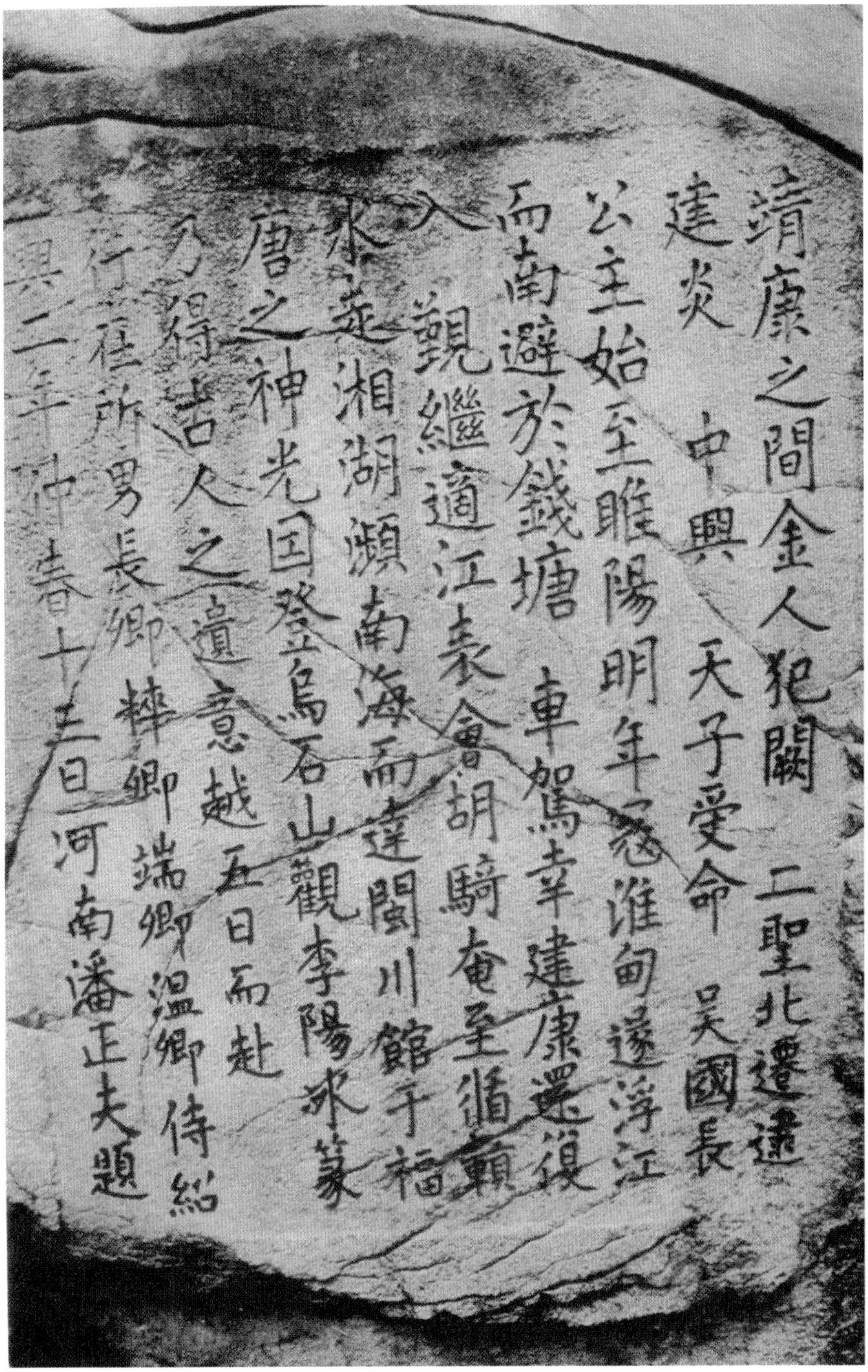

靖康之間金人犯闕 二聖北遷遠

建炎 中興 天子受命 吳國長

公主始至睢陽明年之寇淮甸遂浮江

而南避於錢塘 車駕幸建康還復

入 觀繼適江表會胡騎奄至徇頗

水達湘湖頗南海而達閩川館于福

唐之神光回登烏石山觀李陽冰篆

乃得吉人之遺意越五日而赴

行往所男長卿 梓卿端卿溫卿侍紹

興二年仲春十三日河南潘正夫題

記述靖康之難的福建鼓山石刻。這塊石刻較為詳細地記錄了一支宗室的遷移路線。

〈中興四將圖〉。自左至右依次為：岳飛、張俊、韓世忠、劉光世。

寧波）直奔定海、溫州。直到金軍退回長江以北，以高宗為首的南宋朝廷才在杭州苟安下來。他一年之內幾次向金朝上書，乞求哀憐，國書上低聲下氣地寫道：「願削去舊號，是天地之間皆大金之國，而尊無二上，亦何必勞師遠涉而後為快哉！」

紹興元年（1131 年），吳玠所部在大散關附近的和尚原重創金軍，悍將完顏宗弼（即兀朮）身中兩箭。紹興四年，吳玠在仙人關再次大敗完顏宗弼。與此同時，岳飛率部連克郢州、隨州、襄陽、鄧州、唐州、信陽，屯兵鄂州。宋軍在甘肅、陝西、河南、湖北一帶連戰皆捷，可以說是南宋建立以來罕見的大規模收復失地。

令人不解的是，最高統治者宋高宗並不歡欣鼓舞，卻千方百計地掣肘將領們的北伐。紹興七年，他重新起用秦檜，先是讓他擔任主管軍事的樞密使，次年又提升他為宰相，由他出面與金朝和談。金朝使節抵達杭州，要宋朝取消國號、帝號，淪為金朝藩屬，方可允許迎請已故徽宗屍體。秦檜代表皇帝，在金朝使節面前跪拜，全盤接受各項條件。

紹興十年夏，完顏宗弼大舉南侵。岳飛不顧秦檜阻撓，率軍北上，迎擊金軍，

連戰連捷。完顏宗弼大敗而逃，膽戰心驚地說：自我起兵北方以來，沒有像今日這樣挫敗過。「撼山易，撼岳家軍難」——金軍聞風喪膽。

就在這個關鍵時刻，宋高宗突然下令要岳飛班師回朝，並且撤回了兩翼的軍隊，使岳家軍陷於困境。懾於皇帝聖旨的壓力，岳飛只得班師回朝，眼看著「十年之功廢於一旦」。隨後，宋高宗解除了岳飛、韓世忠、張俊的兵權，向金朝獻媚。金方乘機要脅，必須割讓淮河以北大片土地，處死岳飛，方可談判。宋朝皇帝向金朝皇帝稱臣，並且割地、賠款的「紹興和議」，就是在這種背景下出籠的。

在議和過程中，陷害岳飛的陰謀悄然展開。秦檜指使岳飛的部下王俊，誣告岳飛部將張憲、兒子岳雲謀反，張憲、岳雲被捕入獄。然後又把岳飛從廬山騙到杭州，以謀反罪關入監獄。

紹興十一年十二月二十九日（1142年1月27日），在沒有任何證據的情況下，岳飛、岳雲、張憲被以謀反罪處死。處死前，已經罷官的韓世忠質問秦檜，秦檜的回答十分武斷，只有短短六個字：「其事體莫須有。」韓世忠怫然作色說：「相公，

『莫須有』三字何以服天下！」長期以來，在人們的印象中，岳飛是被秦檜陷害致死的。

其實，真相並非如此。陷害岳飛的陰謀，在前台布置的是秦檜，幕後操縱的是宋高宗。岳飛蒙冤入獄，主審官——御史中丞何鑄聽了岳飛的辯白，天良發現，向秦檜力辯岳飛無罪。秦檜向他透露了至關緊要的祕密：「此上意也」——處死岳飛是皇帝的意思。代替何鑄出任主審官的萬俟卨，刑訊逼供，無所不用其極，岳飛寧死不屈，拒絕自誣。萬俟卨透過秦檜向皇帝請示，得到的聖旨是：「岳飛特賜死。」岳飛一生以「盡忠報國」為座右銘，想不到要置他於死地的正是他為之「盡忠」的皇帝。

什麼道理？請看明朝人文徵明的〈滿江紅〉詞：

> 但徽欽既返，此身何屬？
> 千載休談南渡錯，
> 當時自怕中原復。
> 笑區區一檜亦何能？
> 逢其欲。

文徵明看歷史的眼光可謂入木三分，一眼看穿宋高宗的私心：「當時自怕中原復。」——最怕岳飛北伐成功，迫使金朝讓步，釋放欽宗；一旦欽宗南返，他自己的帝位就難保了。因此岳飛越是捷報頻傳，他離死期就越近。秦檜的所作所為，正中下懷而已，「笑區區一檜亦何能？逢其欲」，此之謂也。

四、經濟重心南移的最終完成

經濟重心南移的論點，是前輩學者張家駒首先提出的。大多數學者贊成張家駒的說法。1980 年代以後，經濟重心南移再次成為熱門課題，大多是用翔實的史料證實張家駒的觀點。1990 年代以後，學者們又從人口史、社會史、文化史的角度，深化經濟重心南移的研究，使之成為定論。

江南經濟的發展是一個漫長的過程。東漢以來長江流域的社會經濟已經呈現上升的趨勢。隋唐時期繼承南朝的發展趨勢，到了唐朝後期，當時人說：「軍國大計，仰於江淮。」五代十國的割據局面，刺激了區域經濟的開發，江南的吳越尤其突出，太湖流域的農業生產得到顯著的發展。北宋時，「國家根本，仰給東南」，已成定局。到了南宋，江南農業經濟有了突飛猛進的發展，其顯著標誌便是「蘇湖

王禎《農書》中的秧馬圖。秧馬，可用於插秧或起秧，其演變工具直到晚近農村仍有使用。

熟，天下足」格局的形成。

關於「蘇湖熟，天下足」，幾乎是南宋時期人們的普遍共識，人們異口同聲地肯定這一社會經濟現象。

范成大《吳郡志》說：民間諺語曰：「蘇湖熟，天下足。」

陸游《渭南文集》說：「而吳中又為東南根柢，語曰：『蘇湖熟，天下足。』」

高斯得《恥堂存稿》說得更加清楚而深刻：兩浙一帶稻米高產地區，「上田一畝，收五六石，故諺曰：『蘇湖熟，天下足。』雖其田之膏腴，亦由人力之盡也」。

顯然這與人口增加，集約化程度提高有著密切關係。美國經濟學家珀金寫的《中國農業的發展（1368—1968 年）》，結論之一是：人類農業史是一個從粗放走向集約的過程，從多年一收的刀耕火種農業發展到一年三收的水稻經濟，便是一個因人口因素而集約化的例子。

宋金對峙時期，北方人民大量南下，他們與南方人民一起，共同促進了經濟重心南移的最終完成。靖康之亂後，北方人口南遷，是繼永嘉之亂、安史之亂兩次南遷高潮之後的第三次高潮。靖康之亂對黃河中下游地區造成了慘重的破壞，北方人民自發地向秦嶺—淮水以南的南方地區遷移。南宋政府也多次號召北方人民南下，給予恰當的安置。根據葛劍雄等人的研究，靖康之亂後出現的第三次人口南遷高潮，僅兩浙路、江西路、江東路，紹興三十二年（1162 年）已有移民及其後裔約581.2 萬，估計在紹興和議簽訂前，即 1141 年前，大約有 500 萬北方移民遷入並定居南方。如此大量的北方移民遷入南方，對南方經濟發展發揮了巨大的促進作用。南方開發進入新階段，經濟發展較前加快，與北方因戰爭破壞，人口減少，經濟倒退，形成強烈的反差。

偏安江南的南宋，為了維持與北方金朝對峙的局面，必須致力於農業資源的開發，以及農業技術的提高，因此勸農政策便成為當務之急，提上政府的議事日程，於是乎出現了歷史上罕見的刊印農書與勸農文的熱潮。當時重印了北魏賈思勰的《齊民要術》和唐朝韓鄂的《四時纂要》，同時編寫了反映當時農業生產新水準的農書，其中《陳旉農書》和《耕織圖詩》至今仍有流傳；曾安止《禾譜》、曾之謹《農器譜》等都已失傳，僅在《王禎農書》中保留了一小部分。與農書大量刊印相配合的是地方官頒發的勸農文，這是官方以宣傳農業技術為宗旨的傳單，用通俗

官窯青釉貫耳瓷瓶。

龍泉窯粉青釉凸花瓷葫蘆瓶。

哥窯魚耳瓷爐。

南宋〈耕穫圖〉。
描繪的是從耕田到
收穫的種植水稻全
過程。是宋代江南
農業生產狀況的重
要形象材料。

的語言告訴農民精耕細作的要領。例如朱熹在淳熙六年（1179年）為南康軍所寫的勸農文，宣傳秋收後應該犁田翻土，越冬後再犁耙平細，還提到稻秧長高後必須耘草、拷田（排水晒田）的重要性。又如黃震在咸淳九年（1273年）為撫州寫的勸農文，介紹水稻高產區的經驗：田須秋耕春耙，勤於灌溉排水，要求撫州農民改變「耙輕無力」、「一切靠天」的舊習俗。顯而易見，農書與勸農文的頒發，促進了精耕細作與集約化經營，對南宋農業經濟長足進步有著不可低估的意義。

由於北方淪陷，對外交往必須通過海路，因此泉州、廣州、明州（寧波）迅速發展，成為三大對外貿易港口。南宋政府在這些港口設立市舶司，稅收超過北宋最高額的一倍。由此可見對外貿易的繁盛已經超越了北宋，形成溝通日本、高麗、東南亞、印度、波斯、阿拉伯的海上絲綢之路。南宋政府為了防止錢幣外流，明令以絹帛、錦綺、瓷器等商品交換外國舶來品，絲綢實際上就相當於一般等價物。據《諸蕃志》記載，由海路運往占城（越南中部）、真臘（柬埔寨）、三佛齊（蘇門答臘）、細蘭國（斯里蘭卡）、故臨國（印度奎隆）、層拔國（桑吉巴）的絲綢有絹扇、絹傘、生絲、錦綾、五色絹、絲帛等。海上絲綢之路的興旺發達，使偏安於半壁江山的南宋依然與世界各國保持密切的經濟、文化交流。

五、杭州──世界之冠的大都市

南宋的首都臨安──杭州，是當時位居世界之冠的大都市，西方學者把它看作9世紀至13世紀發生在中國的商業革命、都市革命的一個標誌。日本學者斯波義信的《宋代江南經濟史研究》，推定南宋的杭州城有人口150萬，其中城內90萬，城外60萬。具體為：城內有皇族、官戶、吏戶、僧道戶、軍戶、紳矜、工商業經營者等74萬人，工商業及雜業勞動者16萬；城外有軍戶、農戶、官戶、吏戶、僧道戶48萬人，以及職業人口（包括工匠、商業與運輸業勞動者、蔬菜專業農戶）12萬人。

杭州作為首都，不可避免地帶有強烈的政治色彩，但與眾不同的是，濃厚的商業色彩使得政治色彩暗淡無光。這從它的城市結構便可看出。它沒有一般首都皇城坐北朝南的架勢，堂堂皇宮僻處城市最南端的鳳凰山東麓。從皇宮的北門──和寧門往北，有一條通向市區的御街，南北向的御街與東西向的薦橋街、三橋街相交，與後市街平行，東面又有貫穿全城的市河（小河）、鹽橋運河（大河）。因此，御街毫無疑問成為全城最繁華的商業街，它兩側的街面全是商店以及稱為「行」、「市」的商業機構。正如《夢粱錄》所說：「自大街及諸坊巷，大小鋪席，連門俱是，即無空虛之屋」；「萬物所聚，諸行百市，自和寧門杈子外至觀橋下，無一家不買賣者」。

御街中段──從朝天門到壽安坊（俗稱官巷），是商業鬧市。《都城紀勝》描寫道：「以至朝天門、清河坊、中瓦前、官巷口、棚心、眾安橋，食物店鋪，人煙浩攘。其夜市，除大內前外，諸處亦然。……買賣關撲，酒樓歌館，直至四鼓後方靜。而五鼓朝馬將動，其有趁賣早市者，復起開張。」商業活動通宵達旦，晝夜不絕。

擁有150萬人口的都城杭州，服務性行業空前繁榮，酒樓、茶坊、瓦子鱗次櫛比，林林總總。

酒樓大多數是私營的，如武林園、嘉慶樓、聚景樓、花月樓、雙鳳樓、賞心樓、月新樓等。大酒樓門前有彩繪歡門、紅綠杈子，還有緋綠簾幕、描金紅紗燈籠。夜市尤為熱鬧，燈火輝煌，人聲鼎沸。

茶坊充滿雅氣，四壁張掛字畫，安設花架。供應的香茗四季不同，冬天有七寶擂茶、蔥茶、鹽豉湯；夏天有雪泡梅花酒、縮啤飲、暑藥冰水。這裡不僅可飲茶品茗，而且是社會交際的公共場所。另有一種「花茶坊」，帶有歌館（妓館）性質，周密《武林舊事》說，這些花茶坊「莫不靚妝迎門，爭妍賣笑，朝歌暮弦」。

瓦子，又叫做瓦肆、瓦舍，是娛樂場所。杭州城內外有瓦子二十三處，城內有五處，其中北瓦最大，有勾欄（百戲演出場所）十三座，分別演出戲劇、相撲、傀儡戲（有杖頭傀儡、懸絲傀儡、水鬼傀儡等）、說唱、說諢話、學鄉談、皮影戲、棍棒、教飛禽等，晝夜不息，為皇帝的「行在」——臨時安定之所，營造歌舞昇平的氣氛，暫時忘卻曾經亡國的怨恨。

杭城西南的西湖風景區，迷人的湖光山色，使它博得了人間天堂的美譽，繁華程度超越了昔日東京開封。林升〈題臨安邸〉寫道：

山外青山樓外樓，西湖歌舞幾時休。

暖風熏得遊人醉，直把杭州作汴州。

詩人的憤激與譏刺令人敬仰，但是他遮蔽了這樣一個事實：南宋的「偏安」延續了一百五十多年，造就了另一種輝煌，絕非醉生夢死可以解釋。13 世紀末，馬可・波羅來到杭州，輝煌時代已經過去很久，依然為它的宏大與富庶所折服，驚嘆道：他的故鄉——堪稱歐洲城市之冠的威尼斯，在杭州的映襯下相形見絀，「不過是一個破舊的村莊」。人們是不是要對南宋刮目相看了呢？

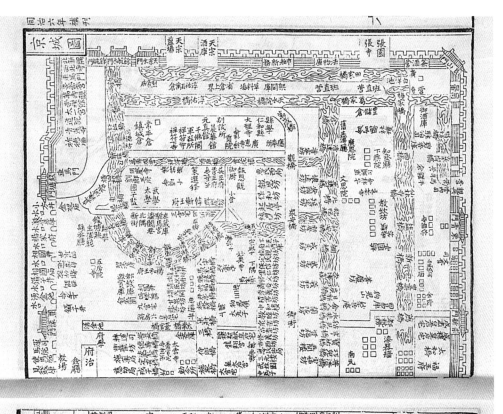

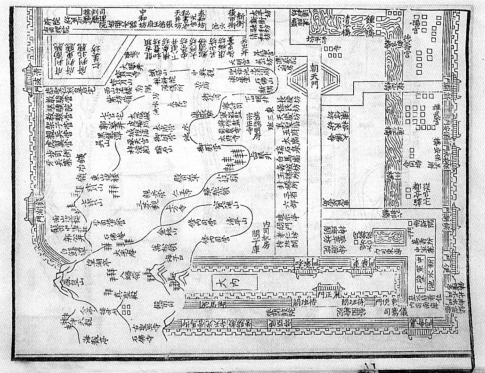

《咸淳臨安志・京城圖》。此圖並未變照上北下南規則，而是左南右北。臨安都城的皇宮位於城市的東南角，與傳統都城皇宮坐北朝南的格局截然不同。

六、朱熹與儒學復興

從漢武帝設置五經博士以來,「五經」(《詩》、《書》、《禮》、《易》、《春秋》)成為漢唐經學的主體。朱熹的最大貢獻,是把「五經」為主的體系,改造成「四書五經」體系,並且把重心從「五經」,轉移到「四書」。在朱熹看來,儒家的道統在孔子、曾子、子思、孟子之間相傳,因而他們四人的代表作——《論語》、《大學》、《中庸》、《孟子》(即「四書」),理所當然成為儒家經學的主體。

朱熹,字元晦,一字仲晦,號晦庵,徽州婺源人,生活在南宋時代。紹興十八年(1148年)考取進士,擔任過一些地方官,主要精力用於研究與講授儒學。他曾經向程顥的再傳弟子李侗學習程學,構築與漢唐經學不同的儒學體系,後人稱為理學、道學或新儒學,完成了儒學的復興。朱熹是孔子、孟子以來中國最偉大的思想家、新儒學的集大成者,這已經成為國際學術界的共識。他的思想學說,即所謂「朱子學」,先後影響朝鮮、日本、歐洲。西方漢學家認為,朱熹對儒學世界的影響,可以與湯瑪斯·阿奎那(Thomas Aquinas)對基督教世界的影響相媲美。

朱熹一生從事著書、講學。他的著述極為宏富,《四書集注》等幾十種著作

朱熹書翰文稿。朱熹是南宋理
學大師,其書法古拙、簡遠。

大多流傳下來；他的書信、題跋、奏疏、雜文合編為《朱子大全》121 卷；他的講學語錄，編為《朱子語類》140 卷。他創辦白鹿洞書院、嶽麓書院，培養學生，普及儒學。他的道德學問受到後世的敬仰，長期流傳，滲透於社會每一個角落。

朱熹的思想學說，最為深奧的當然是關於「理」和「氣」的關係，那是玄虛的哲理探討。他的學生問他：「必有是理，然後有是氣，如何？」朱熹回答：「此本無先後之可言，然必欲推其所從來，則須說先有是理。然理又非別為一物，即存乎是氣之中，無是氣，則是理亦無掛搭處……」對此，人們可以作出各種各樣的解釋，眾說紛紜。但對於一般人而言，「理」和「氣」孰先孰後，管他作甚！

朱熹對社會最大的影響，並非深奧的哲理，而是通俗的儒學教化。他把《大學》中的名言──「格物致知，正心誠意，修身齊家，治國平天下」，作了具體、通俗的闡釋。他以社會基層民眾的日常言行為指歸，希望從基層著手，建立一個理想社會，因此，他特別重視儒學的普及化、通俗化。編著《四書集注》，用理學思想重新解釋《論語》、《孟子》、《大學》、《中庸》，是貫徹其主張的重要一步；編著儒學童蒙讀物，也是為了貫徹這一主張。他的《小學集注》，旨在教育青少年遵循「三綱五常」的道德規範。他的《論語訓蒙口義》、《童蒙須知》，對兒童的衣著、語言、行為、讀書、寫字、飲食等方面都提出了行為規範。例如：

穿衣——要頸緊、腰緊、腳緊；

說話——凡為人子弟必須低聲下氣，語言詳緩；

讀書——要端正身體，面對書冊，詳緩看字；

飲食——在長輩面前，必須輕嚼緩嚥，不可聞飲食之聲。

　　按照朱熹的邏輯，如果連日常生活細節的良好習慣都難以養成，那麼就談不上正心誠意、修身齊家，更遑論治國平天下了。由此我們不難理解，朱熹為什麼要強調「持敬」、「涵養」功夫了。一個懷抱治國平天下壯志的人，自身風度必須整肅，排除雜念，外貌與內心表裡如一，達到「動容貌、整思慮、正衣冠、尊觀瞻」的境界。他有一句名言：「出門如見大賓，使民如承大祭。」意思是說，待人接物必須恭恭敬敬、畏畏謹謹、收斂身心，不要放縱自己。如果人人都如此講究修身齊家，那麼整個社會也就文明、和諧了。

相關書目推薦

李華瑞：《王安石變法研究史》，人民出版社，2004

張家駒：《張家駒史學文存》，上海人民出版社，2010

劉子健著，趙冬梅譯：《中國轉向內在：兩宋之際的文化轉向》，江蘇人民出版社，
　　2002

第十章

蒙元帝國的威名

一、成吉思汗和他的子孫

1206 年，鐵木真在斡難河源頭召開最高部族會議，豎起九旒白旗，登上蒙古大汗寶座，被尊為成吉思汗。經過十多年的征戰，成吉思汗終於建立起一個草原帝國。它的國號蒙古語叫做「也客忙豁勒兀魯思」，意即「大蒙古國」。

成吉思汗是驍勇善戰的軍事天才，他把整個蒙古社會全盤軍事化，開始了世界歷史上最令人震驚的一系列征服戰爭。

1209 年，大舉入侵位於它南面的西夏，水淹首都中興府（今寧夏銀川），迫使西夏求和。

1211 年，進攻盤踞華北的金國，金軍主力被殲滅，不得不送公主與童男童女，以及馬匹、金銀、綢緞，乞求和平。此後金國的領土大大縮小，黃河以北之地幾乎全為蒙古所有。

滅金指日可待，形勢卻發生了戲劇性的變化，成吉思汗突然把矛頭轉向西方，派偏師去對付金國，自己率領主力西征，在滅亡了西遼後，把矛頭直指中亞的花剌子模國。

成吉思汗畫像。成吉思汗統一蒙古各部，建號稱汗，建立大蒙古國。

成吉思汗指揮下的蒙古軍隊，橫掃中亞、西亞、波斯、印度，於 1224 年啟程東歸。

回到漠北的成吉思汗決定一舉滅亡西夏，然而戰爭進行得異常艱苦，尤其是圍攻靈州之戰，酷烈的程度為蒙古征戰史中所罕見。西夏的末代統治者李睍在中興府被蒙古軍隊圍困半年之久，才投降獻城，不僅李睍被殺，全城軍民都遭到屠殺。西夏國在歷史上存在了一百九十年，至此宣告滅亡。蒙古滅亡西夏，把西夏城市化為一片廢墟，使得輝煌一時的西夏文明在西北大地上消失得無影無蹤。

在西夏獻城的前夕，成吉思汗病死於六盤山軍營，結束了他威風凜凜的一生。他的第三個兒子窩闊台繼承大汗，向金國發起致命的一擊。金國滅亡後，南宋形勢岌岌可危。窩闊台和他的父親一樣，醉心於西征，暫緩對南宋的進攻。

窩闊台汗任命拔都（成吉思汗長子朮赤之子）為西征統帥，遠征斡羅思（俄羅斯）、孛烈兒（波蘭）、馬扎兒（匈牙利），以及這一帶所有未臣服的國家。蒙古鐵騎摧枯拉朽般橫掃這一地區，在斡羅思境內建立了欽察汗國（或稱金帳汗國），把伏爾加河畔的薩萊城（今阿斯特拉罕附近）作為國都。

蒙古第四代大汗蒙哥即位後，任命弟弟旭烈兀為統帥，發動第三次西征，矛頭直指阿拉伯帝國阿拔斯王朝的首都報達（巴格達）。蒙古軍隊用猛烈的炮火攻下了這個阿拉伯世界的都城，然後兵分三路侵入敘利亞。蒙哥死後，繼任大汗的忽必烈傳來旨意，命旭烈兀在阿姆河以西的波斯地面上建立伊利汗國，以蔑剌合（今亞塞拜然的馬臘格）為國都。

欽察汗國、伊利汗國，與先前的察合台汗國、窩闊台汗國，並稱蒙古四大汗國，從亞洲腹地一直延伸到歐洲，成為名副其實的大蒙古國，蒙古語成為橫跨亞歐大陸的官方通用語言。這些汗國的統治者，尊奉元朝皇帝為他們的大汗，稱為「一切蒙古君主的君主」。這些汗國和元朝之間保持朝貢關係，使節往來不斷。每一批使節都有一支龐大的商隊隨行，可以使用官方的驛站交通。早在窩闊台時代就設置了通往拔都營帳的驛道，以後日趨完善，使節、商隊經過伏爾加河畔的薩萊，阿姆河畔的玉龍傑赤（烏爾根奇），河中地區的不花拉（布哈拉）、撒馬爾罕，前往嶺北行省的首府和林。

大蒙古國橫跨亞歐大陸，蒙古大汗的金牌可以通行無阻地直達各地，東西方交往盛極一時。

二、忽必烈與大元大蒙古國

1271 年，忽必烈詔告天下，定國號為大元，正式建立元朝。第二年，把中都燕京升格為大都，作為元朝的首都。蒙古語把大都叫做「汗八里」，意即「汗的都城」。

1279 年，陸秀夫背著南宋小皇帝趙昺，在廣東崖山投海而死，南宋王朝滅亡。從此，中華大地上再度出現由一個王朝一統天下的局面。

元世祖忽必烈向劉秉忠、張德輝、姚樞、許衡等文士請教儒學治國之道，他創建的元朝總體上沿用中原王朝的傳統政治體制，也保留一些蒙古舊制。正如臺灣元史專家蕭啟慶《蒙古國號考》所說，建立「大元」國號後，並沒有放棄「大蒙古國」的蒙語國號，有時徑稱「大元大蒙古國」。元朝的皇帝對於漢族臣民而言，是皇帝；對於蒙古族臣民而言，仍然是大汗。

元朝的中央政府由中書省、樞密院、御史台組成，分別掌管行政、軍事、監察大權，與歷代王朝的政治體制大體一致。

中書省總理全國政務，有右丞相、左丞相、右丞、左丞、參知政事等官員。中書省又稱「都省」，它的直轄區叫做「腹里」，也就是大都周圍的華北地區。全國的一級行政區稱為「行中書省」，「行」的稱呼，意味著它是中書省的派出機構，負責地方的治理。都省以外，全國共有十一個行省：陝西行省、甘肅行省、遼陽行省、河南江北行省、四川行省、雲南行省、湖廣行省、江浙行省、江西行省、嶺北行省、征東行省。前面九個行省從其名稱大體可以判定地域範圍，後面兩個行省需略加解釋。嶺北行省——相當於今內蒙古、新疆一部分，以及今蒙古國全境和俄羅斯西伯利亞地區。征東行省——設於高麗（朝鮮半島），行省丞相由高麗國王兼任，保留其原有政權機構和制度，與其他行省有所不同。地方一級行政區稱為行省或省，是元朝的創制，一直沿用至今。

值得注意的是，吐蕃（今西藏）地區此時正式成為中國行政區的一部分。早在蒙古滅金前，吐蕃部分地區已對蒙古表示臣服。滅金後，窩闊台汗次子闊端和吐蕃密切接觸。1247 年，喇嘛教薩斯迦派首領在涼州會見闊端，表示歸順蒙古；這位首領返回吐蕃後，通告各地，確認吐蕃是蒙古大汗管轄的領土。繼任薩斯迦派首

元任仁發〈飲飼圖〉（局部）。元朝統一後，馬政成為軍事管理的一項重要內容。

〈盧溝運筏圖〉。圖上的橋即為現在北京的盧溝橋，橋下的河當時叫盧溝，現稱永定河。

領的八思巴（羅古羅思監藏），被忽必烈封為帝師，總領天下釋教（佛教）。以後八思巴又被任命為總制院負責人，主管佛教和吐蕃事務。總制院後來改稱宣政院，吐蕃地區是「宣政院轄地」，在那裡分設三個宣慰使司都元帥府，宣慰使司都元帥是由朝廷任命的吐蕃地區最高行政長官，代表朝廷對那裡實行統治。

大元大蒙古國領土遼闊，民族眾多，宗教信仰各異，統治者明智地採取相容並蓄的方針，允許自由傳播信仰，使得也里可溫教（基督教）、答失蠻教（伊斯蘭教）、佛教、道教並行而不悖。

元朝畢竟是蒙古人建立的王朝，不可避免地帶有民族歧視的色彩，人民被區分為四個等級：第一等級是蒙古人；第二等級是色目人；第三等級是漢人；第四等級是南人。蒙古人是統治民族，當時稱為「國族」，享有各種特權。色目人是「各色名目之人」的簡稱，是指蒙古人以外的西北民族，乃至中亞、西亞與歐洲各民族，地位僅次於蒙古人。漢人又稱漢兒，是指淮河以北原先金朝統治下的漢人，也包括一部分契丹人、女真人和高麗人。他們由於被征服的時間早於南人，因此地位也高於南人。地位最低的南人，又稱蠻子、新附人，是指原先南宋統治下的遺民。

這種民族等級制度，也是一種身分制度。當時的史書《至正直記》說：蒙古人和色目人以高貴者自居，把南人看作奴隸。在政治生活中這種身分區別十分明顯，中書省的丞相必須由蒙古人擔任，平章政事多用蒙古人、色目人，各行省的丞相、平章政事也大多如此。尤其忌諱漢人掌軍權，樞密院長官多數是蒙古人，只有少量色目人，絕無漢人、南人。但是，統治者也意識到，治理一個以漢人、南人為主體的國家，民族歧視是無濟於事的。因此，漢人、南人中的上層分子陸續被籠絡進統治集團。據《元典章》記載，大德年間（1297 年至 1307 年），朝官中漢人、南人占 55.23%，京官中漢人、南人占 70.15%，外任官中漢人、南人占 71.42%。

宋朝是科舉至上的時代，知識分子都把參加科舉考試、進士及第作為人生目標。蒙古貴族起於漠北，只識彎弓射大雕，不重視科舉，廢除科舉考試近八十年。漢族知識分子的地位空前淪落。據當時文獻記載，漢族人民分為十個等級，其序列是這樣的：一官，二吏，三僧，四道，五醫，六工，七匠，八娼，九儒，十丐。歷來以天下為己任的儒生（知識分子）的地位，竟然在娼妓之下、乞丐之上，排行第九。

八思巴拜見忽必烈（扎什倫布寺壁畫）。八思巴是尊稱，吐蕃人，忽必烈的帝師。

三、黃道婆的革新與烏泥涇的奇蹟

棉花最早種植於印度次大陸，大約在西元前 2 世紀傳入中國，但始終局限於邊疆地區，直到宋代以前，沒有在中原地區推廣。宋末元初是棉花推廣的重要時期。當時人王禎在《農書》中說，棉花本是南海諸國所產，後來福建各縣開始種植，近來江南、陝西也普遍種植。隨著棉花的推廣，棉布作為商品的流通量逐漸增加，南方一些省分的農業稅，除了糧食，還開始徵收棉布，表明當時棉花種植與棉紡織業已有相當規模了。

在這一巨變中，功不可沒的是黃道婆與烏泥涇。

黃道婆，松江府上海縣烏泥涇鎮人，年輕時流落到海南島崖州，學會了海南黎族的棉紡織技術，在元成宗元貞年間（1295 年至 1297 年）返回故里烏泥涇，把黎族棉紡織技術傳授給鄉親，她的一系列技術革新，使烏泥涇成為先進棉紡織技術的傳播中心，帶動了松江府及鄰近地區棉紡織業的繁榮，終於掀起了被海外學者所

黃道婆塑像。黃道婆流落海南，向黎族婦女學習棉紡織技藝並加以改進，返回故鄉，教鄉人改進紡織工具，織成各種花紋的棉織品。

稱譽的持續數百年的「棉花革命」。

　　烏泥涇一帶在宋末元初從閩廣引進棉花，廣為栽培，成為松江府各鄉村中最早栽培棉花的地區。元末明初學者陶宗儀《輟耕錄》說：「閩廣多種木棉，紡織為布。……松江府東去五十里許，曰烏泥涇，其地土磽瘠，民食不給，因謀樹藝，以資生業，遂覓種於彼。」褚華《木棉譜》補充說：「邑（上海縣）產棉花，自海嶠來，初於邑之烏泥涇種之，今遍地皆是。」正德《松江府志》也說：「木棉，宋時鄉人始傳其種於烏泥涇，今沿海高鄉多植之。」因此，把烏泥涇看作「棉花革命」的策源地，是當之無愧的。

　　此前的棉紡織技術是相當原始的，正如陶宗儀所說，沒有軋棉花（脫籽）的踏車，也沒有彈棉花的椎弓，而是用手剝去棉籽，用竹弓繃上弦，在桌子上彈棉花，然後搓成棉條，再紡紗、織布。黃道婆推廣了先進的技術，教農家製作擀花、彈花、紡紗、織布的器具，以及織布時的錯紗、配色、綜線、挈花的方法。黃道婆對棉紡織技術作了全面的革新，包括擀、彈、紡、織的全過程。根據文獻記載，她從崖州引進紡車，加以改進，成為三錠腳踏紡車，當地稱為「腳車」，特點是「一手三紗，以足運輪」。這是對於紡紗技術的一大突破，至於織布技術的改進，就更為突出了。她把海南島的「崖州被」（一種彩色花布），改造成「烏泥涇被」——被譽為「組霧紃雲燦花草」的烏泥涇花布。此外，還有烏泥涇番布、象眼布、三紗布（三梭布）、飛花布等優質棉布。

　　黃道婆的技術革新帶動了烏泥涇鎮經濟起飛，刺激了鄰近地區對於種植棉花和紡紗織布的積極性。到了元末明初，松江府已經成為全國聞名的棉紡織業中心，號稱「綾布二物，衣被天下，雖蘇杭不及」。

　　從烏泥涇起步的棉紡織業，導致松江府及周邊地區農業經濟與農家經營發生了革命性變化。一方面，棉花種植超越了傳統的稻穀種植，即學者們所說的「棉作壓倒稻作」。松江地區大體是「棉七稻三」，嘉定地區甚至達到「棉九稻一」。另一方面，紡紗織布為農家帶來了巨大的經濟效益，其經濟收入超越糧食作物，成為農家主要經濟來源。也就是說，先前的副業逐漸上升為主業。這種「以織助耕」，不同於以往的「男耕女織」那種自給自足模式，已經充分商品化、市場化，不是為自家消費而生產，而是為市場而生產。「衣被天下」的松江棉布，絕大部分是農民家庭生產的。

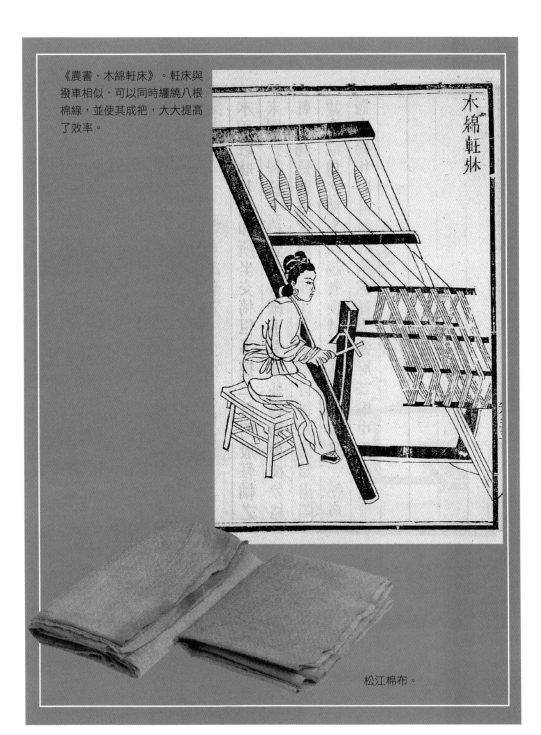

《農書・木綿軒牀》。軒牀與撥車相似，可以同時纏繞八根棉線，並使其成把，大大提高了效率。

木綿軒牀

松江棉布。

四、關於馬可・波羅的爭議

蒙元時代，東西方交往盛極一時。最有影響的西方使者，莫過於義大利人馬可・波羅（Marco Polo，1254 年至 1324 年）。

1271 年，馬可・波羅隨威尼斯人尼哥羅兄弟，沿著絲綢之路東行，前往蒙古。他深得元世祖忽必烈賞識，出任元朝官職，遊歷了大都（北京）、京兆（西安）、成都、昆明、大理、濟南、揚州、杭州、福州、泉州，留下了生動的紀錄。比如，13 世紀末，他來到昔日南宋都城杭州，驚嘆它是「世界最名貴富麗之城」，劫後餘生的杭州，依然人口眾多，產業發達，市面繁榮。正是由於他的介紹，杭州這座花園城市聞名於歐洲。他的中國見聞紀錄如實地反映了當時的實況，比如稱中國為「契丹」，稱北京為「可汗的大都」，稱南方的漢人為「蠻子」，稱杭州為南方漢人的「行在」。

1289 年，伊利汗國大汗的妃子死去，大汗派遣使者到大都，向大元大蒙古國的皇帝請求續娶一位公主。忽必烈同意把闊闊真公主嫁給大汗，並且委派馬可・波羅陪同大汗的使者，一起護送闊闊真公主前往伊利汗國。1291 年，他們一行從泉州啟程，兩年後到達伊利汗國。馬可・波羅完成任務後，從那裡動身回國，於 1295 年抵達威尼斯。

馬可・波羅東行圖。

不久，馬可・波羅在戰爭中被俘，他在監獄中講述東方見聞，由同獄的小說家記錄成書，出版後名曰《世界的描述》（一曰《世界的印象》）。馮承鈞的中譯本題名為《馬可波羅行紀》，從中可以看到一個外國人眼中 13 世紀中國生動活潑的畫面。

然而，在當時歐洲人看來，這是馬可・波羅的「百萬牛皮」。這一成見至今仍未消除。1981 年，英國不列顛圖書館中文部主任吳芳思（Frances Wood）女士在《泰晤士報》發表文章，認為馬可・波羅沒有到過中國。1995 年，她出版專著《馬可波羅到過中國嗎？》，結論是：威尼斯商人馬可・波羅從未到過任何接近中國的地方，在歷史上不朽的《馬可波羅行紀》完全是杜撰之作。奇怪的是，她的這一結論居然得到幾位中世紀史專家的支持。

中國的蒙元史專家楊志玖首先表示異議，在《環球》雜誌 1982 年第 10 期發表文章回應。他指出，中國史籍中確實沒有發現馬可・波羅的名字，但並不是沒有可供考證的資料。比如，護送闊闊真公主赴伊利汗國的事，在《經世大典》中有明確的記載，人名、時間都和馬可・波羅所說相符。伊利汗國學者拉施特的《史集》也有相同的記載。又如，《馬可波羅行紀》提到鎮江附近有兩所基督教堂，以及在長江邊的佛教寺院（即著名的金山寺）。這些可以在《至順鎮江志》中得到印證。該書有一章專講元朝的紙幣，說它通行全國，信用度極高，特別強調「偽造者處極刑」。這一點由 1963 年出土的紙幣銅版所證實，銅版正中刻有「偽造者處死」五個大字。這些目擊的紀錄，絕不是「沒有到過中國」的人可以「杜撰」出來的。

1997 年，楊志玖在《歷史研究》雜誌發表論文——《馬可波羅到過中國：對〈馬可波羅到過中國嗎？〉的回答》，全面論述了他的觀點：吳芳思雖多方論證，但說服力不強，《馬可波羅行紀》中確有一些錯誤、誇張，甚至虛構之處，準確可考之處也不少，若非親見，便難以解釋。

此後，有的中國史家為此寫了專著，反駁吳芳思的結論。現在看來，說馬可・波羅沒有到過中國，顯然過於武斷，令人難以置信。

五、郭守敬：中國天文學的新高度

元初，波斯天文學家扎馬魯丁應元世祖忽必烈的徵召，來到大都（北京），帶來了天文儀器和新的紀年法《萬年曆》。至元八年（1271 年）設立了天文台——「回回司天台」，由扎馬魯丁總管，吸收不少西域天文學家參與工作。郭守敬與扎馬魯丁進行業務交流，對阿拉伯天文曆法成就有了相當深刻的了解。

郭守敬（1231 年至 1316 年），字若思，邢州（今河北邢台）人，祖父郭榮是數學家、水利學家，除了家學薰陶，他又師從天文學家、地理學家劉秉忠。1262 年，由於劉秉忠的同學、左丞張文謙的推薦，郭守敬向忽必烈面陳水利建議六條，被任命為主管全國河渠的官員，次年提升為副河渠使，此後又提升為都水少監。他的主要貢獻是為元大都的城市建設奠定了基礎。

元大都新城的城址，是以金朝的離宮——太宗宮附近的湖泊（即今中海和北海）為中心設計的。這一片湖泊屬於高粱河水系，在此建造都城，出於長遠考慮：一是金朝的都城在戰亂中已遭破壞；二是蓮花池水源供不應求；三是為了解決南糧北運的交通問題。元朝面臨的漕運壓力，比金朝更為繁重，每年要從江南運送幾百萬石糧食到大都。郭守敬提出改造舊閘河，另引玉泉山水來溝通漕運的計畫，得到朝廷批准後，付諸實施。把水源引入西山山麓的甕山泊，然後匯入積水潭（今什剎海），再接閘河，這就是叫做通惠河的新運河，從大都至通州全長 164 里，由郭守敬親自設計施工。今日北京的給水工程用京密引水渠，從昌平經昆明湖到紫竹院西北一段，基本沿用郭守敬當初的路線。

元朝建都於北京，必須對承擔漕運重任的運河加以改造，把運河的終點從洛陽、開封轉移到北京。淮河以南，邗溝與江南河迭經整治，仍可通行。全線獨缺山東境內泗水與御河之間一段，以及通州至北京一段。於是元朝先後開鑿濟州河、會通河、通惠河，溝通了從杭州直至北京的大運河。

元朝初年使用的《大明曆》，誤差很大，劉秉忠建議修改曆法。1276 年，朝廷根據劉秉忠生前的建議，任命張文謙等主持修訂新曆，郭守敬等奉命進行實測。1279 年，太史局（天文台）擴建為太史院，郭守敬出任「同知太史院事」，主持全國範圍的天文測量，設立 27 個觀測站，最北的觀測站在西伯利亞北部，最南的觀測站在西沙群島。在此基礎上，編成了新曆——《授時曆》。郭守敬在給皇帝的報

立於北京積水潭的郭守敬塑像。

河南登封觀星台。元代由郭守敬主持建造，見證了當時世界上最先進的曆法——《授時曆》的測量演算歷史，是中國現存最古老的天文台。

告中說，《授時曆》重新測定天文資料七項，改革天文計算五項。《授時曆》推算一回歸年長度為 365.2425 日，這個資料和地球繞太陽一周的時間，只相差約 26 秒，與現代通用的格里高利曆相同。格里高利曆是 1582 年羅馬教皇格里高利十三世制定的，比《授時曆》晚了三百年。郭守敬的天文成就，與三百年後的丹麥天文學家第谷（Tycho Brahe）先後交相輝映。明末來華的耶穌會士湯若望（Johann Adam Schall von Bell）稱讚郭守敬為「中國的第谷」。其實，郭守敬比第谷早三個世紀，應該說第谷是歐洲的郭守敬才更確切。日本科學史家山田慶兒說，元代的《授時曆》「代表了中國天文學的最高水準」。

相關書目推薦

李治安：《元史十八講》，中華書局，2014

蕭啟慶：《內北國而外中國：蒙元史研究》，中華書局，2007

周良宵、顧菊英：《元史》，上海人民出版社，2003

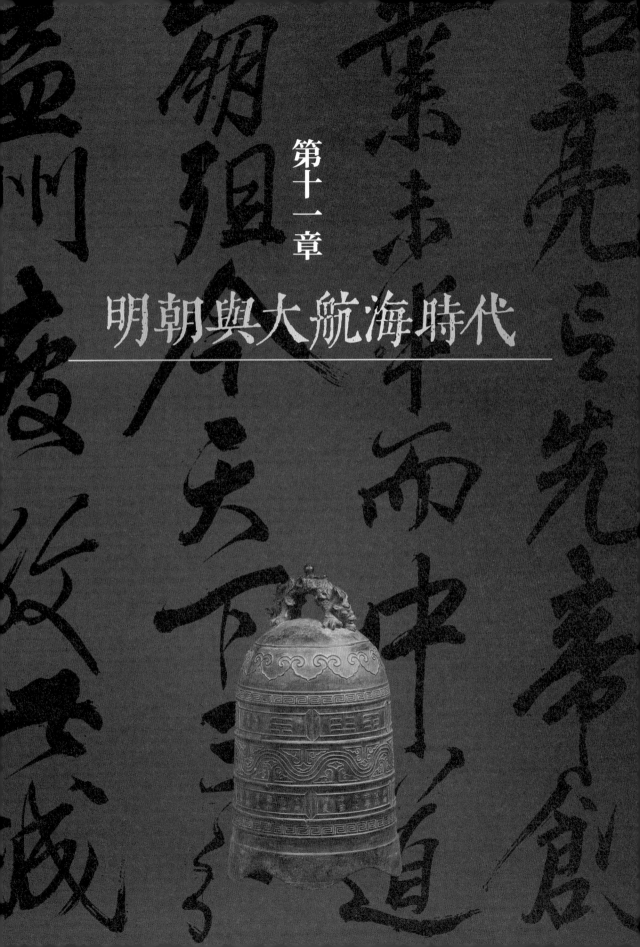

第十一章

明朝與大航海時代

一、朱元璋與皇權的強化

美國歷史學家范德（Edward L. Farmer）在《朱元璋與中國文化的復興》中說：「明王朝的建立，無論是對中國的政治史還是文化史，都有著意義深遠的影響。在蒙古人統治了近一百年之後，明朝的開國皇帝朱元璋開始著手復興中國的文化傳統價值。在這一復興並重新界定中國文化精髓的過程中，朱元璋制定了一系列旨在指導政府活動與規範社會生活的法律。它的立法不僅強化與穩定了明朝的君主專制體系，而且在中國政治文化上留下了深刻的印痕。」

在這方面最突出的工作是恢復傳統的科舉考試制度與發布《大明律令》。

洪武三年（1370年），朱元璋在一道詔旨中宣布即將開科舉，考經義和「四書」，論與策各一道，中試者還要經過箭術、馬術、書法、算術、法律知識的測試。科舉考試制度在明代達到空前完備。

《大明律令》這部法典包含285條律和145條令，以後又編了《律令直解》使之通俗化。明律簡於唐律，嚴於宋律。又在明律之外，指定條目處以極刑，把案例編為《大誥》，頒給各級學校作為必讀教材，以後又編了《大誥續編》、《大誥三編》。其序言說：「諸司敢不急公而務私者，必窮搜其原，而置之重典。」針對元季官吏貪冒、徇私滅公，所載都是懲治貪官污吏、地方豪強的重大刑事案件，其中凌遲、斬首、族誅的有幾千條，棄市以下萬餘條，大都出於朱元璋親自裁定，用他自己的話來說是「治亂世用重典」，對大臣擅權、武將驕橫給予最嚴厲的打擊。他下決心嚴懲貪汙，說「此弊不革，欲成善政，終不可得」，並於洪武二十五年（1392年）編《醒貪簡要錄》，頒示天下，官吏貪贓六十兩銀子以上即梟首示眾，再處以剝皮之刑。

洪武十五年（1382年）的空印案、十八年（1385年）的郭桓案，都是打擊貪官污吏的重大案件，兩案連坐被殺的人數以萬計。

幾起大案，加上嚴刑峻法，凌遲、斬首、族誅之外，還有刷洗、秤桿、抽腸、剝皮等酷刑，雖然打擊了貪贓枉法的陋習，但造成了朝廷內外極度恐怖的氣氛。朝官每天黎明上朝，出門前必先與家中妻子訣別，吩咐後事，是否可以平安回家實難預料。

汲縣移民碑。元末戰亂之後，明初亟需招徠移民開墾荒地，由此帶來大規模移民潮。此碑即為佐證。

朱元璋對全國大小政務都要自己親自處理，唯恐大權旁落，他不僅大權要獨攬，連小權也要獨攬。除嚴刑酷法外，推行特務政治，也是其強化皇權的一大創舉。在監察機關都察院以外，設立了檢校、錦衣衛，承擔著監視官吏的特殊使命。

檢校的職責是「專主察聽在京大小衙門官吏不公不法及風聞之事」，直接報告皇帝。朱元璋自己坦率地說：有這幾個人，譬如人家養了惡犬，則人怕。檢校的鷹犬無孔不入，到處刺探，一舉一動都報告皇帝，皇帝對大臣的一言一行瞭如指掌。有這樣一個故事：被徵去編《孟子節文》的錢宰，寫打油詩發牢騷：「四鼓冬冬起著衣，午門朝見尚嫌遲。何時得遂田園樂，睡到人間飯熟時。」第二天朱元璋就得知此事，對他說：昨日作的好詩，不過我並沒有「嫌」啊！改作「憂」字如何？嚇得錢宰出了一身冷汗，連連磕頭請罪。

洪武三十一年（1398年），朱元璋去世，葬在南京城外鍾山，即明孝陵。他在遺詔中說：「朕膺天命三十一年，憂危積心，日勤不怠，務有益於民。奈起自寒微，無古人之博知，好善惡惡，不及遠矣。」頗有一點自知之明，他確實「憂危積心，日勤不怠」，但不能「好善惡惡」，過分嚴酷。其誅殺功臣的所謂「胡惟庸黨案」、「藍玉黨案」以及李善長的「逆謀案」，充分反映了這一點。而其子明成祖朱棣發明的「誅十族」、「瓜蔓抄」則有過之而無不及。

皇權強化的另一種形式是朝貢體制。所謂朝貢，有悠久的歷史，明朝把它做到了極致。歷史學家王賡武說：「同外部世界的關係，一切都通過進貢的形式表現出來。從官方角度來說，進貢也是唯一可行的外貿形式。……強調所有的對外關係都是臣民與君主的關係，強調所有的禮物都是送給中國皇帝的貢品，皇帝送出的禮物則被看作居高臨下的皇帝賜給臣服的統治者的禮物。」

洪武三年（1370年）設立的三個市舶司：寧波、泉州、廣州，是朝貢的管道，設置賓館招待外國朝貢使節和商人。寧波的賓館叫「安遠」，泉州的賓館叫「來遠」，廣州的賓館叫「懷遠」，帶有居高臨下的口吻——安撫與懷柔。

《大明會典》用整整五卷篇幅來寫朝貢體制，把周邊國家與民族稱為東南夷、北狄、東北夷、西戎。明太祖朱元璋的祖訓開列了「不征諸夷」：朝鮮、日本、大小琉球、安南、真臘、暹羅、占城、蘇門答臘、西洋、爪哇、彭亨、百花、三佛齊、渤泥。

《明太祖實錄》說：「海外諸番與中國往來，使臣不絕，商賈隨之。」

二、鄭和下西洋──大航海時代的序幕

明朝永樂三年六月十五日（1405 年 7 月 11 日），鄭和率領 27,800 多人，分乘 208 艘木製帆船，由太倉劉家港出發，開始了持續二十八年之久的下西洋壯舉，因而彪炳史冊。他創造了世界航海史上的新紀錄，曾到達亞洲、非洲三十多個國家和地區，航線之長、持續時間之久，在當時世界上無人可以與之比肩。鄭和的第一次遠航，比哥倫布首航美洲早八十七年，比達・伽馬開闢東方新航路早九十三年，比麥哲倫從美洲航行到菲律賓群島早一百一十六年。因此，把鄭和下西洋稱為大航海時代的序幕，是當之無愧的。

《明史・宦官傳》對鄭和身世的介紹，只有很簡單的一句話：「鄭和，雲南人，世所謂三保太監者也。」根據其他史料，人們才知道，他本姓馬，名三保，父親名叫馬哈只。最有價值的史料是，永樂年間禮部尚書李至剛為他父親所寫的《故馬公墓誌銘》。幾十年來，現代史家根據《馬哈只墓誌》、《鄭和家譜》、《賽典赤家譜》的考證認為，馬哈只、馬三保父子，是元朝政治家、中亞布哈拉貴族賽典赤・贍思丁的後裔，也就是說，鄭和是賽典赤的六世孫。那麼，賽典赤是何許人也？

《元史・賽典赤贍思丁傳》說：「賽典赤贍思丁一名烏馬兒，回回人，別庵伯爾之裔，其國言賽典赤，猶華言貴族也。」據專家解釋，「別庵伯爾之裔」專指伊斯蘭教先知穆罕默德的後裔。如此說來，鄭和應該是穆罕默德的後裔。

美國《百科全書》關於鄭和的家世有簡明清晰的介紹：15 世紀初期的中國將領鄭和，幾乎於葡萄牙人乘船繞過非洲抵達印度一百年前，就率領海軍對印度洋做過七次遠征。鄭和為一名去麥加朝聖過的伊斯蘭教徒（馬）哈只之子，約在 1371 年生於雲南省昆明，取名馬三保。鄭和家自稱為一名早期蒙古的雲南統轄的後代，並係布哈拉國王穆罕默德的後裔。馬姓來源於中文對穆罕默德的音譯。

1988 年，明史專家周紹泉對此提出質疑，他在〈鄭和與賽典赤・贍思丁關係獻疑〉一文中，對《賽氏總族譜》、《賽典赤家譜》、《馬氏家乘》、《故馬公墓誌銘》、《鄭氏家譜》進行了考證，對鄭和是賽典赤・贍思丁後裔的說法表示懷疑，認為「很可能出於中國人追祖名人的習慣心理，二者實無家系淵源」。百家爭鳴是

鄭和鑄銅鐘。這是鄭和第七次下西洋前，
為祈求出海航行平安而鑄。

學術研究題中應有之義，對成說提出質疑，表明這個問題還可以繼續討論。

　　隨著研究的深入，鄭和下西洋的謎團和爭議逐漸露出水面。鄭和船隊的某些小分隊是否到過澳洲、美洲，就是最引人注目的話題。

　　鄭和下西洋到過哪些地方？隨行的馬歡、費信、鞏珍所寫的《瀛涯勝覽》、《星槎勝覽》、《西洋番國志》以及《鄭和航海圖》，都有比較明確的紀錄，除了東南亞鄰國，就是印度洋、阿拉伯、東非各國，諸如越南、柬埔寨、泰國、汶萊、印尼、菲律賓、斯里蘭卡、馬爾地夫、孟加拉、印度、伊朗、葉門、沙烏地阿拉伯、索馬利亞、肯亞等國。

　　這是以往人們的共識。近些年來情況有了變化，某些西方學者認為，鄭和船

宣德號沉船瓷器圖。陶瓷外輸到明代以青花瓷為主。可惜很多船未能到達目的地而沉沒於海底。

印尼三寶壟市，三寶廟。

隊的小分隊，可能到達了澳洲，也可能繞過了非洲最南端的好望角，進入大西洋，甚至到達了美洲。對於這些新論，見仁見智，眾說紛紜，是正常的現象。歷史研究講究實證，一切憑事實說話，我們不妨以冷靜的態度來對待這種探索，不必匆忙下結論。正如明史專家南炳文所說：當前最為迫切需要搞清楚的問題之一，是鄭和航海的活動範圍，至於是否繞過好望角，進入大西洋，實現環球航行，應當進一步審核，確定真相。

泰國暹羅，三寶廟。

目前看來，到達澳洲的可能性較大。

最早提出這一假說的是澳大利亞學者菲茨傑拉爾德（C. R. Fitzgerald），他在 1950 年代就發表文章〈是中國人發現澳洲嗎？〉。美國學者李露曄（Louise Levathes）關於鄭和的專著《當中國稱霸海上》，繼續對此進行考證。1879 年，在澳洲達爾文港附近一棵兩百年的榕樹下，發現了中國道教三星之一——壽星的雕像，帶有明代風格，可能是鄭和船隊帶去的。而李露曄在中國文獻中也找到一些蛛

絲馬跡：《星槎勝覽》記載，鄭和船隊的船隻曾經到過達爾文港北方的吉里地悶島，就是今日的帝汶島；《鄭和航海圖》中有一個叫做「哈甫泥」的地方，可能是南太平洋的科爾圭蘭島。這些跡象表明，鄭和船隊到達了南半球。

中國學者鄭一鈞的《鄭和全傳》也有類似的觀點。另有中國學者推論，抵達澳洲的小分隊，是鄭和部下專門繪製航海圖的楊敏率領的。永樂十一年四月初四，楊敏在安得蠻洋遭遇颶風，沿蘇門答臘島漂流南下，到了澳大利亞西海岸。幾十年前，中西交通史專家向達在清初抄本殘卷中發現有關「三寶信官楊敏漂流」的記載。近來發現的《太上老君說天妃救苦靈驗經》中寫道：「大明國奉聖內官楊敏……於永樂十一年四月初四日，行至安得蠻洋，遇颶風大作」云云。因此，有的學者把楊敏稱為「澳洲大陸發現者」。

最為令人震驚的是，2002 年 3 月英國學者孟席斯（Gavin Menzies）在英國皇家地理學會上發表他的研究成果：鄭和的船隊比哥倫布早七十二年到達美洲大陸，比麥哲倫早一個世紀實現了環球航行。2002 年 10 月，他出版了專著《1421：中國發現世界》，全面論證鄭和船隊率先發現美洲「新大陸」的觀點。他說，1421 年 3 月，鄭和率領 107 艘船第六次下西洋，11 月，鄭和率一支船隊返回，其餘船隊由洪保、周滿、周聞率領繼續航行。他們繞過非洲南端的好望角，沿非洲西海岸到達大西洋維德角群島的聖安唐島，沿大西洋赤道洋流向西航行，然後分道揚鑣。洪保船隊從維德角抵達加勒比海、南美洲東岸，然後通過麥哲倫海峽，經澳洲西北海岸、爪哇返回中國。周滿、周聞船隊的航線稍有差異，但都到達美洲，然後環球航行，返回中國。

這些話聽起來似乎有點匪夷所思，卻並非信口開河。這位孟席斯不是歷史學科班出身，是一名退役海軍軍官。令人敬佩的是，為了研究鄭和航海事蹟，他到過120 多個國家的 900 多座博物館收集資料，書中附錄的幾十幅歷史地圖，以及歷史文物與遺跡的照片，就是其中的一部分。

孟席斯的觀點引起了學術界的熱烈爭論，也成為新聞界的熱點話題。毫無疑問，有人贊成，有人反對，針鋒相對的爭論還會繼續下去。

三、中國與全球化貿易

15世紀末至 16 世紀初，世界歷史出現了大變局，歷史學家稱為大航海時代或地理大發現時代。它的標誌是：歐洲航海家越過大西洋發現了美洲新大陸；歐洲航海家發現了繞過非洲好望角，通往印度和中國的新航路；歐洲航海家完成了橫渡大西洋、太平洋、印度洋的環球航行。一個大航海時代來到了，中國當然不可能置身事外。葡萄牙人繞過非洲好望角進入印度洋，占領印度西海岸的貿易重鎮果阿、東西洋交通咽喉麻六甲，以及香料群島。從 1524 年起，他們在中國東南沿海進行貿易。他們獲得澳門貿易的許可，使澳門成為溝通東西方經濟的重要商埠，也成為晚明中國在大航海時代與全球經濟連成一體的中介。它的意義，不僅對於葡萄牙，而且對於中國，都是不可低估的。1580 年代，澳門進入了黃金時代，一躍而為葡萄牙與印度、中國、日本貿易的重要樞紐港口。以澳門為中心的幾條國際貿易航線把中國商品運向全球各地：

澳門—麻六甲—果阿（印度）—里斯本（葡萄牙）航線；

澳門—長崎（日本）航線；

澳門—馬尼拉（菲律賓）—阿卡普爾科（墨西哥）航線。

澳門的轉口貿易，把中國捲入全球貿易的網絡之中。葡萄牙人把中國的生絲、絲織品、黃金、銅、水銀、麝香、朱砂、茯苓、瓷器等商品，從澳門運往果阿，其中數量最大的是生絲。從果阿運回澳門的商品有白銀、胡椒、蘇木、象牙、檀香等，而以白銀為大宗，以至於當時的歐洲商人說，葡萄牙人從里斯本運往果阿的白銀幾乎全部進入了中國。葡萄牙人以澳門為中心來安排遠東貿易，每年五、六月分由果阿啟航的商船，裝載印度等地出產的香料，以及墨西哥、秘魯出產的白銀抵達澳門，在澳門買進中國的生絲、絲織品、棉布等商品，於第二年前往日本。在那裡換回日本的白銀及其他商品，返回澳門，買進中國的生絲、絲織品、瓷器等，在第三年秋天返回果阿。

與此同時，西班牙人以馬尼拉為中心的大帆船貿易悄然興起。1580 年以後，運到馬尼拉的以生絲、絲織品為主的中國商品找到了一條通往墨西哥的航路。此後二百多年，「馬尼拉大帆船」橫渡太平洋，前往墨西哥。這就是名聞遐邇的溝通馬尼拉與阿卡普爾科的大帆船貿易。

隨著「馬尼拉大帆船」與「太平洋絲綢之路」的蓬勃發展，東南沿海的中國商人紛紛移民馬尼拉，形成著名的「生絲市場」。史家評論說：馬尼拉不過是中國與美洲之間遠程貿易的中轉站，「馬尼拉大帆船」是運輸中國貨的大帆船。一部論述「馬尼拉大帆船」的專著稱：中國往往是大帆船貿易貨物的主要來源，就新西班牙（按：指墨西哥及附近地區）的人民來說，大帆船就是中國船，馬尼拉就是中國與墨西哥之間的轉運站。在墨西哥的西班牙人無拘無束地談論菲律賓的時候，猶如談及中華帝國的一個省那樣。馬尼拉大帆船運去的中國商品，特別是生絲和絲織品，在墨西哥、秘魯、巴拿馬、智利都成了搶手貨，並且直接導致西班牙美洲殖民地以本地蠶絲為原料的絲織業的衰落。

引人注目的是，無論葡萄牙、西班牙，還是後起的荷蘭、英國，在與中國的貿易中，無一例外地都處於貿易逆差之中。正如西方學者弗蘭克（Andre Gunder Frank）《白銀資本》所說：「『中國貿易』造成的經濟和金融後果是，中國憑藉著在絲綢、瓷器等方面無與匹敵的製造業和出口，與任何國家進行貿易都是順差。」他進一步發揮道：「16 世紀的葡萄牙、17 世紀的尼德蘭（荷蘭）或 18 世紀的英國在世界經濟中根本沒有霸權可言。」「絲—銀對流」的結果，源源不斷的白銀資本流入中國。歷史學家全漢昇從大量第一手資料中提煉出這樣的結論：1571 年至 1821 年間，從美洲運往馬尼拉的白銀，共計 4 億西元（披索），其中二分之一或更多一些經過貿易途徑流入了中國。弗蘭克的研究結論是：16 世紀中期至 17 世紀中期，中國透過「絲—銀」貿易，獲得了世界白銀產量的四分之一至三分之一。這無疑是前近代中國頗為耀眼的輝煌。

日本屏風畫中的葡萄牙大黑船。日本將在南洋活動的西班牙、葡萄牙等稱為「南蠻」,將與之貿易稱為「南蠻貿易」。

西班牙銀元。

荷蘭銀元。

墨西哥銀元
——鷹洋。

四、耶穌會士與西學東漸

隨著歐洲商人的步伐，天主教耶穌會士遠渡重洋，來到東南亞，透過澳門這個中西經濟文化交流的管道，進入中國。他們在傳教的同時，向中國人特別是士大夫傳播文藝復興以來先進的歐洲科學文化，不僅使中國在文化上融入世界，而且培養了第一批「放眼看世界」的先進中國人。

耶穌會士前來中國傳教，總是先到澳門，寓居聖保祿教堂（俗稱三巴寺），學習中文及中國文化。被譽為「中國傳教事業之父」的范禮安（Alexandre Valignani）、中國傳教事業實際開創者羅明堅（Michel Ruggieri）、被中國士大夫稱為「西儒利氏」的利瑪竇（Matteo Ricci），都是如此。

義大利人利瑪竇，十九歲加入耶穌會，精通天文、數學、神學，經由印度果阿來到澳門。1583 年，他與羅明堅在廣東肇慶建立第一所天主教堂，掀開東西方文明交流的新篇章。為了讓士大夫樂意接受，他儘量把天主教教義與儒家學說相比附，找到其中的共同性，博得士大夫的好感和崇敬。他寫的《天主實義》，在《聖經》與「四書五經」之間求同存異。徐光啟說，他讀了《天主實義》以後，竟然沒有發現天主教與儒學有任何抵觸之處。他的傳教活動取得了極大的成功，瞿太素、馮應京、徐光啟、李之藻、楊廷筠等知名人士先後皈依天主教，也得到了沈一貫、曹于汴、馮琦、李戴等官僚的支持，能夠破天荒地進入北京，並且在北京建造教堂。美國學者鄧恩的著作《從利瑪竇到湯若望》，把利瑪竇的成功比喻為「登上了『月球』」。在他看來，晚明時期耶穌會士在中國的成就，應該被列為天主教傳教史上最偉大的成就之一。據《利瑪竇中國札記》描述，萬曆皇帝看到耶穌受難十字架，驚奇地高聲說「這才是活神仙」，把它放在自己的房間裡。幾天以後，他派人向傳教士詢問有關歐洲的每一件事情。這種寬容精神，為天主教及歐洲科學文化的傳播，提供了良好的氛圍。

利瑪竇在中國居留二十八年，繪製了多種世界地圖，其中影響最大的，是萬曆三十年（1602 年）由李之藻為之刊印的《坤輿萬國全圖》。它打破了中國傳統的「天圓地方」觀念，開拓了士大夫的視野：天朝大國原來在世界上僅占區區一角，改變了中國人的世界觀。這種世界地圖把地處遠東的中國畫在最東面的邊緣，使得一向以「中央之國」自居的中國人難以接受。利瑪竇為了迎合「中央之國」的

徐光啟與利瑪竇。

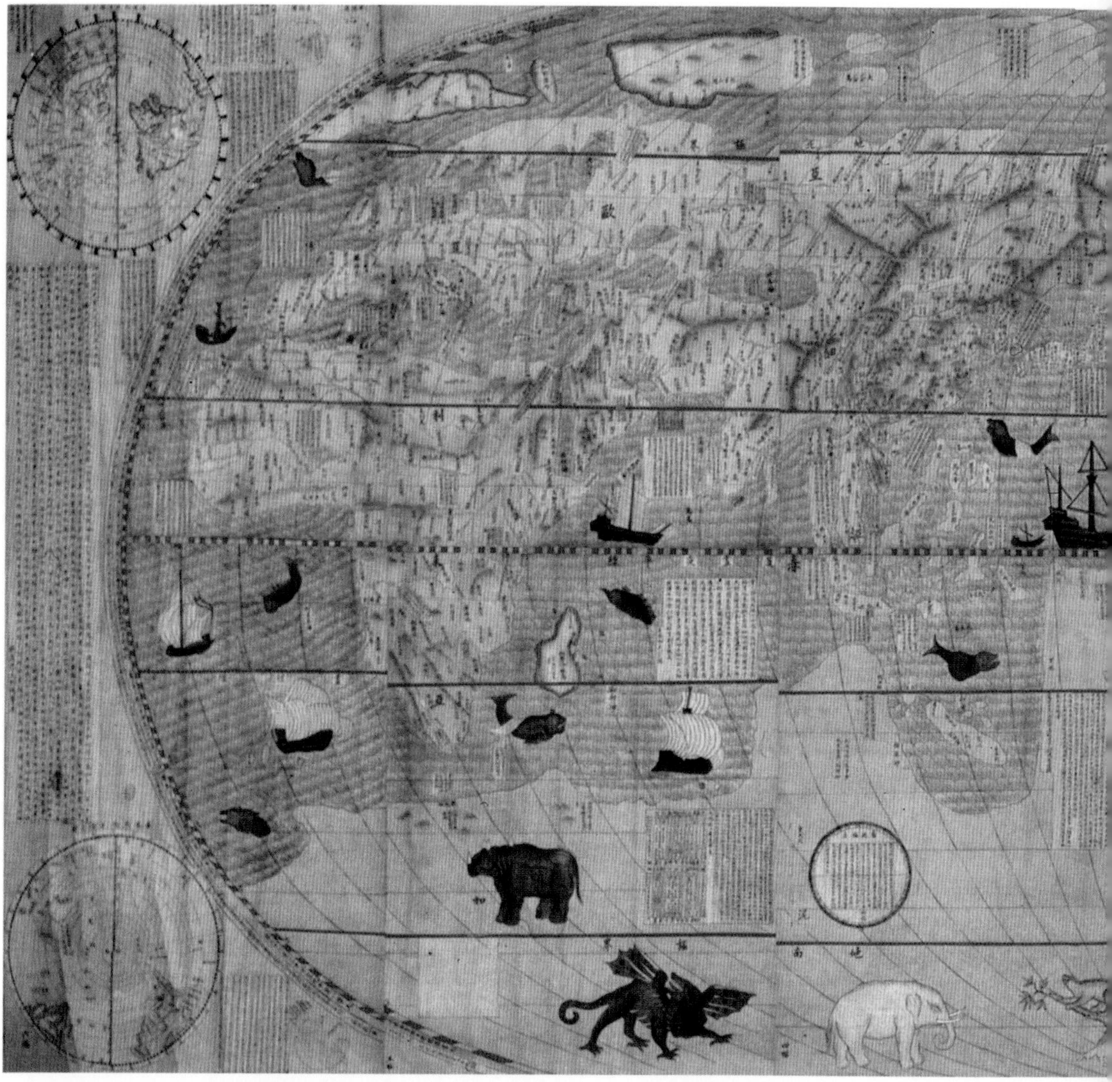

《坤輿萬國全圖》。這幅中文版世界地圖，把中國放在地圖的中心，是當時世界上最齊全、最科學的世界地圖。

觀念，把子午線向西移動一百七十度，使中國正好出現在地圖中央。目前中國出版的世界地圖，中國居於世界中央，就是利瑪竇發明的權宜之計，想不到沿用了幾百年而不改，與其他國家的世界地圖截然不同。

　　皈依天主教、教名保祿的徐光啟，在北京與利瑪竇頻繁交往，在探討教義之餘，努力學習西方科學文化。他們兩人合作翻譯歐幾里得幾何學教科書，這就是利瑪竇口授、徐光啟筆錄的《幾何原本》。此書的價值除了彌補中國傳統數學的不足

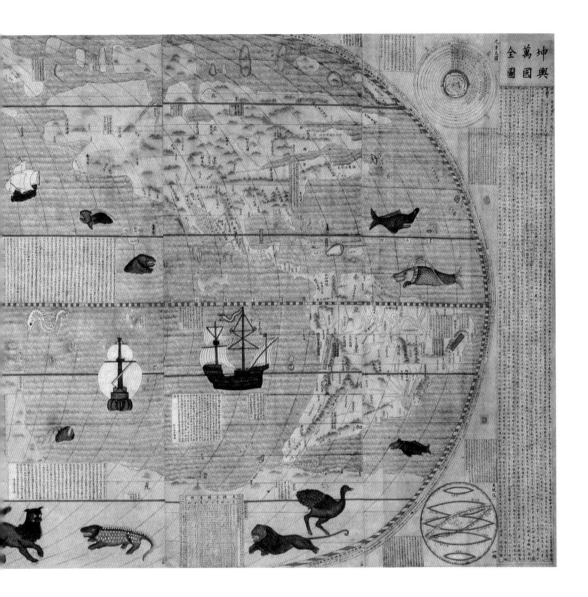

之外，更重要的是引進了一種科學思維與邏輯推論方法，正如徐光啟在序言中所說，可以「祛其浮氣，練其精心」。

　　崇禎二年（1629年），朝廷任命禮部侍郎徐光啟修訂曆法。徐光啟聘請耶穌會士龍華民、鄧玉函、羅亞谷、湯若望等人參加，編譯成137卷的巨著《崇禎曆書》，詳細介紹了第谷、托勒密、哥白尼、克卜勒等人的天文學知識。清初，由湯若望刪改，以《西洋新曆法》為題，頒行於世。它的意義在於，使得中國從此告別傳統曆

西方傳教士所繪〈湯若望與順治帝〉。

阿姆斯特丹荷蘭東印度公司碼頭。

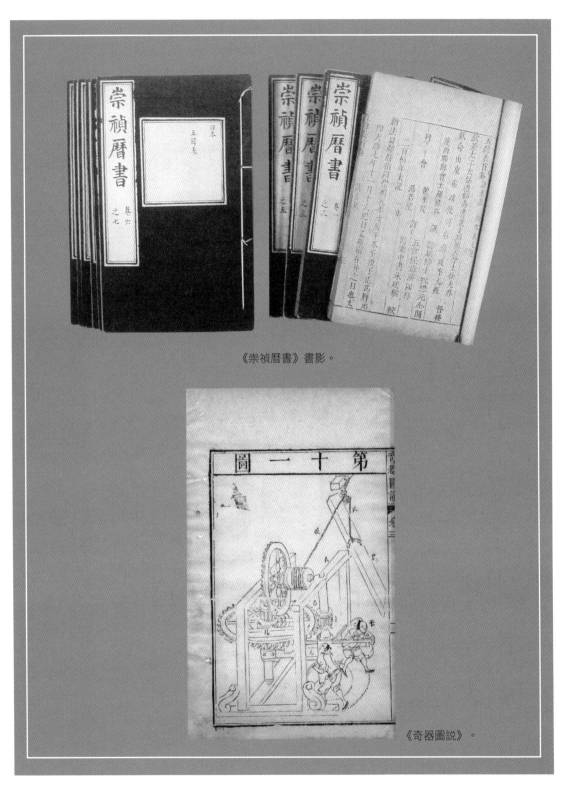

《崇禎曆書》書影。

《奇器圖說》。

法，開始邁入近代天文學的門檻。科學史專家江曉原說，《崇禎曆書》編成的時候，中國跟歐洲天文學的差距很小。但是此後兩百多年幾乎不變，完全脫離了歐洲天文學的進程，而歐洲在這兩百年間天文學發展迅猛。《崇禎曆書》使得中國人有一個機會跟國際接軌，卻很快脫軌，最終等到鴉片戰爭結束，西方天文學第二次大舉進入的時候，中國人幾乎不認識它了，因為已經落後了兩百年。

天主教徒王徵與耶穌會士鄧玉函合作編譯的《奇器圖說》，在物理學、機械工程學方面的貢獻，在當時無人能出其右。臺灣學者方豪認為，王徵譯述《奇器圖說》，其功不在徐光啟、李之藻之下，其巧思則非二人所能及。他不僅能著書立說，還能動手製作各種器物，如自行車、自轉磨、輪壺（自鳴鐘）、連弩、運重機器、西洋神器測量定表等。有人質疑他從事「末流之學」，他答辯道：「學原不問精粗，總期有濟於世人；亦不問中西，總期不違於天。茲所錄者，雖屬技藝末務，而實有益於民生日用、國家興作甚急也！」顯示了超前的科學眼光。

西學東漸是多方面的。1614 年，耶穌會士金尼閣返回羅馬教廷述職，募集到各類圖書 7,000 冊，運回中國。這批圖書中的一部分翻譯成中文，透過各種途徑流布於全國各地，向中國人宣傳西方科學、文化、宗教。它們大部分保存在天主教北堂圖書館，現今仍可在中國國家圖書館看到其身影。這些被圈內人士稱為「搖籃本」的西方古籍，即使在歐洲也極為珍稀，它們印證了西學東漸的一段佳話，令人緬懷、感慨。

五、明末天主教三柱石：徐光啟、李之藻、
　　楊廷筠

以利瑪竇為代表的耶穌會士，用歐洲的科學文化培育了一大批放眼看世界的先進中國人，其中的佼佼者，就是徐光啟、李之藻、楊廷筠。天主教中國傳教史研究的奠基者方豪，把徐、李、楊三人推崇為「明末天主教三柱石」，是恰如其分的。

徐光啟，字子先，號玄扈，松江府上海縣人。他的科舉之路並不順利，萬曆二十五年（1597年），三十六歲時才成為舉人，七年之後，四十三歲才成為進士。正是這樣的經歷，使得他在踏入仕途之前，有機會接觸耶穌會士，了解天主教和西學。萬曆二十八年（1600年），徐光啟在南京遇見利瑪竇，他忙於趕回上海，來不及深談皈依問題。三年後，他在南京拜會羅如望神父，拜讀了利瑪竇撰寫的《天主實義》後，接受洗禮，成為天主教徒，教名保祿。

徐光啟進士及第後被選為庶吉士，歷任翰林院檢討、少詹事兼河南道御史、禮部尚書兼文淵閣大學士。在此後三十多年中，他運用自己的才智與影響，支持並推動天主教會活動，所以利瑪竇稱讚他是天主教在中國的「柱石」。萬曆四十四年（1616年），禮部侍郎署理南京禮部尚書沈㴶向朝廷上疏，主張禁止天主教。徐光啟挺身而出，寫了《辨學章疏》，維護天主教，認為它可以「補益王化，左右儒術，救正佛法」，在南京教案中力挽狂瀾。

萬曆末年，明朝在遼東屢遭敗績，徐光啟多次上疏，建議在遼東、薊州城堡以及京師周邊，建設墩台，引進西洋的紅夷大炮，大量製造。崇禎二年（1629年），他再次建議鑄造西洋大炮，聘請西洋人擔任教練，皇帝採納，立即付諸實施，在保衛北京的戰爭中，發揮了意想不到的作用。

李之藻，字振之，又字我存，號淳庵居士，一號淳園叟，杭州府仁和縣人。萬曆二十六年（1598年）進士及第，次年開始與利瑪竇交往，為利瑪竇的人格魅力所折服，讚美利瑪竇是科學與美德的完美結合。他在萬曆二十九年（1601年）親眼目睹利瑪竇的世界地圖，認為那是「萬世不可易之法」。他為利瑪竇重刻《坤輿萬國全圖》，這幅四公尺寬、一點七公尺高的巨幅世界地圖，帶給國人震撼感。

他在序言中說，這幅地圖再一次印證了「東海西海，心同理同」的道理，讚揚歐洲地圖以南北極為經，赤道為緯，周天經緯三百六十度，令人可以俯仰天地，開闊眼界。

萬曆三十五年（1607 年），汪孟樸在杭州重刻《天主實義》，李之藻為之作序，對利瑪竇的傳教事業給予高度評價：「利先生學術，一本事天」，「而特於知天事天大旨，乃與經傳所紀如券斯合」，認為天主教教義與儒家學說不謀而合。他對天主教的信仰十分虔誠，經過整整九年，一直到利瑪竇去世前兩個月，才在北京接受洗禮，正式成為天主教徒。

李之藻在西學東漸運動中的貢獻，可與徐光啟相媲美。他與耶穌會士合作編譯《同文算指》、《圜容較義》、《混蓋通憲圖說》、《乾坤體義》、《簡平儀說》、《名理探》、《寰有詮》等西學名著，編輯出版第一部天主教叢書《天學初函》，為後世學術界開啟接受西學的門徑。故而方豪說：「西學傳入我國，徐、李並稱始祖。」李之藻放眼看世界，他的貢獻不僅在科學史上，而且在思想史上，都刻下了深深的烙印，留下了豐富的遺產。法國學者裴化行說得好：沒有他，17 世紀末、18 世紀初，諸如顧炎武、閻若璩等大學者，就無從發展思想。

楊廷筠，字仲堅，號淇園，杭州府仁和縣人。萬曆二十年（1592 年）進士及第，仕途生涯都在地方基層度過，政績卓越，頗得百姓好評。

他與李之藻是同鄉摯友，關係密切，但是兩人接受天主教與西學的心路歷程截然不同。他有深厚的佛學修養，皈依佛門，使得他難以超脫，難以割捨。作為虔誠的佛教徒，他深受晚明三大高僧之一——雲棲寺的袾宏法師影響，熟讀《華嚴經》、《金剛經》、《法華經》、《維摩經》、《藥師琉璃經》，要由佛教徒轉變為天主教徒，並非易事。

萬曆三十九年（1611 年），李之藻丁憂回到杭州，郭居靜神父、金尼閣神父同行。楊廷筠前往李府弔唁時，遇見郭、金兩位神父，表示非常樂意傾聽天主教的奧妙。當楊廷筠向神父表示希望立即接受洗禮時，金尼閣沒有答應，因為他除了妻子，還有一個侍妾，並且為他生了兩個兒子。傳教士希望拯救別人，不願意破壞教規。楊廷筠剎那間頓悟，改正錯誤，休了侍妾，依照教規行事。傳教士目睹他的誠意，為他舉行洗禮，教名彌額爾。

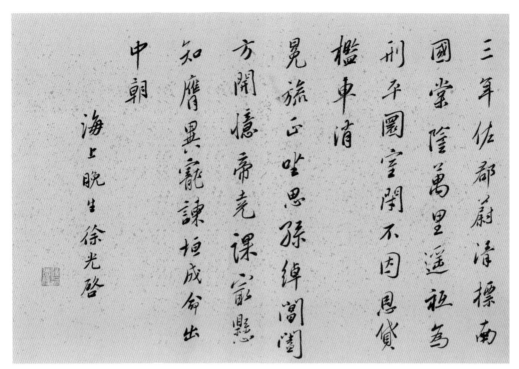

徐光啟題陸萬言〈琴鶴高風圖〉手跡。

一旦成為天主教徒，他就義無反顧地宣揚教義與西學，寫了《代疑編》，主張儒者不必把天主教看作異端，在「畏天命」、「事上帝」方面，天主教徒與儒者是一致的。在為耶穌會士龐迪我著作《七克》所寫的序言中，他說天主教教義與儒家學說是「脈脈相符」的。他寫的《天釋明辨》，站在天主教徒立場批評佛教徒：「今學佛者，或為窘迫事故，或為利人衣食，全非慕道之心。」

耶穌會士艾儒略的兩本著作《西學凡》和《職方外紀》，與楊廷筠有著密切的關係。天啟三年（1623 年），艾儒略按照文科、理科、醫科、法科、教科、道科六部分，把歐洲學校的課程編成《西學凡》。楊廷筠為之作序，闡明自己的觀點：一千六百年來中國傳統的天學，幾近晦暗，利瑪竇等耶穌會士帶來西學，使得天學重放光明。《職方外紀》是一本世界地理著作，是在楊廷筠協助下編成的，所以它的明刻本首頁寫道：「西海艾儒略增譯、東海楊廷筠匯記」，所謂「匯記」，有加工潤飾的意味。

由於他主張儒、道、佛三教的宇宙觀與天主教基本一致，被反天主教陣營攻擊為背叛傳統思想；在天主教陣營內部，又被指責為異端。真是左右為難，進退維谷。

相關書目推薦

吳晗：《朱元璋傳》，啟動文化，2020

樊樹志：《晚明破與變：絲綢、白銀、啟蒙與解放，16-17世紀的世界與中國》，
　　聯經，2018

陳梧桐：《明史十講》，中華書局，2016

貢德・弗蘭克著，劉北成譯：《白銀資本：重視經濟全球化中的東方》，中央編譯
　　出版社，2008

第十二章

思想解放與啟蒙運動

一、王陽明：從偽學邪說到從祀孔廟

明朝前期的思想界沉悶而僵化，科舉取士都以大儒朱熹的《四書集注》作為考試課本和標準答案。考生們一味死記硬背，寫毫無主見的八股文。人人都以孔子的思想為思想，以朱子的思想為思想，沒有自己的思想。正如杜維明所說：「結果，朱熹的宋代儒學版本成了科舉考試不可分割的一部分……不幸的是，這種融合『往好處說是鼓勵人們去關心隻言片語、孤立的細節、無關緊要的東西；往壞處說則導致死記硬背、照本宣科而不是追求意義和價值的習慣』。一旦朱熹廣博的道德形而上學被轉變成純經院式，『批判精神、創造性思想、道德目的和活力就逐漸消失了』。」

有獨立思想的知識人對此是不滿意的。首先出來打破僵化沉悶空氣的是陳獻章，他提倡「小疑則小進，大疑則大進」。王守仁繼承並發揚這種懷疑精神，推動了一場轟轟烈烈的思想解放運動。

王陽明像（清代版畫）。

王守仁，幼名雲，字伯安，浙江餘姚人，因在陽明洞講學而號陽明子，人稱陽明先生。王陽明的事功與學問都令人刮目相看，既是一個思想家，也是一個政治家、軍事家，平定寧王宸濠叛亂、贛南叛亂、廣西叛亂，戰功卓著，無人可以與之比肩。對於後世最大的影響，毫無疑問是他的思想，即陽明學。

今人對他的思想各取所需，有的強調「致良知」，有的強調「知行合一」，我的切入點是解放思想的啟蒙意義。有兩點最值得注意：

——夫道，天下之公道也；學，天下之公學也，非朱子可得而私也，非孔子可得而私也。

——夫學貴得之心。求之於心而非也，雖其言之出於孔子，不敢以為是也，而況其未及孔子者乎！求之於心而是也，雖其言之出於庸常，不敢以為非也，而況其出於孔子者乎！

這兩段話，氣魄宏偉而又邏輯嚴密，極具震撼力與說服力。在王陽明的前輩與同輩之中，難以看到如此鋒芒畢露的言詞，如此深刻大膽的思想。他的可貴之處在於，敢於向孔子、朱子大聲說不，敢於發出不同的聲音，掙脫無形的網羅，強調無論求道還是求學，都應該出於自己的心得，獨立思考，不要以孔子的是非為是非，不要以朱子的是非為是非。

他寫的《大學古本》與《朱子晚年定論》，都是向朱熹發出質疑，認為作為科舉考試標準答案的《四書集注》，是朱熹中年未定之說，有不少謬誤，朱熹自己也覺今是而昨非。目的是引起人們的反思，不要盲目崇拜朱熹。擴而大之，他對傳統經學給予有力的批判：有的崇尚功利、邪說，是「亂經」；有的專注於訓詁、背誦，沉溺於淺聞小見，塗抹天下之耳目，是「侮經」；有的侈淫辭，競詭辯，掩飾奸心盜行，自以為通經，簡直是「賊經」。陽明先生目光犀利，言詞深刻，「亂經」、「侮經」、「賊經」六個字，使那些經學家的面目暴露無遺。

嘉靖七年（1528年），王陽明去世。別有用心的政客，發起一場對王陽明的誣陷運動。鑑於王陽明事功顯赫，無法否定，便從學術下手，誣衊陽明心學是「偽學邪說」。這種手法令人想起南宋時朱熹的遭遇，他的政績卓著，無可指責，政敵便把他的學說誣衊為「專門曲學」、「欺世盜名」，並且羅織一個子虛烏有的「偽

王陽明手跡。

學逆黨」，無情打擊。從學術觀點看，王陽明的心學與朱熹的理學很不一樣，遭遇卻驚人地相似。學術問題竟然要由皇帝來當判官。嘉靖皇帝聽信佞臣的謊言，下達聖旨，以「偽學邪說」為藉口，禁止傳播學習陽明心學。

詹事府詹事黃綰頂著壓力向皇帝上疏，為陽明先生的事功與學術辯護，直指要害：「功高而見忌，學古而人不識，此守仁之所以不容於世也。」給事中周延與黃綰相呼應，批評皇帝「以一眚盡棄平生，非所以存國體而昭公論」。皇帝剛愎自用，不予理睬。

直到嘉靖四十三年（1564年），內閣首輔徐階力挽狂瀾，態度鮮明地褒揚陽明先生的學問與事功，為之平反昭雪。由於他的努力，隆慶皇帝即位後，公開宣布王陽明「學術純正」、「事功顯赫」，恢復他的封爵，賜予文成公諡號。有識之士普遍認為，陽明先生繼承並發揚孟子的學問，應該從祀孔廟，可惜遲遲未能付諸實施。直到萬曆十二年（1584年），由於內閣首輔申時行的努力，才得以實現。

都察院左副都御史耿定向寫了《議從祀疏》，力挺從祀孔廟。早在隆慶元年

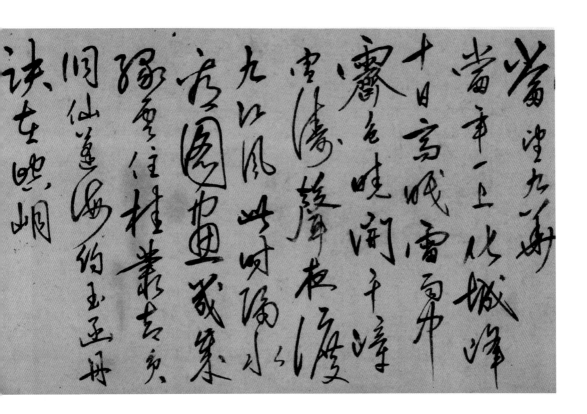

（1567年），他就題請王陽明從祀孔廟，未蒙採納。如今他舊事重提，主張王守仁與陳獻章一併從祀孔廟。申時行贊成耿定向的意見，向皇帝呈上題為「遵明旨析群疑以成盛典事」的奏疏，一錘定音。這位有深厚儒學功底的蘇州才子，寫起學術文章來，駕輕就熟，議論風生，把先前的「偽學邪說」誣陷批駁得體無完膚：

> 若守仁言致知出於《大學》，言良知本於《孟子》。獻章言主靜沿於宋儒周敦頤、程顥，皆祖述經訓，羽翼聖真，豈其自創一門戶耶？
> 其謂崇王（守仁）則廢朱（熹）者，不知道固互相發明，並行而不悖。蓋在宋時，朱（熹）與陸（九淵）辯，盛氣相攻，兩家子弟有如仇隙。今並祀學宮，朱氏之學，昔既不以陸廢，今獨以王廢乎？

有鑑於此，申時行主張王陽明、陳獻章、胡居仁三位學者，都應該從祀孔廟，以此來糾正近世儒學的流弊——病於拘曲、狃於見聞，明真儒之有用，明實學之自得。

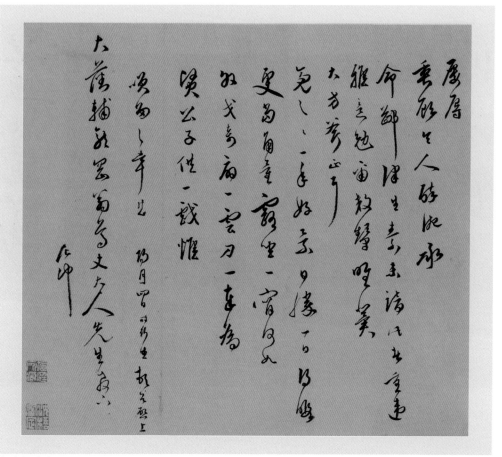

申時行手跡。

　　皇帝採納申時行的意見，批准王陽明、陳獻章、胡居仁從祀孔廟。學者型官員鄒元標為申時行《賜閒堂集》寫序，對此高度評價：「從祀三大儒，使人知學有宗源，濂、洛、關、閩，有宋不得擅美。華亭（徐階）所欲為未遂者，公（申時行）毅然行之，非天下之至文耶？」

二、王畿、王艮、李贄

王陽明的弟子王畿、王艮把他的思想推向極致。

王畿，字汝中，號龍溪，紹興府山陰縣人。他的思想精彩之處在於，始終堅信「學須自證自悟，不從人腳跟轉」。如果不能自證自悟，一味跟著前賢的腳跟轉，重複前賢的語錄，是沒有出息的。如果執著於師門權法，不敢逾越，那就沒有發展，沒有創新，思想豈不成一潭死水！自從宋儒把《論語》等「四書」奉為「經」以來，「四書」的地位節節攀升，大有凌駕於「五經」之上的趨勢。知識分子對它頂禮膜拜，只敢亦步亦趨地注釋，少有批評。王畿反其道而行之，直率地指出「《論語》有病」，並非「傳神手筆」，「只記得孔子皮膚影像」。

心齋王先生遺像

王艮像。

因此，王畿被朝廷斥責為「偽學小人」。黃宗羲《明儒學案》這樣形容王陽明的弟子和再傳弟子：「非名教之所能羈絡」，「諸公掀翻天地，前不見有古人，後不見有來者」。《明史》和《四庫全書》的編者都持否定的評價。從長遠的歷史眼光看來，王畿的思想是難能可貴的，「掀翻天地」、「打破牢籠」恰恰是他的最大貢獻。李贄稱讚這位前輩「人天法眼，白玉無瑕，黃金百煉」，可謂獨具隻眼。

王艮，初名銀，陽明先生把他更名為艮，字汝止，號心齋，泰州安豐場人。王門弟子中，王艮是最奇特的一個，出生於卑微的灶丁之家，文化程度不高。師從陽明先生以後，卓然成為大家，創立名聞遐邇的泰州學派，主張「以悟釋經」，強調自己的領悟。耿定向解釋道：「先生自童不嫻文義，無所著述，乃其深造自得，所謂六經皆注腳矣。」堅持正統思想的人，對王門弟子非議最多的也正是這一點——「六經皆注腳」。

顧憲成是一位正直的學者，對此也不以為然：「其勢必至自專自用，憑恃聰明，輕侮先聖，注腳六經」；還把「注腳六經」具體化為「六經注我，我注六經」。如果站在經學的正統立場，「六經注我，我注六經」顯然有悖於經學的本義，或者說有離經叛道之嫌。其實，這是一種「原教旨主義」，勢必導致抱殘守缺，思想僵化。要打破牢籠，自由思想，「六經注我，我注六經」是必然的選擇。經典的生命力在於與時俱進，隨著時代的前進，不斷賦予新的解釋，也就是王陽明所說，應當為我所用，不至於成為束縛思想的桎梏。

晚明思想解放的潮流，到李贄那裡，推向了高峰。

李贄，初名載贄，字宏甫，號卓吾，泉州府晉江縣人，其地又稱溫嶺，故士人又稱他李溫嶺。他雖然不是王陽明的及門弟子，也可歸入「掀翻天地」的王門弟子行列，他是王艮之子王襞的門生，可以算作王陽明的三傳弟子。

李贄認為，千百年來無是非可言，原因就在於，「咸以孔子之是非為是非耳，故未嘗有是非耳」，因此不必把孔子的是非作為衡量是非的標準。他還說：「天生一人，自有一人之用，不待取給於孔子而後足也。若必待取足於孔子，則千古以前無孔子，終不得為人乎？」邏輯嚴密，一舉擊中要害。李贄對那些假道學深惡痛絕，他們開口閉口聲稱「天不生仲尼（孔子），萬古如長夜」，李贄嘲諷道：「怪得羲皇以上聖人盡日燃紙燭而行也！」那些假道學把孔子比作太陽，沒有他就漆黑一片，與前面所說「千古以前無孔子，終不得為人乎」，遙相呼應，嬉笑怒罵皆成

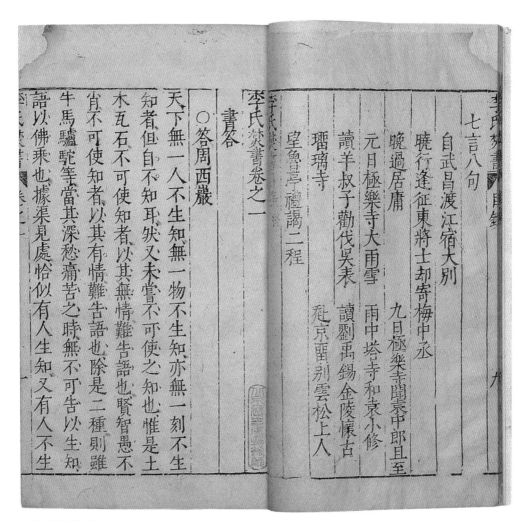

李贄《焚書》書影。

文章。

　　李贄把王艮的「六經皆注腳」，發展為「六經皆史」。一般以為，「六經皆史」是清朝人章學誠提出的，殊不知李贄早已領先一步，章學誠不過重複而已。在李贄看來，六經本來就是史書，被後人尊奉為「經」，披上了神聖外衣，應該還它本來面目——「經史一物」。

　　當時的假道學打著周、程、張、朱的幌子，販賣私貨，嘴上講仁義道德，心裡想升官發財，他極為反感，諷刺道，這些人「心存高官，志在巨富」，「既已得高官巨富矣，仍講道德說仁義自若」。在他看來，假道學的要害是「假」，扮「假人」、說「假言」、做「假事」、寫「假文」。

他的「快口直腸，目空一切」，觸怒了一大批實權人物，指責他「敢倡亂道，惑世誣民」，把他逮捕入獄。他在獄中自刎而死，用堅貞不屈的鬥志表達最後的抗議。明末清初的名士張岱說，李贄「不死於人，死於口；不死於法，死於筆」，他沒有犯法，僅僅是他的「口」和「筆」闖了禍，成為專制體制所不容的思想犯。他的著作在萬曆、天啟年間多次禁毀，卻始終在民間流傳。顧炎武在《日知錄》中如實地說：「士大夫多喜其書，往往收藏。」反映了民間輿論的取向，並不以官方的意志為轉移，要喜則喜，要藏則藏，有思想、有活力的書是禁不了的。

值得注意的是，李贄與利瑪竇的交往。他在給朋友的信中提到利瑪竇（他稱為利西泰），「今盡能言我此間之言，作此間之文字，行此間之儀禮，是一極標致人也」。看得出來，一向以狂狷著稱的李贄，對利瑪竇是推崇備至的，他們已經「三度相會」。出於心儀，李贄贈詩給利瑪竇：

逍遙下北溟，迤邐向南征。

剎利標名姓，仙山紀水程。

回頭十萬里，舉目九重城。

觀國之光未？中天日正明。

《利瑪竇中國札記》也有他們二人「三度相會」的紀錄，利瑪竇稱讚李贄是「中國人罕見的範例」。

「五四」新文化運動中，高喊「打倒孔家店」的吳虞，對李贄推崇備至，寫了洋洋萬言的《明李卓吾別傳》，稱讚李贄學說與理想極其高妙，不肯依傍他人，對孔子屢有微詞。自從東漢的王充《問孔》以後，兩千年來，直斥孔子，他是唯一一人。吳虞「打倒孔家店」，顯然受到李贄思想的影響。由此看來，晚明思想解放的潮流，一直影響到「五四」新文化運動。現在有些人企圖否定「五四」新文化運動「打倒孔家店」的歷史意義，他們混淆了孔子與孔家店的區別，孔子思想經過漢儒和宋儒的改造，已經面目全非，「孔家店」販賣的貨色，並非孔子思想的本來面貌。不打倒「孔家店」，如何建立新思想、新文化？如何迎接「德先生」、「賽先生」？

三、「讀書必開眼」的方以智

方以智，字密之，號曼公，又號浮山愚者，安慶府桐城縣人。崇禎十二年（1639年）舉人，崇禎十三年（1640年）進士，授翰林院檢討，是頗有名氣的青年才俊，與侯方域、冒襄、陳貞慧並稱「明末四公子」。他出身名門，祖父方大鎮、父親方孔炤都是高官，自然算得上公子哥兒，卻沒有侯朝宗與李香君、冒辟疆與董小宛那樣的風流韻事。他追隨徐光啟、李之藻，服膺耶穌會士和他們帶來的西學，卻不是天主教徒，晚年皈依佛門，出家為僧。

他的巨著《通雅》洋洋五十二卷，從寫於崇禎十四年（1641年）的序言推斷，此書應該寫於此前幾年。四庫館臣將此書定位為「考證名物、象數、訓詁、音聲」之作。其實方以智的本意是強調「讀書必開眼，開眼乃能讀書」，他自己真的做到了「讀書必開眼」，不僅開眼讀書，而且開眼看世界。

他的《通雅》多次提及利瑪竇，說利瑪竇帶來的西學，糾正了對傳統天文學的誤解，令人大開眼界，他把利瑪竇稱為利西江，說「至利西江入中國，而暢言之，自地而上為月天、金天、日天、火天、木天、土天、恆星天」，所說的就是月球、金星、太陽、火星、木星、土星、恆星。他又說，日輪（太陽）大於地球一百六十五倍又八分之三，大於月輪（月球）六千五百三十八倍又五分之一，而地球大於月輪三十八倍又三分之一。真是大開眼界了！

談到崇禎年間設局修曆，分析中國曆法不及西方曆法的原因——中曆沿用久遠，焉得無差？而西曆用最新的三角對數法測量，「算惟隨時，測之乃準」。關於《崇禎曆書》，他提及徐光啟，也提及父親方孔炤：「自徐元扈（引者按：應為徐玄扈）奏立曆官，而《崇禎曆書》成矣。老父以學者從未實究，故作《崇禎曆書約》。」反映了父子兩代對徐光啟的崇敬之情。他從利瑪竇的著作中了解到，「地與海本是圓形，而同為一球」，地球有南北二極，有經度、緯度，有赤道，美洲在「中國對足處」。再一次大開眼界！

日本東京工業大學教授劉岸偉指出，方以智始終追求新的學問，訪問耶穌會士畢方濟，詢問歐洲的曆算與奇器。他的名著《物理小識》引用耶穌會士艾儒略《職方外紀》的文字五十處。其實，他不僅在《物理小識》中引用《職方外紀》，

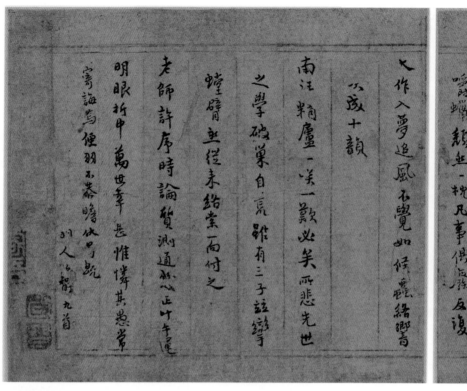

方以智手跡。

此前的《通雅》已經多次引用此書，最顯著的例子，即關於五大洲的知識，就來自該書。他寫於南京時代的《膝寓信筆》提到利瑪竇，對這位西洋學者渡海來到中國，讀中國書，感服孔子，表示欽佩。又說，自己讀過李之藻編的《天學初函》，還和精通西學、著有《格致草》的耶穌會士熊明遇討論過此事。因此，方以智自己把《物理小識》歸結為吸收西學，「讀書必開眼」的結果。

容肇祖《方以智和他的思想》寫道：方以智早年留心西洋科學，後來，他和湯若望友好，對於西洋天文算學亦精，有他兒子的話為證。他的兒子方中通《與西洋湯道未先生論曆法》詩注：「先生崇禎時已入中國，所刊曆法故名《崇禎曆書》，與家君交最善。家君亦精天學，出世後絕口不談。」由此可見，他承認西洋科學的精確，但以為中國學問亦有貫通和先識的長處，頗有後來「中學為體，西學為用」的意味。

　　侯外盧、邱漢生、張豈之主編的《宋明理學史》，從理學的角度品評方以智。一則說：「方以智與理學家不同的另一點，是他注重自然科學的思想，以自然科學為基礎，不但形成了他宇宙觀上的唯物主義，而且在認識論上，他反對不可知論，強調人的主觀能動性。」再則就「捨心無物」和「捨物無心」評論道：「『捨心無物』，是指人的認識能力能夠認識客觀事物」，「『捨物無心』，是指不接觸客觀事物則無所認識」。三則說：「他從認識論的角度指出了朱學與王學的各自偏頗。」

　　崇禎十七年（1644 年），京師陷落，方以智乘間脫歸，前往南京。由於五年前曾參與復社諸君子〈留都防亂公揭〉，揭發閹黨餘孽阮大鍼真面目，遭到已在弘光小朝廷掌權的阮大鍼報復，不得已亡命廣東。南明唐王、桂王都欲任用為高官，他婉言謝絕。轉側於洞壑間，艱苦備至，旋即落髮為僧，法號弘智，字無可。父親去世，他回歸桐城，廬墓三載，與弟子講業論道，閉口不談清初世事。

《物理小識》書影。

四、幾社與復社

晚明文人結社風氣很盛，可以看作啟蒙運動的一個側面。顧炎武說：「萬曆末，士人相會課文，各取名號，亦曰某社某社。」言下之意，文人結社風氣始於萬曆末年。朱彝尊認為，詩人結社自宋元以來就有，「至於文社，始於天啟甲子（天啟四年）」，指的是常熟的應社。不過具有全國性影響的是幾社與復社。

成立於松江的幾社，不僅僅滿足於科舉制藝的訓練，更強調振興絕學，它的名稱就由此而來：「幾者，絕學有再興之幾。」最初的骨幹是幾社六子：陳子龍、夏允彝、徐孚遠、周立勳、李雯、彭賓，以後多了五子：朱灝、顧開雍、宋存楠、王元玄、宋存標。他們以文會友的成果《幾社壬申合稿》，「即不得官，可不大聲慷慨」，急切地想大聲發出聲音，糾正時弊，即使「與儒者不合」，也在所不惜。他們的文章談的是歷史，觸及的是時事。夏允彝寫的〈擬皇明宦官列傳論〉，針對幾年前的魏忠賢閹黨專政，批判宦官干政——「在內者分相權，在外者管將權」，看起來是在分析歷史——「本朝之勢專利宦官」，其實他所處的崇禎時代何嘗不是如此，他是有感而發的。李雯〈朋黨論〉的現實針對性更加明顯，「朋黨者何？君子小人之分也」，「漢唐以後，朋黨之名恆在君子」。小人用「朋黨」來整肅君子，而皇帝不分是非，一概打擊「朋黨」，其結果必然是「小人受其福，而君子蒙其禍」，這一點已為天啟、崇禎之際的黨爭所證明。何況當時有人指責幾社也是「朋黨」，李雯當然要辯個一清二楚。

幾社諸子合力編成的《皇明經世文編》五百卷，一舉震驚文壇，把幾社的影響力擴展至全國。這些青年才俊主張學問必須經世致用，在王朝走向末路的危難之際，把本朝兩百多年積累的經世致用文章彙編成書，供當朝執政者借鑑，正如編者徐孚遠所說：「當國者覽此書，以為有裨於鹽梅之用。」陳子龍在序言中強調的是，此書企圖糾正三患：朝無良史、國無世家、士無實學，宗旨不但是「益智」，更在於「教忠」，擔負起天下的興亡。這一點得到封疆大吏的認同，松江知府方岳貢認為，該書的特色可以概括為八個字：「關於軍國，濟於時用。」應天等十府巡撫張國維認為，此書顯示了「通達淹茂之才」、「濟世安邦之略」。以「社弟」自稱的張溥盛讚此書，打通「讀經」、「讀史」、「讀古」、「讀今」的界線，編成「明興以來未有」的大書，目的在於「治世」。

黃道周書〈張溥墓誌銘〉。

　　復社成立之後，幾社和其他文社都以團體成員加入，不過他們自身的活動是有分有合的。此後幾社成員擴大至一百人左右。

　　晚明文社中規模最大、名氣最響的無疑是復社，它有狹義和廣義之分：前者是眾多文社之一的復社，後者是眾多文社聯合體的復社。復社的領袖人物是太倉名士張溥、張采，人稱「婁東二張」。關於復社名稱的由來，張采的說法是：「世教衰，茲其復起，名曰復社。」張溥的說法是：「期於四方多士共興復古學，將使異日者務為有用，因名曰復社。」合起來看，可以概括為十二個字：提振世教、興復古學、務為有用，其中洋溢著經世致用的家國情懷。因此張溥極力主張「正風俗」，

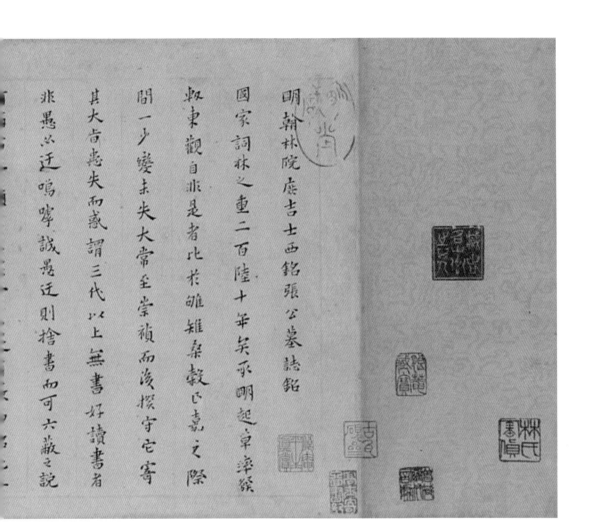

明翰林院庶吉士西銘張公墓誌銘

關鍵在於整頓士子的作風與氣節,他無限感慨地寫道:「風俗之不古也,士子為甚。逆璫之亂,獻媚造祠者倡於松江;奴酋之橫,開城乞降者見於永平。於是天下爭言士子之變淪胥已極,幾甚於堯時之洪水,周初之猛獸。」把士風的敗壞比喻為洪水猛獸,其憤激之情溢於言表。在復社諸君子那裡,整頓士風是身體力行的,他們痛感於「士子不通經術」,滿足於道聽塗說,一知半解,因此進入仕途以後,上不能「致君」,下不能「澤民」,必須大聲疾呼。幾次復社大會的宗旨,就在於此。因此復社的聲譽日益高漲,民間輿論稱之為「小東林」、「東林之中興」。

崇禎二年(1629年)的尹山大會,是復社成為文社聯合體的標誌性事件。由

於復社的宗旨得到各地文社同志的擁護，參加尹山大會人數之多，堪稱盛況空前。

《復社紀略》記錄了參加此次大會人員名單，日本學者小野和子《明季黨社考》據此列出統計表，我把它簡化為文字：南直隸 234 人、浙江 168 人、江西 123 人、湖廣 64 人、福建 40 人、山東 20 人、廣東 14 人、河南 8 人、山西 4 人、四川 3 人、陝西 1 人、貴州 1 人、共計 680 人。張溥在會上，把各地文社合而為一，立規條，定課程，重申興復古學、務為有用的宗旨，並且決定把與會成員的文章彙編成冊，定名為《國表》，由各府縣的社長先行審稿，蘇州、松江等府由周鍾、楊廷樞、楊彝、顧夢麟、周勒卣負責，浙江各府由錢楠、吳昌時負責，安慶等府由吳應箕、沈壽民、劉誠等負責，江西各府由陳際泰、羅萬藻、艾南英負責，湖廣各府由易道暹負責，福建各府由陳燕翼、陳元綸負責。

崇禎三年（1630 年）的金陵大會、崇禎六年（1633 年）的虎丘大會，參加會議的成員飛速增加幾倍之多，令世人刮目相看。日本學者井上進廣泛收集資料，進行考訂，著成《復社姓氏校錄》，統計出復社總人數為 3,043 人，遍及全國各地；主要集中於太湖周邊的蘇州、松江、常州、鎮江、嘉興、杭州、湖州七府之地，有 1,226 人；其中又以蘇州府為最多，有 506 人。

崇禎六年的虎丘大會，使得復社盛極一時。《復社紀略》如此描述當時的盛況：「癸酉（崇禎六年）春，（張）溥約社長為虎丘大會，先期傳單四出。至日，山左、江右、晉、楚、閩、浙，以舟車至者數千餘人。大雄寶殿不能容，生公台、千人石，鱗次布席皆滿。往來絲織遊於市者，爭以復社命名，刻之碑額。觀者甚眾，無不詫異，以為三百年來從未有此也！」

三百年來從未有過的盛舉，引起了當局的警覺，一些別有用心的人炮製各種政治謠言，誹謗復社。更有甚者，對復社懷恨在心的宵小之徒，捏造復社十大罪狀，一時間鬧得沸沸揚揚，大有黑雲壓城城欲摧之勢。張溥、張采挺身為復社辯白，地方長官主持公道，查明確係誣構。崇禎皇帝終於明白真相，下達聖旨：「書生結社，不過倡率文教，無他罪，置勿問。」爾後再次明確批示：「朝廷不以語言文字罪人，復社一案准註銷。」這是崇禎皇帝辦得最漂亮的一件事，敢於表態「朝廷不以語言文字罪人」，非常了不起，值得按讚！

後期復社在青史留名的事件，首推〈留都防亂公揭〉。閹黨餘孽阮大鋮，潛入南京，成立群社，招攬名流，為自己造勢，妄圖東山再起。復社成員吳應箕、

虎丘千人座。

顧杲（顧憲成之孫）和陳貞慧識破阮大鋮的陰謀，決定揭露阮大鋮閹黨餘孽的老底，起草檄文——〈留都防亂公揭〉。這篇檄文分頭寄給復社成員，獲得絕大多數人的支持。崇禎十二年（1639年），復社人士乘金陵鄉試之機，在冒襄（辟疆）的淮清橋桃葉渡河房召開大會，正式發布〈留都防亂公揭〉，聲討阮大鋮，在「公揭」上簽名的有142人，領銜的是東林弟子代表顧杲，以及天啟被難諸家代表黃宗羲。

「公揭」揭露阮大鋮種種劣跡和野心，最後寫道：「（顧）杲等讀聖賢之書，附討賊之義，志動義慨，言與憤俱，但知為國除奸，不惜以身賈禍。若使大鋮罪狀得以上聞，必將重膏斧鑕，輕投魑魅。即不然，而大鋮果有力障天，威能殺士，杲亦請以一身當之，以存此一段公論，以寒天下亂臣賊子之膽，而況亂賊之必不容於聖世哉！」

阮大鋮懾於清議的威力，不得不躲進南門外牛首山。他仍不甘心，想到了剛剛來到南京的侯方域，企圖用他來緩解與復社的關係，由親信王將軍代他出面，用重金撮合侯公子與秦淮名妓李香君。李香君慷慨激昂地說：以公子之世望，安得曲從阮公？侯方域頓悟，立即寫信給阮大鋮，表明嚴詞拒絕的立場。這一情節，孔尚任寫入了《桃花扇》傳奇，令人感嘆不已。

相關書目推薦

侯外廬、邱漢生、張豈之主編：《宋明理學史》，西北大學出版社，2018

容肇祖：《明代思想史》，河南人民出版社，2016

利瑪竇、金尼閣著，何高濟等譯：《利瑪竇中國札記》，中華書局，2010

第十三章

由盛世到末路

一、張居正與萬曆新政

早在隆慶年間（1567 年至 1572 年），內閣大臣張居正就在〈陳六事疏〉中闡述了治國理念與改革主張，強調「謀在於眾，斷在於獨」。他成為內閣首輔以後，立即展開雷厲風行、大刀闊斧的改革，從萬曆元年（1573 年）持續到萬曆十年（1582 年）病逝，始終本著「嫌怨有所弗避，勞瘁有所弗辭」的心態，革故鼎新。

首先進行的，就是以「考成法」為中心的政治改革，重點是整頓吏治，清除官場的頹靡之風。

長期以來，官員們沉溺於安逸，官場汙泥濁水日積月累，官僚主義、文牘主義氾濫，使得朝廷的威福權柄成為互相酬謝報答的資本。對於吏治的敗壞，海瑞概

括為八個字：「一味甘草，二字鄉愿。」意思是說，官員們不肯盡心治理國家，開出的藥方是「一味甘草」——吃不死人，也治不好病；他們不求有功，只求無過，奉行明哲保身的「鄉愿」哲學。

　　在張居正看來，不對此痛加針砭，力挽狂瀾，新政根本無從談起。萬曆元年六月，他提出了整頓吏治的有力舉措——考成法，規定：凡是六部等中央政府部門，把各類公文以及皇帝諭旨，轉發給地方政府各衙門，規定處理程序與期限，都要辦理註銷手續。至於朝廷要求覆勘、議處、查核等事項，必須另外編制處理文冊，一份送六科註銷，一份送內閣查考。在這個流程中，如果省級官員拖延耽擱，由六部舉報；如果六部在註銷時弄虛作假，由六科舉報；如果六科在向內閣報告時隱瞞欺騙，由內閣舉報。

萬曆通寶。萬曆年間製造，有青銅、黃銅、鐵、銀四種材質，面值二錢、四錢、五錢不等。

戥子。刻度精良，秤重準確，用來秤金銀、藥品等貴重物品。

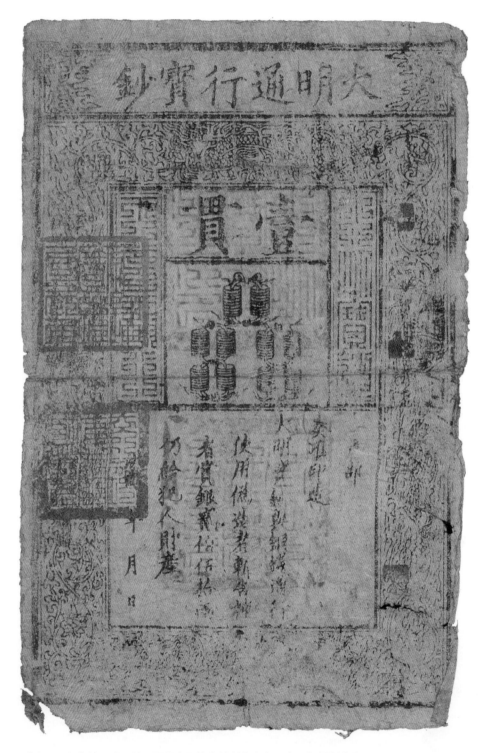

「大明通行寶鈔」壹貫鈔。面額壹貫的寶鈔所值多少，在明初是變化的。

總體說來，成效是顯著的。正如當時人所說：「萬里之外，朝下令而夕奉行，如疾雷迅風，無所不披靡」；「大小臣工，鰓鰓奉職，中外凜凜，莫敢有偷心」。事實證明，在強大的政治壓力下，任何根深蒂固的積弊都是可以改變的。

　　從宏觀視角來看，考成法只是整頓吏治的一個方面，在張居正的改革方案中，包括「公銓選」、「專責成」、「行久任」、「嚴考察」各個方面，考成法僅僅是「嚴考察」題中應有之義。

　　萬曆新政從政治改革入手，意在扭轉頹靡的官場風氣，從制度與人事方面保障財政經濟改革的順利進行。

　　財政經濟困難由來已久，嘉靖、隆慶的幾十年間，幾乎年年出現財政赤字，年年虧空。為了擺脫困境，開源與節流雙管齊下，張居正提出「不加賦而上用足」的理財方針，具體化為兩點：「懲貪汙以足民」和「理逋負以足國」，也就是杜塞貪汙與逃稅兩大漏洞，使財政收入步入正常軌道，不必加稅，財政收入自然增加。

　　改革力度最大的是清丈田糧，就是丈量耕地與清理賦稅，其關鍵在於改變「豪民有田無糧，窮民無田有糧」的狀況。萬曆六年（1578 年），張居正通令全國，在福建省首先試行「清丈田糧」，目的是改變「田糧不均，偏累小民」的狀況，所以又叫做「丈地畝，清浮糧」。萬曆八年（1580 年）九月，福建的清丈工作完畢，清查出隱瞞逃稅耕地二十三萬畝。也就是說，不必增加賦稅，只要把隱瞞逃稅的那部分徵收上來，就可以增加國庫收入。此後清丈田糧的工作向全國推廣，各省都查出了數量巨大的隱匿田地——規避賦稅的田地。從全國來看，清查出隱匿逃稅田地一億八千萬畝，與清丈前的田地總面積五億一千八百萬畝相比較，增加了 35% 左右。這個 35% 的耕地並不是憑空冒出來的，也不是新開墾的荒地，而是清查出來的隱瞞田地。

　　如此大的動作，阻力之大是可想而知的，只有在張居正這樣的鐵腕宰相主持下才能展開。他自己也意識到這一點，在給山東巡撫的信中說：「清丈之議，在小民實被其惠，而於官豪之家，殊為未便也。」又說：「清丈事實百年曠舉，宜及僕在位，務為一了百當。」表明他對此項改革措施的重視，只有憑藉他的權力與威望，才能順利完成，才能「一了百當」。

　　另一財政經濟改革，是把南方部分地區實行的一條鞭法推廣到全國各地。「一條鞭法」的創造性貢獻在於，把賦稅（夏稅、秋糧）與徭役（正役、雜役）都折算

成貨幣——白銀來繳納。這樣就使得原先十分複雜的賦役徵收方式——一個是以糧食為主的實物，一個是勞動力本身，統一為貨幣，對於地方政府而言，可以簡化徵收方法，合併為一次徵收，彷彿把幾股麻繩編為一條鞭子，所以叫做一條鞭。更值得注意的是，一條鞭法開始把一部分人丁負擔分攤到田畝上，為清朝的「攤丁入地」奠定了基礎。

張居正在財政經濟方面的改革，成效是顯著的，不僅消滅了赤字，而且有所盈餘。《明實錄》說，中央政府的倉庫儲存的糧食幾年都吃不完，積餘的銀子達到四百萬兩。萬曆時期成為明朝最為富庶的幾十年，絕不是偶然的。

「金花銀」銀錠。這是一枚福建建寧上交給戶部的
金花銀。金花銀是明代中後期折收稅糧的銀兩。

二、顧憲成與東林書院

萬曆二十二年（1594年），吏部員外郎顧憲成，因議論「三王並封」和會推閣員事宜，與內閣大老意見不合，被革職為民，回到家鄉無錫。他的兄弟顧允成、朋友高攀龍，也脫離官場回到無錫。他們與士子們一起講求學問。萬曆三十二年（1604年），顧、高等得到常州知府、無錫知縣的支持，恢復宋代大儒楊時的講學場所，這就是以後名噪一時的東林書院。

顧憲成為東林書院草擬的院規，仿效朱熹白鹿洞書院的學規，強調尊重儒家經典，以「孔子表彰六經，程朱表彰四書」為榜樣，糾正「六經注我，我注六經」的不良風氣。

東林書院的日常功課與議論焦點，不在政治，而在學術。影響巨大的東林講會，每年一次的大會，每月一次的小會，並不像以往人們想像的那樣，似乎是群情激昂地抨擊朝政。那麼，東林書院到底議論些什麼呢？

顧憲成像（東林黨）。

高攀龍〈與弟書〉。

　　東林書院的「會約」明確規定：「每會推一人為主，主說『四書』一章，此外有問則問，有商量則商量。」事實上也是如此，大家聚集在一起，研讀《論語》、《孟子》、《大學》、《中庸》中一章，互相切磋，加深理解。顧允成每一次進入講堂，侃侃而談，遠必稱孔子、孟子，近必稱周敦頤、程頤、程顥；如果有人發表「新奇險怪之說」，他立即臉色大變，嚴詞拒絕。由此可見，東林講會只是書生氣十足地研討「四書」，從孔孟一直談到程朱。

　　其中緣由是可以理解的。顧憲成、高攀龍等人罷官下野，對於政壇的爭鬥已經厭倦，擺脫喧囂，歸於寧靜，以創辦書院來寄託心志，只談學問，不談政治。萬

曆三十六年（1608年），皇帝下達聖旨，任命顧憲成為南京光祿寺少卿，希望他出山為朝廷效力。顧憲成立即寫了辭呈，表面的理由是「目昏眼花，老態盡見」，深層的理由是早已進入深山密林，不再關心朝廷的「安危理亂」。他在給摯友李三才的信中流露了這種心聲：日出而起，日中而食，日入而寢，專注於詩書文字，「門外黑白事寂置不問」，「應酬都罷，幾如桃花源人，不復聞人間事」。在這一點上，他與高攀龍是默然契合的。高攀龍說：「世局如此，總無開口處，總無著心處，落得做個閒人。」因此，東林書院的院規，明確禁止「評有司短長」，「議鄉井曲直」。

長期以來，人們用「以今律古」的心態去理解東林書院，把它誤解為一個議論政治的講壇、改革政治的團體，甚至把它誤解為一個政黨。確實，當時曾經有過「東林黨」的說法，問題是，此黨非彼黨。中國歷史上常見的「黨」，如東漢的「黨錮之禍」、晚唐的「牛李黨爭」、南宋的「偽學逆黨」，無一例外都是朋黨，或者是被誣陷為朋黨的，東林黨也不例外。黃仁宇在《劍橋中國明代史》第九章寫到「東林書院和朋黨之爭」時明確指出：「東林黨不是這個用語的現代意義的政治黨派。翻譯為『黨派』的『黨』字有貶義，在意義上更接近諸如『派系』、『宗派』或『幫伙』一類的詞。成員的身分沒有固定的標準，開始時，『黨人』從他們的敵人得到這個稱號。」這是對於史料有了精深理解之後的準確表述。

其實東林無所謂「黨」，「黨」是它的政敵強加的。萬曆四十五年（1617年）五月，顧憲成在一片誹謗聲中與世長辭，觸發了正直人士為他辯護的激情。以講學為宗旨的東林書院被看作一個「黨」，無異於重演南宋禁錮朱熹的「偽學逆黨」之禁。當時有官員憂心忡忡地指出，「偽學逆黨」之禁是不祥之兆──「偽學之禁網益密，宋之國祚亦不振」，是前車之鑑。

不幸而被言中，以後的黨爭愈演愈烈，終於導致國祚不振。萬斯同《明史》回顧這一段歷史，一唱三嘆：「（顧）憲成既沒，攻者猶未止。諸凡救（李）三才者，爭辛亥京察者，衛國本者，發韓敬科場弊者，請行勘熊廷弼者，抗論張差梃擊者，最後爭移宮、紅丸者，忤魏忠賢者，率指目為東林，抨擊無虛日。於是朋黨之禍中於國，歷四十餘年，迄明亡而後已。」對晚明黨爭的分析，鞭辟入裡。「朋黨之禍中於國」七個字，振聾發聵！

三、「閹黨」專政

所謂「閹黨」，其實並不是什麼「黨」，而是天啟年間（1621 年至 1627 年）司禮監太監兼東廠總督太監魏忠賢為首的幫派。魏忠賢這個太監頭子，掌控宮廷內外大權，利用皇帝的昏庸，網羅親信，結幫拉派。《明史·魏忠賢傳》說，太監中有王體乾、李永貞、涂文輔等三十多個親信骨幹；文臣中有政府高官崔呈秀、田吉、吳淳夫、李夔龍、倪文煥為之出謀劃策，號稱「五虎」；武官中有掌管錦衣衛等特務部門的田爾耕、許顯純、孫雲鶴、楊寰、崔應元專門鎮壓反對派，號稱「五彪」；又有吏部尚書周應秋、太僕寺少卿曹欽程等，號稱「十狗」；此外，還有「十孩兒」、「四十孫」等爪牙，盤踞各個要害部門。從內閣、六部到各省總督、巡撫，都有魏忠賢的死黨。這個死黨，就是人們通常所說的「閹黨」，以專權亂政為能事，把政局搞得一團糟。

天啟四年（1624 年），都察院左副都御史楊漣挺身而出，向明熹宗進呈長篇奏疏，彈劾魏忠賢，列舉二十四條罪狀，掀起聲勢洶湧的「倒魏」風潮。楊漣果然是一個「大刀手」，明知山有虎，偏向虎山行，他的彈劾奏疏尖銳潑辣，無所顧忌，指責魏忠賢依仗皇帝寵幸，作威作福，專權亂政，懇請皇上立刻予以查辦。為此，他揭發二十四條罪狀：

——假傳聖旨，三五成群勒逼喧嚷，致使朝堂成為喧鬧的集市，敗壞了祖宗二百餘年的政體；

——一手操縱朝廷增補閣員的頭等大事，排斥先進分子，安插親信，企圖形成「門生宰相」的局面；

——勾結奉聖夫人客氏（皇帝的奶媽），聯手害死皇后所生的長子，假傳聖旨勒令懷孕的妃子自盡，致使皇帝無嗣絕後；

——利用東廠，假公濟私，陷害忠良，網羅密布，官民如有片言違忤，立即逮捕，關入東廠嚴刑逼供，比當年權閹汪直的西廠有過之而無不及；

——祖宗法制，宮內不許屯駐軍隊，原有深意，魏忠賢在宮內擅自組建稱為「內操」的軍隊，究竟意欲何為？

在奏疏的末尾，楊漣寫下了這樣的警策之句：「掖廷之內知有忠賢，不知有

《明熹宗實錄》關於「楊漣彈劾魏忠賢二十四大罪」的記載。

皇上；都城之內知有忠賢，不知有皇上；即大小臣工……亦不覺其不知有皇上，而只知有忠賢。」有鑑於此，他勸諫皇上：「生殺予奪豈不可以自主，何為受制麼麼小丑？」希望皇上立即把魏忠賢就地正法，把奉聖夫人客氏驅逐出宮。

楊漣的大無畏精神極大地鼓舞了正直官員的鬥志，掀起了聲勢浩大的「倒魏」浪潮，左光斗、魏大中、高攀龍、繆昌期、黃尊素等人接二連三彈劾魏忠賢。不可一世的魏忠賢畢竟心虛，不得不向皇帝提出辭去東廠總督太監之職，然後示意內閣大學士魏廣微草擬一道聖旨，予以挽留。風聲一過，便瘋狂反撲，大開殺戒，先後有「六君子之獄」、「七君子之獄」。官場上下一片肅殺恐怖氣氛。

與此形成鮮明對照的是，拜倒在魏忠賢腳下的無恥官僚，演出了一幕幕個人崇拜的醜劇。標誌性事件是為他建造生祠，始作俑者是浙江巡撫潘汝楨，他在天啟六年（1626 年）向皇帝建議，應該為功德無量的魏忠賢建立生祠，永久紀念。皇帝還特地為生祠題寫「普德」匾額，用明白無誤的姿態為生祠運動推波助瀾。短短一年中，一共建造了魏忠賢生祠四十處。值得注意的是，生祠之內供奉的魏忠賢「喜容」（偶像）完全是一副帝王相；在他的身邊懸掛著鎦金的對聯，寫著這樣的溢美之詞：「至聖至神，中乾坤而立極；乃文乃武，同日月以長明。」硬要把一個政治小丑打扮成「至聖至神」模樣，如同乾坤日月一般，可見對魏忠賢的個人崇拜已經發展到如痴如醉的地步。

　　魏忠賢的「無上名號」愈來愈多，愈來愈離奇，有什麼「廠臣」、「元臣」、「上公」、「殿爺」、「祖爺」、「老祖爺」、「千歲」、「九千歲」等。把「千歲」、「九千歲」這些皇室勳戚的尊稱用於一個太監，已經夠出格了，然而魏忠賢似乎還不滿意，因而有些人乾脆叫他「九千九百歲爺爺」。如果明熹宗不是在天啟七年（1627 年）死去，對魏忠賢的個人崇拜將會發展到何種地步，是難以預料的。

　　由於明熹宗絕嗣，由他的弟弟信王朱由檢（即明思宗）繼位，首先遇到的棘手問題，就是如何處置專擅朝政、氣焰囂張的魏忠賢。在與魏忠賢的較量中，朱由檢展示了獨特的膽識、魄力和韜略，即位不到三個月，就乾淨俐落地除掉了元凶魏忠賢，以及他的幫凶，進而清查「閹黨逆案」。崇禎二年（1629 年）以皇帝諭旨的形式公布「欽定逆案」名單，懲處閹黨分子三百多名，除首惡魏忠賢、客氏已明正典刑外，其中「首逆同謀」崔呈秀等六人斬首，「交結近侍」田吉等十九人斬首。

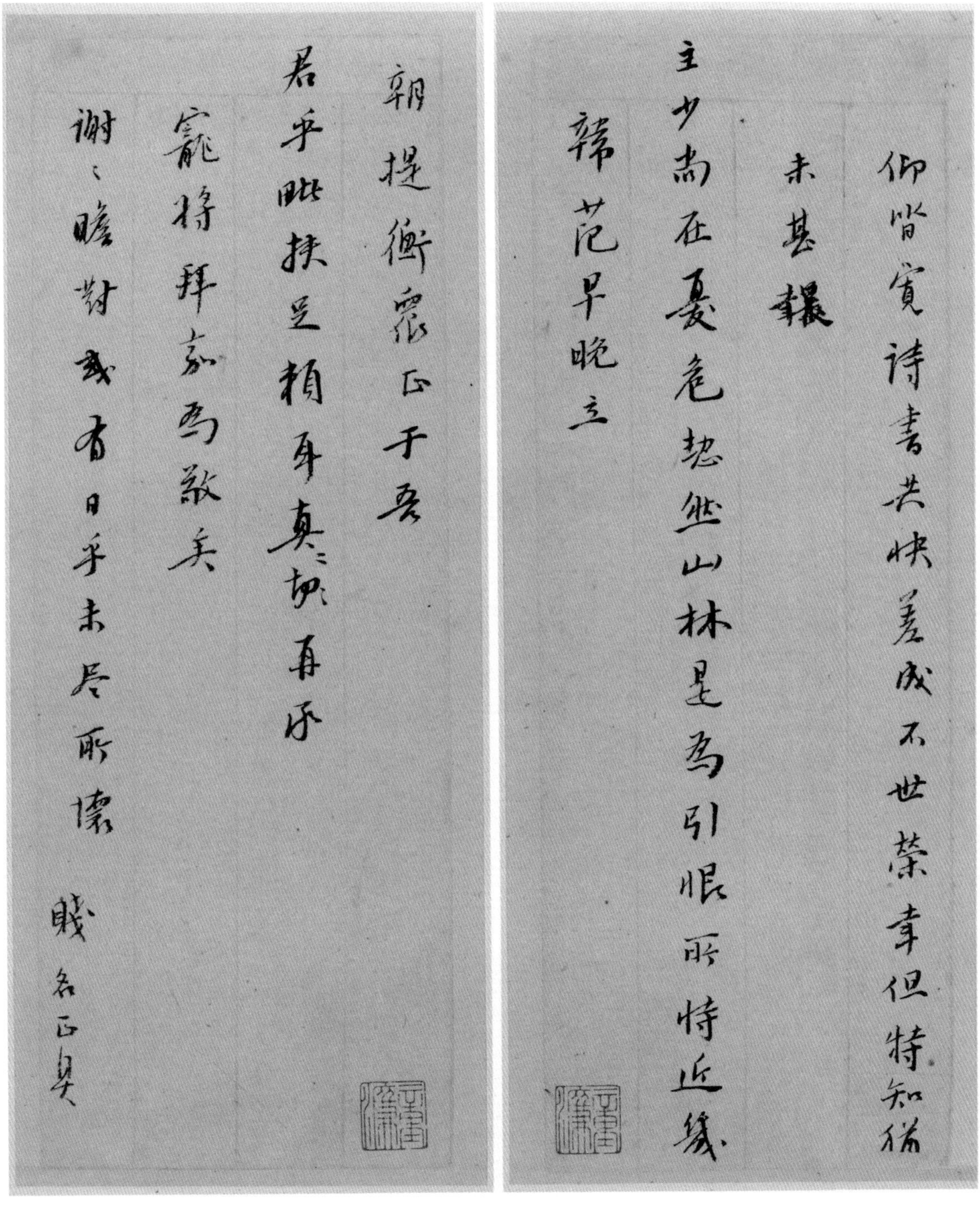

仰皆賓詩書共快差成不世榮幸但特知猶

未甚穰

主少尚在憂危势然山林是為引恨而特近缘

韓范早晚之

朝提衡震正于吾

君乎眈扶足賴年真故再乎

寵將拜嘉為敬美

謝謝瞻對或有日乎未盡所懷

賤名正具

楊漣手跡。

四、崇禎：並非亡國之君的亡國悲劇

崇禎十七年（1644 年）初，農民軍領袖李自成在西安稱王，國號大順，年號永昌，正式表明分庭抗禮、取而代之的政治動向，他的軍隊從陝西渡過黃河，橫掃山西。崇禎皇帝朱由檢在御前會議上，面對即將到來的滅頂之災，顯得悲涼而無奈，向大臣們道出了思慮已久的心裡話：「朕非亡國之君，事事乃亡國之象。祖

宗櫛風沐雨之天下，一朝失之，將何面目見於地下？」

　　「朕非亡國之君」，寥寥六個字，是對「無可奈何花落去」、內心有所不甘的自然流露。在明朝十七個皇帝中，他是可以和太祖、成祖相提並論的勵精圖治的皇帝。清朝國史館編纂的《明史》對他的評價就很不錯：「在位十有七年，不邇聲色，憂勤惕厲，殫心治理。」可見他的自我評價——「朕非亡國之君」，並不是文過飾非的誇張之詞。人們只能感嘆他生不逢時。

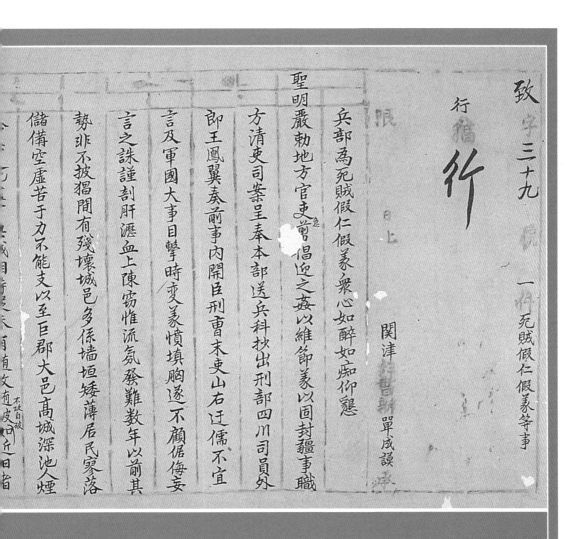

明兵部報告李自成活動情況行稿（局部）。

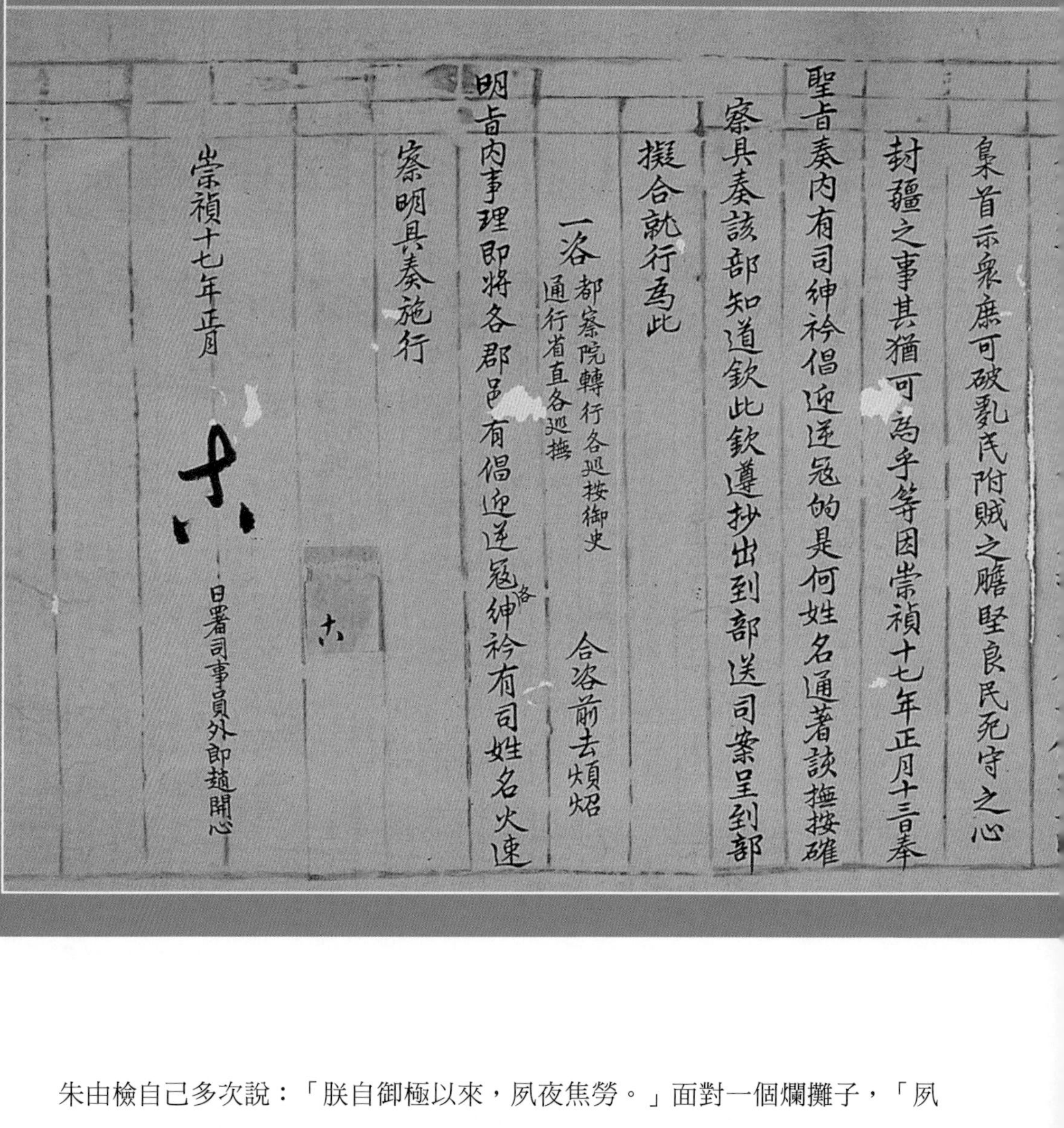

枭首示眾庶可破亂民附賊之膽堅良民死守之心

封疆之事其猶可為乎等因崇禎十七年正月十三日奉

聖旨奏內有司紳衿倡迎逆冦的是何姓名通著該撫按確

察具奏該部知道欽此欽遵抄出到部送司案呈到部

擬合就行為此

一咨　都察院轉行各巡按御史　　合咨前去煩焢
　　　通行省直各巡撫

明旨內事理即將各郡邑有倡迎逆冦紳衿有司姓名火速

察明具奏施行

崇禎十七年正月

　　　　　日署司事員外郎趙開心

　　　朱由檢自己多次說：「朕自御極以來，夙夜焦勞。」面對一個爛攤子，「夙夜焦勞」並沒有收到什麼效果。李自成向黃河以東各地發布一道檄文，用明白無誤的語氣喊出：「嗟爾明朝，大數已盡。」形勢的發展似乎證實了這一點，戰略重鎮太原、寧武、大同、宣府等地守軍，竟然不堪一擊，一觸即潰。這是長期積累的弊政導致的總崩潰，就好比摧枯拉朽，秋風掃落葉一般。

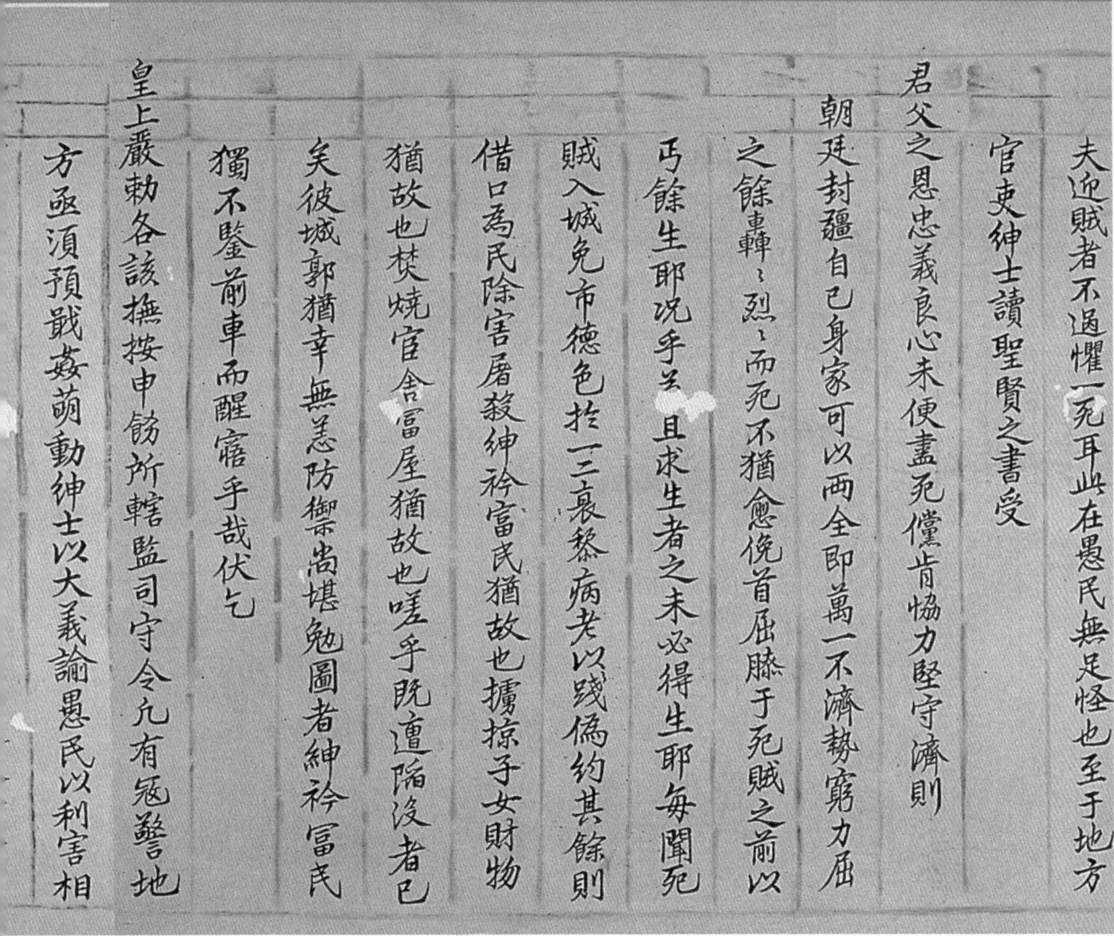

夫迎賊者不過懼一死耳此在愚民無足怪也至于地方

官吏紳士讀聖賢之書受

君父之恩忠義良心未便盡死償肯協力堅守濟則

朝廷封疆自己身家可以兩全即萬一不濟勢窮力屈

之餘轟轟烈烈而死不猶愈俛首屈膝于死賊之前以

丐餘生耶況乎且求生者之未必得生耶每聞死

賊入城免市德色抒二三衰黎病老以賤僞約其餘則

借口為民除害屠戮紳衿富民猶故也擄掠子女財物

猶故也焚燒宦舍富屋猶故也嗟乎既遭陷沒者已

矣彼城郭猶幸無恙防禦尚堪勉圖者紳衿富民

獨不鑒前車而醒寤手哉伏乞

皇上嚴敕各該撫按申飭所轄監司守令凡有冦警地

方亟須預戰姦萌動紳士以大義諭愚民以利害相

　　崇禎十七年三月十二日，農民軍逼近北京郊區。皇帝朱由檢召集大臣詢問對策，大家一籌莫展，說些無關痛癢的話，例如關閉城門、禁止出入之類。次日，他再次召開御前會議，大家一言不發，他氣憤地大罵兵部尚書張縉彥，張縉彥索性摜紗帽，乞求罷官。這種精神狀態，除了坐以待斃，還會有什麼出路呢？

　　三月十七日，農民軍東路進至高碑店，西路進至西直門外，開始炮轟城牆。

李自成在彰義門外向城樓喊話，希望和平談判。負責守城的襄城伯李國楨在城樓上大聲回話：我到你的軍營做人質，你派人和皇上當面講。李自成回答：不用人質。當即派遣已經投降的太監杜勳向皇帝傳話，具體內容是：割讓西北地方，聽任李自成建國稱王；犒賞軍隊銀子一百萬兩。朱由檢徵求內閣首輔魏藻德的意見，老奸巨猾的魏藻德害怕承擔責任，一聲不吭，一味鞠躬低頭。無可奈何的朱由檢只得命令杜勳向李自成傳話：「朕計定，另有旨。」用一種居高臨下的姿態，否定了和談的可能性。

李自成得到杜勳的答覆，下令全線攻城。守城太監曹化淳按照事先已經商定的「開門迎賊」公約，首先打開彰義門，接著德勝門、平則門也隨之打開，北京外城不攻而下。守衛宣武門的太監王相堯、守衛正陽門的兵部尚書張縉彥、守衛齊化門的成國公朱純臣等，也按照「開門迎賊」公約，打開城門投降。三月十八日夜裡，農民軍控制了整個內城，離紫禁城只有一步之遙了。

朱由檢確信內城已經陷落，返回乾清宮布置應急善後事宜，他要在自己殉國之前，命令家屬先殉國；並且安排他的三個兒子——太子、定王、永王，化裝潛逃。然後在司禮監太監王承恩的陪同下，來到煤山（景山），在壽星亭附近一棵大樹下，上吊自盡，王承恩隨後也上吊殉葬。他們兩個在黑暗陰冷的夜空中，形影相弔，告別「皇祖爺」一手打下的天下——大明王朝，時間是：崇禎十七年三月十八日後半夜，也就是十九日黎明前的子時。

根據發現遺體的太監描述，野史中留下了朱由檢殉國的大致情況。文秉《烈皇小識》寫道：二十二日在後苑山亭中看到先帝遺體，與王承恩面對面自縊。先帝用頭髮覆蓋面孔，身穿藍袍、白夾衣、白綢褲，一隻腳鞋襪脫落，另一隻腳穿著綾襪和紅色覆底鞋。袖子上寫著一行字：「因失江山，無面目見祖宗於天上，不敢終於正寢。」

三月十九日黎明，馬匹喧嘶，人聲鼎沸，李自成的農民軍大隊人馬進入北京。中午時分，頭戴氈笠、身穿縹衣、騎在烏駁馬上的李自成，在一百多名騎兵護衛下，進入德勝門，由太監曹化淳引導，從西安門進入大內。這是改朝換代的一瞬間，意味著明朝的滅亡，紫禁城已由「大明」易主為「大順」。

張岱（號陶庵）寫的《石匱書後集》，對崇禎皇帝的評價頗有獨到之處。他說：自古以來，亡國之君形形色色，有的以酒而亡，有的以色而亡，有的以暴虐而亡，

有的以奢侈而亡，有的以窮兵黷武而亡。朱由檢並非如此，他「焦心求治，旰食宵衣，恭儉辛勤，萬幾無曠，即古今之中興令主，無以過之」。當然這位陶庵先生對「先帝」也不是一味推崇，指出了他的兩大失誤：一是把「內帑」──宮廷內部的財政積蓄看作命根子，不肯輕易動用，以解燃眉之急。結果，九邊軍隊多年欠餉，飢寒交迫，怎麼指望他們來保家衛國？二是「焦於求治，刻於理財，渴於用人，驟於行法」。結果，十七年來三翻四覆，朝令夕改，一言以蔽之，叫做「枉卻此十七年之勵精！」

然而，歷史學家對此另有一種解讀，當初北京危急時，一些頗有見識的大臣向皇帝建議南遷──遷都南京，崇禎皇帝本人也有此意。綜觀當時形勢，南遷是擺脫岌岌可危困境的唯一出路，但是內閣首輔陳演害怕留下罵名，堅決反對，致使時機稍縱即逝。美國學者魏斐德（Frederic Evans Wakeman）在《洪業──清朝開國史》中說：這對後來清兵占領北京的形勢產生了深遠的影響。清朝比較完整地接管了明

清人繪〈直隸長城險要形勢圖〉之「喜峰口」。

朝的中央政府，遂擁有了他們頗缺乏的東西，由此接管幾乎全部漢族官吏，依靠他們接管天下並最後征服南方。崇禎皇帝的決定還導致諸多皇室宗親之繼承權利的曖昧不定，以致派系傾軋削弱了南明政權。此外，復明陣營也因此少了一批立志恢復失地、渴望對清朝發動反攻，以便光復家園的北方人。崇禎皇帝這一自我犧牲的決定，就這樣最終毀滅了後來復明志士堅守南方的許多希望。

　　魏斐德的見解是深刻的。當初如果南遷，把中央政府和軍隊遷到江南，那麼重現劃江而治的南宋局面，是可能的。

相關書目推薦

朱東潤：《張居正大傳》，百花文藝出版社，2000

樊樹志：《萬曆傳》，臺灣商務，1996

樊樹志：《崇禎傳》，人民出版社，1997

牟復禮、崔瑞德編，張書生等譯：《劍橋中國明代史（1368—1644 年）》（上卷），

　　中國社會科學出版社，2007

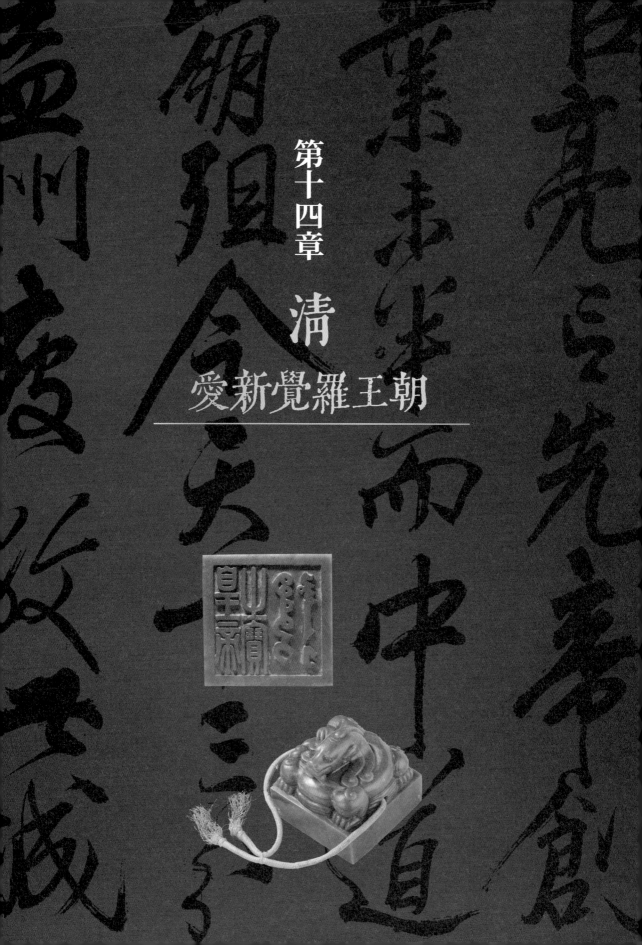

第十四章

清

愛新覺羅王朝

一、改朝換代與士大夫氣節

短四十幾天，紫禁城兩度易手，先是由「大明」易主為「大順」，接著是由
「大順」易主為「大清」。改朝換代的壓力，猶如雷霆萬鈞，明朝官僚集團
迅速分化瓦解。

劉宗周手札。

李自成進入北京後，一部分崇尚士大夫氣節的人，選擇了殺身成仁的歸宿。黃宗羲《南雷文定》談到明末繫天下安危的六位名臣：劉周宗、黃道周、范景文、李邦華、倪元璐、徐石麒，推崇備至：「崇禎末，大臣為海內所屬望，以其進退卜天下之安危者，劉蕺山、黃漳海、范吳橋、李吉水、倪始寧、徐雋李，屈指六人。北都之變，范、李、倪三公攀龍髯上升，則君亡與亡。蕺山、漳海、雋李在林下，

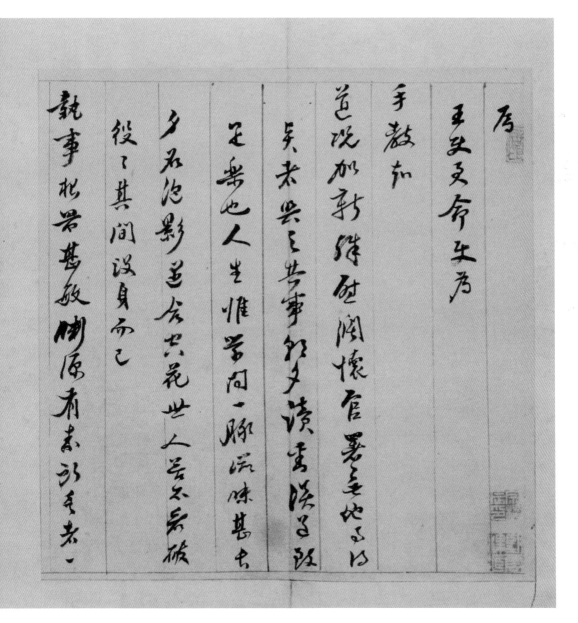

不與其難，而次第致命。蕺山以餓死，漳海以兵死，雋李以自磬死，則國亡與亡。所謂一代之斗極也。」

戶部尚書倪元璐在京城淪陷後，向北跪拜皇宮，為自己身為大臣不能報國而自責；又向南跪拜，辭別住在南方的母親，換上便服，在案頭題字：「南都尚可為，吾死分也。」（南京大有可為，死是我的本分。）然後對家人說：必須等到大行皇帝殯殮，才可以給我收屍。隨即在廳前自縊。僕人想上前解救，老管家哭著勸阻：主翁再三囑咐，不要阻攔他殉難。他的兒子遵照父親遺願，直到先帝殯殮後，才給父親合棺下葬。李自成的部下得知這一情況，表彰為「忠義之門」、「真忠臣」。倪元璐殺身成仁，絕非一時衝動之舉。他在崇禎元年上〈論國是疏〉時，就留下詩篇，表明以身許國的決心：

世局梟盧喝，以官注者昏。
黃師呵自了，孔子擊夷蹲。
誰任千秋擔，公推五父樽。
無將忠義死，不與吃河豚。

與顧予咸一起編輯《倪文正公遺稿》的會稽門人唐九經，如此注釋這首詩：「落語收住通篇，生平品概不覺骨露，先生殉節之志，熟且久矣。」由此可見，他的以身殉國並非無奈，而是深思熟慮的抉擇──「無將忠義死」，「熟且久矣」。所以黃宗羲把他與范景文、李邦華三公，推為「攀龍髯上升，則君亡與亡」。

大學士范景文眼看大勢已去，感嘆自己身為臣子不能為天子出力，深感愧疚，從此絕食。十九日京城淪陷，傳聞皇上駕崩，嘆息道：只有一死，報答陛下。隨即在妻子靈堂前自縊，被家人救下後，賦詩明志：「誰言信國非男子，延息移時何所為？」縱身跳入古井中。他是內閣大學士中唯一為國殉難者。

都察院左都御史李邦華，十八日率領御史上城巡邏，遭到太監阻擋，歸途遇見同僚吳麟徵，握手揮淚，互相鼓勵，誓死國難。次日獲悉「國難」，抱頭痛哭，拿了印信、官服，前往吉安會館，祭拜文天祥，題寫絕命詩：「人生自古誰無死，留取丹心照汗青。今日騎箕天上去，兒孫百代仰芳名。」隨即自縊而死。

像他們那樣殉難的還有兵部侍郎王家彥、刑部侍郎孟兆祥、都察院左副都御

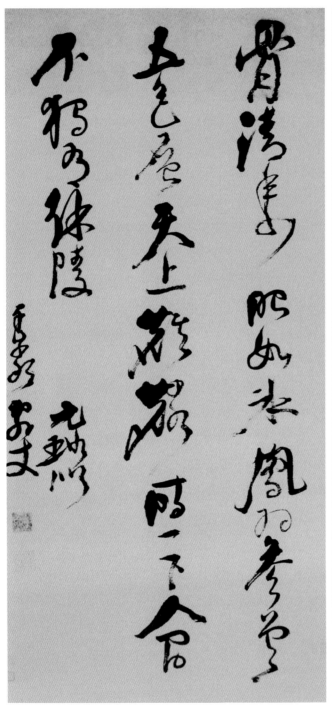

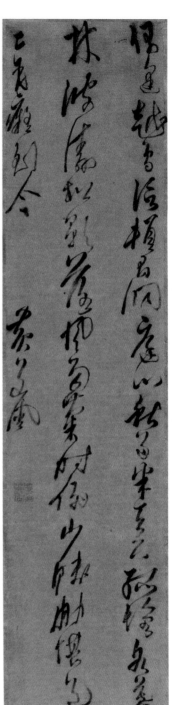

倪元璐書唐杜牧七絕詩〈贈李秀才是上公孫子〉。
「骨清年少眼如冰，鳳羽參差五色層。天上麒麟時
一下，人間不獨有徐陵。」

黃道周手跡。

史施邦曜、大理寺卿凌義渠、太常寺卿吳麟徵等。值得注意的是，清朝的順治皇帝對於為明朝殉難的大臣予以高度評價，要求政府部門為范景文、倪元璐、李邦華、王家彥、施邦曜、凌義渠、吳麟徵等二十人建造祠堂，給予祭祀。

與此形成對照的是另一些高官的見風使舵。

內閣大學士魏藻德、陳演等領袖人物，在李自成入主紫禁城的第二天，就前往拜謁，表示改換門庭之意。李自成訓斥魏藻德：你受皇帝重用，應當為社稷而死，為何偷生？魏藻德連忙叩頭說：如果陛下赦免，一定赤膽忠心相報。對於這些朝秦暮楚的人，李自成不屑一顧，下令囚禁起來。其他降官一千二百多人，身穿青衣，頭戴小帽，前往會極門集合，等待錄用。李自成對處理此事的牛金星說：官員們在城破之日能夠為國殉難，才是忠臣，怕死偷生者都是不忠不孝之人，留他幹嘛？

前任都察院左都御史劉宗周在家鄉紹興獲悉京師淪陷，徒步前往杭州，要求浙江巡撫為已故先帝發喪，並且發表聲討李自成的檄文。不久，福王在南京監國，建立弘光小朝廷，給劉宗周恢復原官，他表示：大仇未報，不敢受職。一年後，清軍南下，南京弘光政權崩潰，杭州潞王投降。正在吃飯的劉宗周推案痛哭，從此移居郊外絕食。朋友相勸，他沉痛地說：北都之變，可以死可以不死，因為自己罷官在野，寄望於南明中興。南都之變，主上（福王）自棄其社稷，當時可以死可以不死，因為還希望後繼有人。現在浙江投降了，老臣不死，還等什麼呢？

罷官在家的黃道周，被唐王政權任命為大學士，臨危受命，他主動請纓，前往江西招募抗清義旅，在婺源遭遇清軍，戰敗被俘。清軍把他押解到南京，路過東華門，他坐地不起，淡然地說：此地離高皇帝陵寢最近，就死在這裡吧！監刑官把他就地處死。

晚明四公子之一的方以智，在南明桂王政權官至禮部侍郎、東閣大學士，因病辭歸，在回鄉途中被清軍俘獲，清軍大帥試圖招降，讓他在左面的官服和右面的利刃之間，選擇升官還是死亡。方以智毫不猶豫地選擇了右面的利刃——死亡。這一舉動使得清軍大帥頓生禮敬之意，釋放了他。方以智隨後出家為僧，更名宏智，字無可，別號藥地。

改朝換代之際，士大夫表現出忠臣不事二主的操守，形式有所不同，指歸卻是一致的。他們都在以自己的生命，踐履儒家倫理最為珍視的氣節，寧為玉碎，不為瓦全，因而被後世視為楷模，甚至連清朝皇帝都慷慨地給予表彰，確實值得三思。

二、南明抗清運動：揚州、江陰、嘉定及其他

清軍攻陷北京後，迅速南下。

南明弘光小朝廷的馬士英排擠史可法，命他出鎮揚州。又忌憚他的威名，欲削奪他的兵權，令史可法從揚州移鎮泗州。史可法考慮防守泗州也是當今急務，便率部北上。豈料剛到天長，盱眙、泗州就已失守，不得已率副將史得威退回揚州，登城設守。

清朝豫王多鐸送來信函，信封上寫著「豫王致書史老先生閣下」，史可法原封不動上交朝廷。及至兵臨城下，降將李遇春拿著豫王信函，前來勸降；又有父老

史可法像。

二人奉豫王之命在城下勸降，史可法統統不予理睬。

當時李成棟駐紮高郵，劉澤清駐紮淮安，都擁兵不救。揚州外援斷絕，糧草不繼，守將李棲鳳欲綁架史可法投降，史公坦然說：「揚州吾死所，君等欲富貴，各從其志，不相強也。」

弘光元年（1645年）四月十九日，形勢緊急，史公召見副將史得威，相持痛哭，說道：「吾為國亡，汝為我家存。吾母老矣，而吾無子女，汝為吾嗣，以事吾母。我不負國，汝無負我。」隨即寫了幾封信，分別給弘光皇帝、豫王、太夫人、夫人等，交代後事。叮囑史得威：「吾死，汝當葬我於太祖高皇帝之側，其或不能，則梅花嶺可也。」然後提筆起草遺書：「可法受先帝恩，不能雪仇恥；受今上恩，不能保疆土；受慈母恩，不能備孝養。遭時不造，有志未伸，一死以報國家，固其分也，獨恨不從先帝於地下耳！」

二十五日，清軍攻城愈急，史公登城拜天，用大炮轟擊，擊斃清兵幾千人。清兵用大炮轟塌城牆西北角，蜂擁而入。史公持刀自刎，參將許謹救下。史得威、許謹扶持史公至小東門，許謹身中數十箭而死。史可法大呼：吾史可法也！清兵一擁而上，把他押赴城樓見豫王。豫王仍想勸降，史可法斷然拒絕，當即「屍裂」處死。史得威被俘，大呼：吾史可法子也！幾天後獲釋，史得威趕緊前去收屍，由於天氣炎熱，許多屍體堆積在一起，腐爛不可辨識。次年三月，史得威在揚州郊外梅花嶺，為史可法建造衣冠塚，把史公遺書帶往南京，交給太夫人。

史可法給太夫人的信寫道：「兒仕宦凡一十有八年，諸苦備嘗，不能有益於朝廷，徒致曠違定省。不忠不孝，何以立天地間？今日殉城，死不足贖罪。望母委之天數，勿復過悲。副將史得威完兒後事，母以親孫撫之。」給夫人的信寫道：「可法死矣！前與夫人約，當於泉下相俟也。」

豫王多鐸用慘無人道的屠城來報復揚州人，大開殺戒，一手製造「揚州十日」的慘劇。事後寺廟僧侶負責焚屍，一一登記造冊，記錄焚屍數目。據史家統計，揚州焚屍八十萬，令人震驚至極！

弘光元年六月，豫王多鐸下令，江陰限三月薙髮。常州府發來公文，其中有「留頭不留髮，留髮不留頭」字句。諸生許用等人在文廟明倫堂大聲高呼：「頭可斷，髮不可薙！」一時間，北門鄉兵奮袂而起，四城內外十萬人響應，要求發放兵器火藥。徽商程璧捐獻銀子三萬五千兩，提供軍餉。前任都司周瑞龍率領船隊駐紮江

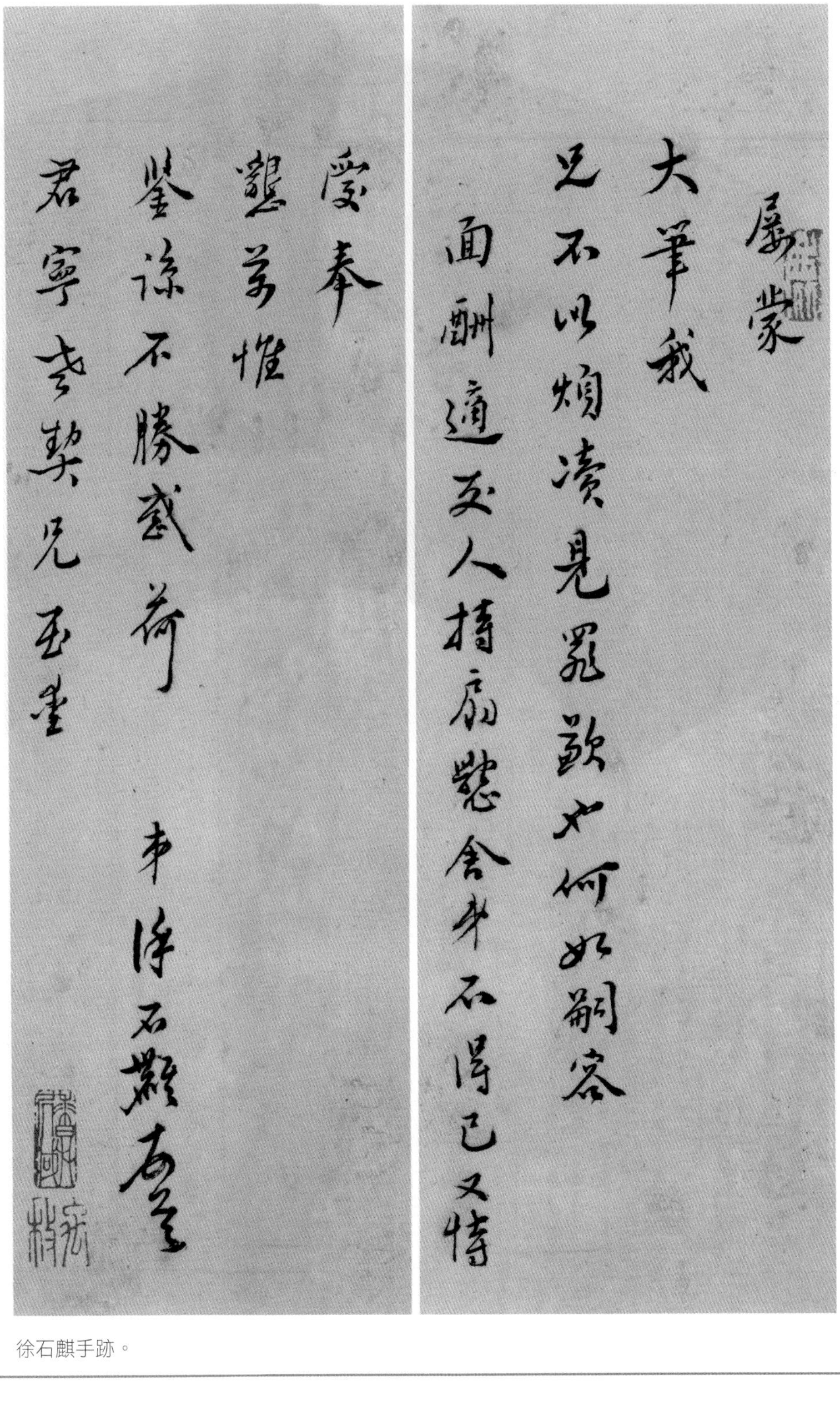

屬蒙

大筆載

足不以煩瀆覯見罷歆亦何如嗣容

面酬適友人持扇懇舍弟不得已又恃

愛奉

懇為惟

鑒諒不勝戢荷

申浼石麒再

君寧吾契兄玉畫

徐石麒手跡。

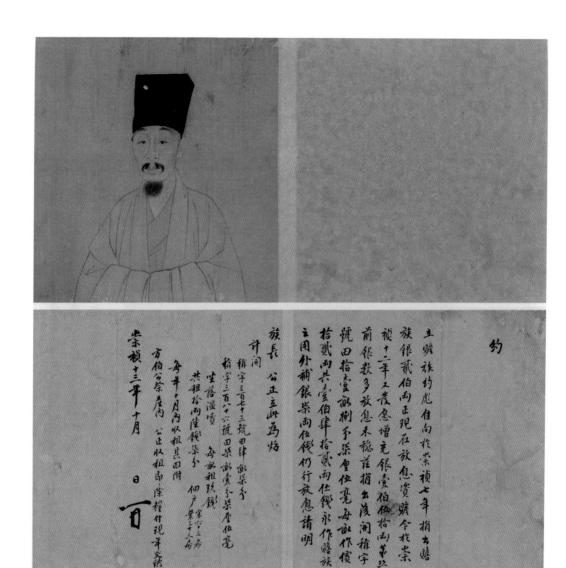

立贖族約虎佳向松崇禎七年捐去贍
族銀貳伯兩正現在放息資贖今於崇
禎十二年又蒙愿讀充銀壹伯柒拾兩第五
前銀數多放息未穩莊捐出陵閒稽字
號田拾壹畝捌分柒壹畝每畝作價
拾貳兩共壹伯肆拾貳兩仕錢永作價
主用外補銀柒兩伍錢仍行放息請明

族長　公正立此為炤

計開

稽字三百七十三號田肆畝柒分
稽字三百六公號田柒畝賣柒柒壹伍畝
生落漫賣　每畝租玖錢
共祖拾兩陸錢柒分　宗室三房
佃戶葉三文房

每年十月內收祖其田附
方伯公崇廣內　公正收祖即除糧付現年炤族

崇禎十三年十月　日

祁彪佳手跡。

口，典史陳明遇邀請前任典史閻應元為主將，鄉兵擁戴入城。

江陰軍民用「見血封喉弩」、大炮、火藥守城，一再重創清軍。清軍在城下連遭敗績，乞求增援，七王、八王、十三王率領將校千名、馬步兵十萬，圍攻江陰城。

七月初九，閻應元出任守城總指揮，把城外十萬鄉兵引入城內，與城內守軍在城牆上分工防守。城牆上有火藥三百甕，鉛彈一千擔，大炮一百門，鳥機一千張，銅鐵器一萬枚。

七月十一，清軍攻打北門，守軍一舉擊斃七王等驍將。清朝兩名都督勃然大怒：我打北京、鎮江、南京，未嘗懼怯，未嘗費力，江陰拳大的地方，就如此費力？當即命令步兵三萬，絮雲梯十張，分十處攻城。一場慘烈的決戰之後，進攻北門的兩名都督死在城下。

七月二十八，清軍炮轟北城，角城開裂，夜半立即修復，清軍以為有如神助。其實是閻應元號召軍民，每人繳納磚石一塊，頃刻間堆積如山，很快砌成一道石城。清軍見北城牢不可破，改攻南城。炮聲震天，百里外都能聽見，一晝夜用去火藥一萬五千斤。清朝十王在城外搭建點將台，指揮親兵手持狼煙噴筒，施放煙霧，然後一百門大炮齊發。城牆上煙霧嗆人，難以招架，閻應元命令在十字街頭布置大炮，親自瞄準，點火燃放。但見火光一閃，點將台上的十王和將領、親兵，頓時灰飛煙滅，唯有黃傘一把在半空旋轉，一隻帶靴的腳，從空中落下。

江陰軍民堅守八十日，巍然屹立。八月二十一，城牆坍塌，清兵蜂擁而入。

最後的時刻到來了。閻應元在城東敵樓門上題字：「八十日帶髮效忠，表太祖十七朝人物。十萬人同心死義，留大明三百里江山。」隨即帶領軍民上馬格鬥，身中三箭，對隨從說：為我謝百姓，吾報國事畢矣！毅然自刎而死。

清軍進城後，瘋狂報復，屠城三日，到二十三日封刀，死亡十七萬人。江陰是個小縣城，竟然死亡十七萬，當時人驚呼「滿城盡殺」！

嘉定民眾抵抗清軍，死守十二日，與江陰守城八十日相比，似乎氣勢上略顯遜色，然而影響卻大得多，後人常把「嘉定三屠」與「揚州十日」相提並論。清末革命家為了製造反滿輿論，多次提及此事。鄒容《革命軍》寫道：「吾讀《揚州十日記》、《嘉定屠城記》……為吾言以告我同胞曰：揚州十日，嘉定三屠，是又豈當日賊滿人殘漢人一州一縣之代表哉？夫二書之記事，不過略舉一二耳。想當日，

既縱焚掠之軍，又嚴薙髮之令，賊滿人鐵騎所至，屠殺擄掠，必有十倍於二地者也。有一有名之揚州、嘉定，有千百無名之揚州、嘉定。吾憶之，吾惻動於心，吾不忍而又不能不為同胞告也。」

確實，像侯峒曾、黃淳耀死守嘉定，視死如歸的不屈遺民，在江南比比皆是。

夏允彝獲悉南京陷落，聞友人侯峒曾、黃淳耀殉國，乃於八月中賦絕命詩，投深淵而死。陳子龍為他寫輓詩：「志在春秋真不愧，行成忠孝更何疑。」自己投身抗清運動，參與策動降清明將吳勝兆反正。由於事機洩露而失敗，吳勝兆處死，陳子龍被捕，在押解途中，投河殉國。

清軍逼近嘉興，清軍大帥派信使勸降前吏部尚書徐石麒，遭到嚴詞拒絕。徐石麒大義凜然回答：「大抵一代之興，必有攀龍附鳳之臣；霞蒸雲變，亦必有雲壑鮐背之老。敦《詩》說《禮》，據梧而稿，蓋以不有出者，誰共功名？不有處者，誰明節義？」嘉興城陷落，徐石麒身穿朝服自縊於天寧寺，他以一死表明服膺的節義。

清軍抵達杭州，派員到浙東招撫，下令薙髮。前蘇松等處巡撫祁彪佳，誓死不從。閏六月初六深夜，潛出寓所，行至放生碼下，縱身投入池中。臨死前留下遺書：「某月日，已治棺寄葴山戒珠寺，可即殮我。」

先前，清軍大帥抵達杭州，前都察院左都御史劉宗周與祁彪佳相約起兵，沒有成功。祁彪佳死後兩天，同鄉劉宗周絕食而死，時在閏六月初八，留下絕命詩一首：

> 留此旬日生，少存匡濟志。
> 決此一朝死，了我平生事。
> 慷慨與從容，何難亦何易。

三、奏銷案、科場案、哭廟案

清軍席捲江南，遭到具有民族氣節的志士仁人抵抗，吳江的吳易、吳兆奎；蘇州的陸世鑰；嘉定的侯峒曾、黃淳耀；松江的沈猶龍；昆山的王永祚；宜興的盧象觀；常熟的嚴拭；嘉興的錢栴、錢棅，雖然人少力弱，持續時間很短，卻產生了很大的政治影響。

抗清運動失敗以後，一些激進分子祕密策劃，圖謀復辟明朝。順治四年（1647年）的吳勝兆反正事件就是一例。清朝當局極為震驚，乘機把陳子龍、夏完淳為代表的持不合作態度的知名人士，一網打盡。但是江南士紳中的不合作傾向依然存在，就連錢謙益、吳偉業為代表的一派，被迫出來做官，也鬱鬱不得志，牢騷滿腹。

清朝當局勢必要在江南採取大動作，實施制裁政策，「奏銷案」是一個突破口。

順治十五年（1658年），朝廷抓住江南拖欠錢糧（賦稅）的積弊大做文章，明確宣布：鄉紳、進士、舉人、生員及衙役，如果拖欠錢糧，按照數量的多少，分別治罪。在蘇州、松江、常州、鎮江四府及江寧府溧陽縣，查處拖欠錢糧者一萬三千多人，革去功名或官職，還要施加刑罰，一時間「鞭撲紛紛，衣冠掃地」。牽連這一案件的，大多是吹毛求疵，借題發揮。例如，昆山人葉方藹，順治十六年（1659年）進士一甲第三名，俗稱「探花」，他家拖欠錢糧銀子一釐，約合制錢一文，被革去功名，民間哀嘆「探花不值一文錢」。又如，太倉人吳偉業，順治十年（1653年）被迫赴京，出任國子監祭酒，始終悔恨失節，藉口「丁憂」辭官歸鄉，以微不足道的錢糧拖欠，被納入「奏銷案」，如釋重負。孟森評論道：革去官職。對於吳偉業而言，「梅村終身以再出為恨，實出至誠，當其就徵之日，即有弔侯朝宗詩：『死生總負侯嬴諾，欲滴椒漿淚滿樽。』朝宗於前數年，即以梅村名重，勖以韜晦。至是卒為門戶計，不免一行。因奏銷案而落職，實在是求之不得。」

奏銷案造成了江南「庠序一空」的局面，能夠繼續保持進士、舉人、貢監、生員頭銜的人，寥若晨星。顯然，當局並非著眼於區區的欠稅，而是以政權的威懾力量，迫使江南鄉紳士子就範。

與奏銷案相伴而來的科場案，目的也在於此。科場舞弊是科舉考試中司空見慣的現象，歷來習以為常。清朝當局大興問罪之師，不過是以此為把柄，打擊江南

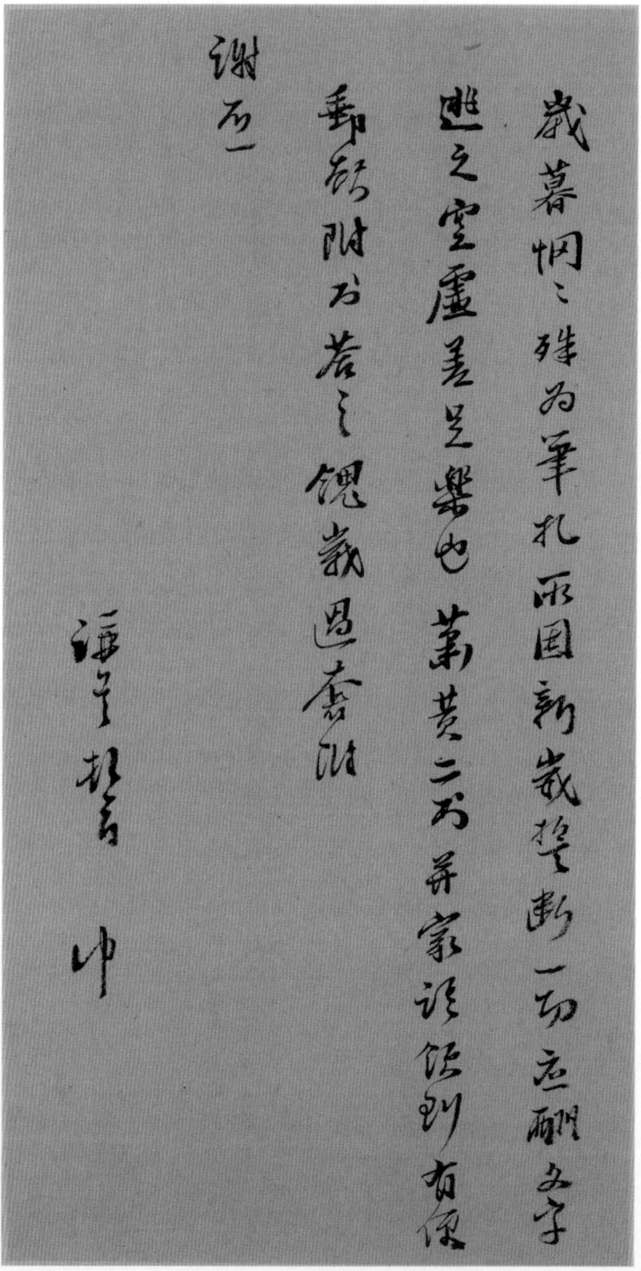

歲暮悃悃　殊為筆札　而因新歲墊斷一切應酬文字

避之空虛甚足樂也　萬黃二老并家諸郎則有餘

郵筒附奉令姪之侃歲過奢附

謝石一

海虞牧書　中

錢謙益手跡。

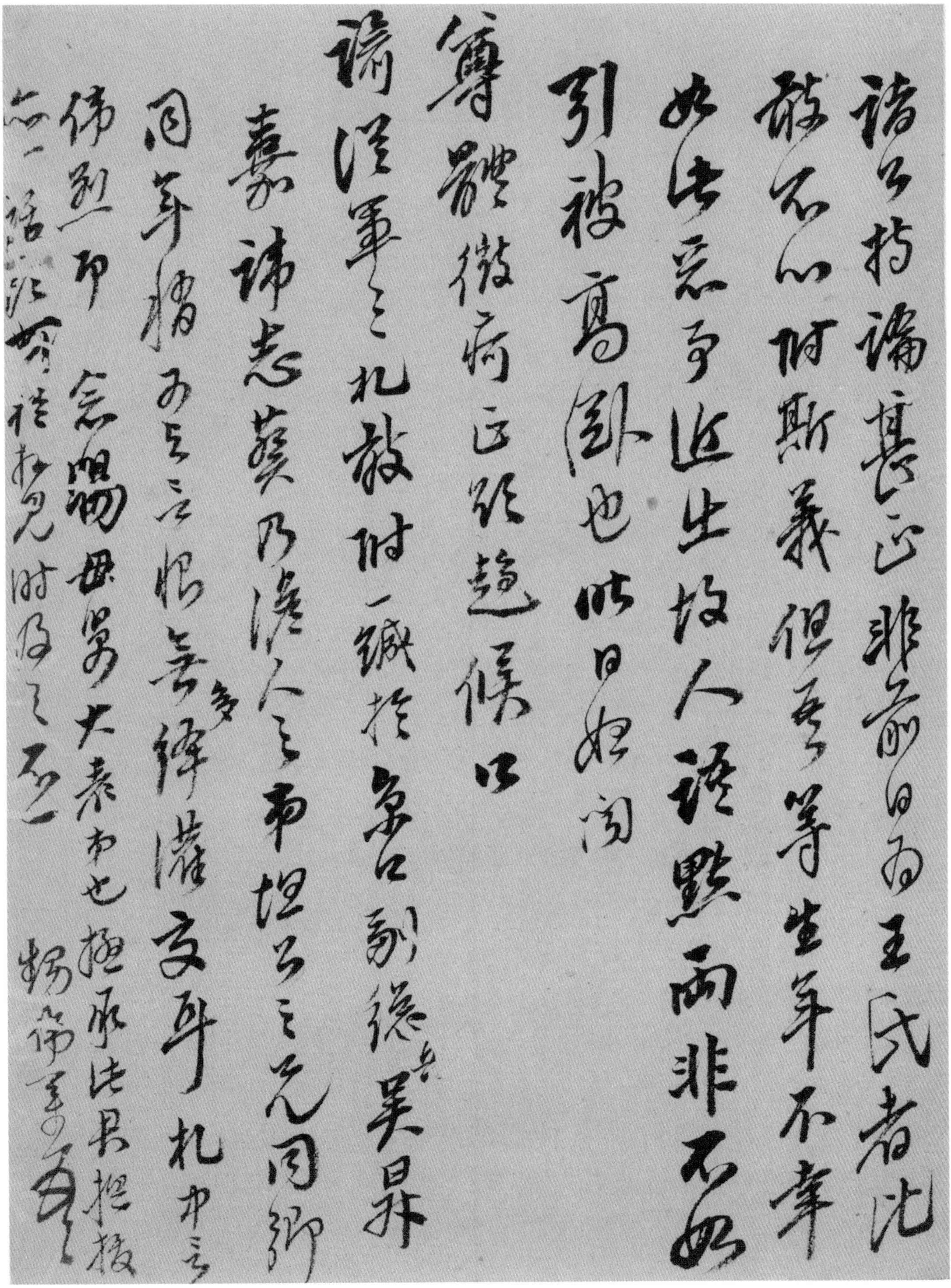

諸子持論甚正非前日兩王氏者況

薛君山附斯義但弟等生年不拜

如出忌于近出故人語黙兩非不如

引被高卧也此日如問

傳體微病正欲趨候口

嘉諱志藐乃復人之所坦之之兄同鄉

請涇軍之札欲附一緘指為酬德吳昇

同年將為之恨無譯灌文年札中云

偉到印念賜毋寄大素布也極承徒弟把較

六一語志矣信杨兄時為之云

物篩辛□□

吳偉業手跡。

士子以及他們所依託的家族與社會網絡。

明、清兩代，每隔三年在省城舉行一次「舉人」的選拔考試，叫做鄉試。由於傳統的關係，南京的江南鄉試與北京的順天鄉試往往成為全國士子薈萃之地，在科舉考試中的地位遠遠凌駕於一般省城之上。科場案的打擊重點就是江南鄉試與順天鄉試。江南鄉試的應考者無疑是江南士子，順天鄉試的應考者大多是旅居京城一帶的江南籍子弟，因而科場案的矛頭所向，主要是針對江南人士的。

順治十四年（1657 年）的丁酉鄉試案，處分之嚴酷令人不寒而慄。順天鄉試的主考官李振鄴等、錄取舉人田耜等，都被處死。江南鄉試舞弊的處分有過之而無不及，兩名主考官斬首，十八名副考官全部處以絞刑，他們的家產充公，妻子籍沒為奴。參與舞弊的考生，鋃鐺入獄，發配充軍。桐城方拱乾、方孝標父子，以及他們的兄弟、妻子，受科場案牽連，全部發配東北邊境的寧古塔，被視為科舉史上駭人聽聞的咄咄怪事。處分之不近人情，孟森認為「可與靖難之役後的瓜蔓抄相比擬」。

杜登春《社事始末》回憶這一案件的後果時說，江浙文人一向興旺的社團活動，從此蕭蕭，幾乎停息。一年之間，人們忙於為囚車送行李，為躲藏者送衣食，沒有消停的日子。

隨著形勢的變化，矛盾漸趨緩和。康熙三年（1664 年）正式下令豁免順治元年至十五年的拖欠錢糧，使「奏銷」問題無形之中趨於淡化，對江南士大夫在政治上籠絡，成為朝廷首選的國策。體現這一政策的典型事例，就是康熙時期昆山徐家一門三及第，為江南士子津津樂道。徐元文是順治十六年的狀元，康熙九年（1670年）擔任皇帝的經筵講官，官至戶部尚書；徐乾學是康熙九年的探花，官至刑部尚書；徐秉義是康熙十二年（1673 年）的探花。王士禛《池北偶談》說：「同胞三及第，前明三百年所未有也。」受到朝廷重視的江南士子還有葉方藹、張廷書等人，康熙十七年（1678 年）的博學鴻詞科與十八年（1679 年）的明史館，都是他們促成的。顧炎武的學生潘耒、晚明四公子之一陳定生之子陳維崧，以及尤侗、朱彝尊等通過博學鴻詞科而進入官場；黃宗羲之子黃百家、學生萬斯同等進入明史館，奉命為前朝修史。原先消極對抗的因素無形之中趨於消解，清廷與江南文人學士的關係稍顯融洽。

四、康熙的武功與文治

清聖祖玄燁是有清一代最值得讚譽的賢明君主，武功與文治都無與倫比。武功方面，有四件大事值得注意。

一是統一臺灣。

順治三年（1646年），鄭成功因阻止父親鄭芝龍降清無效，起兵抗清。順治十八年（1661年），他派兒子鄭經留守廈門，自己率領軍隊前往臺灣，經過激戰，迫使荷蘭總督投降。鄭成功收復臺灣後，設置承天府，下轄天興、萬年兩縣，建立政府，招徠移民，收容抗清人士。他死後，兒子鄭經繼續抗清。

為了對付鄭氏集團，清朝當局下令「遷界」、「禁海」，形成東南沿海漫長的無人地帶。此後又派遣靖南王耿繼茂、總督李率泰前往臺灣招降。鄭經提出的條件十分苛刻，諸如要擁有像琉球、朝鮮那樣相對獨立的地位；清朝不派軍隊登陸；不薙髮；不易衣冠等，協定無法達成。康熙十三年（1674年），三藩之亂爆發，響應吳三桂叛亂的耿精忠割據福建，向鄭經求援，答應以漳州、泉州兩府為酬。兵敗後，鄭經退守臺灣。康熙二十年（1681年），鄭經死，鄭氏集團內訌。清朝當局抓住時機，出征臺灣。康熙二十二年（1683年），鄭經次子投降。清朝統一臺灣後，在那裡設立臺灣府，下轄臺灣、鳳山、諸羅三縣，配備總兵一員、水師副將一員、陸師參將二員。

二是簽訂《尼布楚條約》。

康熙二十四年（1685年）、二十五年（1686年），清朝軍隊與俄羅斯入侵者在雅克薩激戰，迫使俄國同意談判。皇帝指示首席談判代表索額圖：尼布楚、雅克薩、黑龍江上下，皆我所屬之地，不可少棄於俄羅斯；與之劃定疆界，准其通使貿易；否則，爾等即還，不便更與彼議和。

中俄雙方在尼布楚河與黑龍江匯合處的尼布楚城談判。康熙二十八年七月二十四日（1689年9月7日），雙方簽訂《尼布楚條約》，確定中俄東段邊界：西南沿額爾古納河、石勒喀河、格爾必齊河為界，北面以外興安嶺為界，東面烏第河以南、外興安嶺以北為待議地區。中方在邊界線上刻石立碑，每年五、六月由齊齊哈爾、墨爾根、瑷琿派出邊防軍，分三路前往邊界巡查。清朝的瑷琿將軍、寧古塔將軍負責管轄黑龍江兩岸的廣大地區。

「皇帝之寶」玉印。清朝皇帝
頒發詔書，就要鈐上這方印，
這是皇權的象徵。由專門的機
構──尚寶司管理。

百字贊

儀乎其神若有思摇乎其容矣
可即蓋其氣吞湖海胸藏甲兵
自為萬方使以天下為已責而
況遭時殷亢�851不奉然一擊輒
艨艘互軸一瞬而振黄龍府又
何有柱半壁姿忘以泥水主提
足快人心偏枕鴆嬰八自遘
之陽算半在局中是堂孝富
師姒闇議

螺陽王忠孝拜于敬書

鄭成功像。

三是平定準噶爾。

清初漠南蒙古、漠北喀爾喀蒙古相繼歸順清朝。漠西厄魯特蒙古分佈於阿爾泰山以西、天山以北，直至巴爾喀什湖東岸。準噶爾部統一其他各部，又越過天山，統一了回部。準噶爾汗噶爾丹控制了天山南北之後，又用戰爭手段占領漠北喀爾喀蒙古，繼而進兵漠南蒙古，兵鋒抵達烏蘭布通（赤峰附近）。

清朝密切關注這一動向，為了維護國家的統一，皇帝親自率軍出征，取得烏蘭布通戰役、昭莫多戰役的大勝。走投無路的噶爾丹在清軍圍困下，於康熙三十六年（1697 年）三月服毒自殺。噶爾丹死後，他的姪子策妄阿拉布坦繼任準噶爾汗，繼續與清朝對抗。

四是加強西藏治理。

康熙五十六年（1717 年），準噶爾汗策妄阿拉布坦派軍隊入侵西藏，藏王拉藏汗向清廷告急。康熙五十九年（1720 年），清軍把準噶爾部隊趕出西藏，皇帝敕封達賴七世，並護送入藏，任命康濟鼐為藏王，共同治理西藏。

康熙的文治比武功更為引人注目。

在他的宣導下，編成了收字四萬九千多的《康熙字典》、一百八十卷的《大清會典》、一百零六卷（拾遺一百零六卷）的《佩文韻府》、九百卷的《全唐詩》等鴻篇巨帙，並且企劃了一萬卷的《古今圖書集成》。康熙第五次南巡時，交代曹寅（曹雪芹的祖父）編纂《全唐詩》。曹寅是旗人，在漢人文學圈內嶄露頭角，而且先後擔任江寧織造和兩淮巡鹽御史，有足夠的學識與財力完成這一文化工程。他在不到兩年的時間裡，編成了收羅二千二百多詩人、四萬八千九百多首詩作、篇幅達九百卷的《全唐詩》，為康熙的文治增添了濃墨重彩的一筆。

清朝文化的核心部分，是以經學為中心的學術。這一時期經學發展到一個新階段，超越了兩漢的經學（即所謂漢學），以程朱理學為主的宋學成為主流，與皇帝的提倡有很大的關係。孟森說，「聖祖尊宋學」，「欲集宋學之大成」。江南名士徐乾學收集宋朝經學著作，編成《通志堂經解》，就是集宋學大成的嘗試。康熙一朝，宋學名臣輩出，諸如陸隴其、湯斌、張伯行、于成龍、陳鵬年、趙申喬，學養與政績都頗為可觀。

康熙以充滿自信的心態，接納耶穌會士和他們帶來的西學。他重用耶穌會士南懷仁負責天文曆法工作，在南懷仁的影響下，梅文鼎撰寫了《曆算全書》。在新舊

曆法的爭論中，康熙為了判明其中的是非，破天荒地向耶穌會士學習西洋科學。中國第一歷史檔案館還保存著康熙皇帝演算數學的草稿紙，以及他使用過的三角尺、圓規、計算器。中國皇帝如此身體力行地向西方學習，譽為空前絕後，毫不為過。明白了這一點，就不會對康熙任用傳教士繪製中國地圖——實測的《皇輿全覽圖》，感到意外了，也不會對康熙委任傳教士徐日昇、張誠參與《尼布楚條約》的談判，感到意外了。康熙還大力支持西醫傳入中國，促成了西學東漸的重心由天文曆算轉向醫學，出現了西醫進入中國的高潮。

　　康熙皇帝在位六十一年，奠定了清朝的盛世，無怪乎有的歷史學家把他與俄羅斯的彼得大帝相比擬。

康熙帝讀書像。

五、雍正的為治之道

清世宗胤禛在位執政僅十三年，與其父清聖祖玄燁在位六十一年、其子清高宗弘曆在位六十年相比，為時短暫，政績卻頗為耀眼。嚴禁朋黨，整頓吏治，重視用人，強調務實，在十三年中多有建樹。他以「為政之道在於務實，不尚虛名」相標榜，致力於制度建設，其中攤丁入地、開豁賤籍、改土歸流最為引人注目。

先看攤丁入地。

清初的賦役制度沿襲前朝的一條鞭法，徵收地銀、丁銀兩項；丁銀的一部分按人丁攤派，弊端不少。順治以來，一些地方廣泛採用「丁從地起」的方法，即把人丁的負擔轉移到田地上，也就是後來所謂「攤丁入地」。雍正元年（1723年），直隸巡撫李維鈞提出「攤丁入地」的具體方案，把丁銀平均攤派到地銀之內，地銀一兩，攤入丁銀二錢七釐。此後各省陸續展開「攤丁入地」的改革，從雍正二年到七年（1724年至1729年），各省大體完成，山西、臺灣、貴州遲至乾隆年間才完成。

「攤丁入地」又叫做「地丁合一」或「地丁並徵」，是一條鞭法的進一步發展。具體做法因地而異，較普遍的做法是把丁銀平均攤入地銀中徵收，另一些地方把丁銀按田地面積平均攤派。總體方針不變，田地多的農家分攤到的丁銀相對多一些，田地少的農家分攤到的丁銀相對就少一些，無地農家則可以不再有丁銀負擔，使得賦役徵收合理化。毫無疑問，這是一種進步。

再看開豁賤籍。

把人區分為等級的觀念與制度，以往一直存在，既有貴族與庶民之分，也有良民與賤民之分。人的良賤之分，似乎是一個底線，難以突破。這種情況在雍正時期發生了變化。

雍正五年（1727年），皇帝發給內閣一道聖旨，大意是：朕常常考慮移風易俗，凡是過去因為風俗習慣相沿，不能振拔的人群，都要給他們自新之路，譬如山西的樂戶、浙江的惰民，都應該免除他們的賤民戶籍，使他們成為良民，可以發揮激勵廉恥、宣導風化的作用。近來聽說，江南徽州府有「伴當」，寧國府有「世僕」，本地叫做細民，他們的身分幾乎與樂戶、惰民相同。各地如果有這樣的賤民，

〈雍正帝行樂圖〉之「圍爐讀書」。

〈清職貢圖〉。乾隆帝下令繪製的清朝朝貢圖，從中可以看出大多數少數民族的風情和民族特色。

應該免除他們的賤籍，成為良民，使他們得以奮發向上，免得汙賤終身，累及子孫後代。

這裡所謂賤民，是特種人身隸屬關係的產物，沒有完全的人身自由，在法律地位上低於良民一等。「伴當」、「世僕」是一種奴僕化佃農，與主人有著明顯的「主僕名分」，而且世代相承，也就是說，是世襲的賤民。所謂「樂戶」，是編入樂籍的賤民，身分類似倡優，世代從事歌舞吹打職業，不得穿著良民服飾。所謂「惰民」，又稱「墮民」，指浙江紹興府各縣分散居住的一種賤民，男的充當婚

　　喪禮儀中的幫手、牙儈，女的充當髮結、喜婆、送娘子，禁止讀書、纏足，不許
與良民通婚。類似的賤民還有蘇州府常熟、昭文兩縣的丐戶；浙江錢塘江上的九
姓漁戶；廣東的蛋戶等。

　　從雍正五年（1727 年）開始，這些賤民陸續開豁為良，在法律上具有與良民
同等的地位，他們三代以後的子孫，可以和良民一樣參加科舉考試。這場破除舊傳
統的社會變革，進行得頗為艱巨，一直延續到清末。正因如此，雍正時期作為解放
賤民的開端，其意義不容低估。

再看改土歸流。

元、明兩代，西南邊疆地區實行土司制度，朝廷授予當地民族首領爵祿名號，加封為世襲官員。土司制度的存在，使得這些地區成為土司的獨立王國，中央政府的號令無法通行。雍正四年（1726年），皇帝任命鄂爾泰為雲南、貴州、廣西三省總督，推行「改土歸流」的改革。它的宗旨是雍正五年（1727年）的一道聖旨：向來雲南、貴州、四川、廣西、湖廣各省，各有土司僻處邊隅，肆意不法，擾害地方，剽掠行旅，而且彼此互相仇殺，爭奪不休，對境內人民任意殘害，草菅人命，罪惡多端。因此，朕命令各省總督巡撫悉心籌畫，可否令其改土歸流，各遵王化。

到雍正九年（1731年），改土歸流大體告一段落，在那些地區設置了與中原地區同樣的府州縣，由中央政府委派的流官取代世襲的土司，革除許多陋規惡習，改善交通，加強與內地的經濟文化交流。改土歸流的結果，加強了中央集權，鞏固了西南邊疆。

雍正皇帝是一個有爭議的人物，焦點就是所謂「矯詔篡立」。有人以為可信，有人以為不可信，眾說紛紜，莫衷一是。其實，所謂篡立之說是諸皇子奪嫡爭儲鬥爭的產物。退一步論，在諸皇子爭奪皇位的鬥爭中，皇四子胤禛捷足先登，是否算作篡立，也是一個問題。歷史學家沒有必要過分糾纏於此。評價一個皇帝，還是要看他上台以後的政績如何。

相關書目推薦

孟森：《清史講義》，五南，2014

孟昭信：《康熙評傳》，南京大學出版社，1998

馮爾康：《雍正傳》，臺灣商務，2014

第十五章

盛世面面觀

一、鼎盛時期的經濟

歷史學家全漢昇說：「中國的絲織工業因為具有長期發展的歷史背景，技術比較進步，成本比較低廉，產量比較豐富，故各種產品能夠遠渡太平洋，在西屬美洲市場上大量廉價出賣，連原來在那裡獨霸市場的西班牙絲織品也要大受威脅。……這一事實告訴我們：在西方工業化成功以前，中國工業的發展，就它的產品在國際市場上的競爭能力來說，顯然曾經有過一頁光輝燦爛的歷史。」中國蠶絲生產普遍於各地，而以江蘇和浙江之間的太湖流域最重要。海外市場對中國絲與絲綢需求非常大，因而刺激這個地區蠶絲生產事業的發展，使人民就業機會和貨幣所得大量增加，當然是一個重要因素。江南絲織業興盛的乾隆、嘉慶時期，絲綢的年產量約為 1,500 萬匹，值銀 1,500 萬兩，比明朝增加了三十多倍。

乾隆二十四年（1759 年），兩廣總督李侍堯向皇帝報告廣州的外貿狀況：外洋各國商船來到廣州，販運出口貨物，都以絲貨（生絲與絲綢）為重點，每年販運湖絲和綢緞等貨物，大約在二十萬斤至三十三萬斤之間，統計一年之中所買絲貨的價值，相當於銀子七、八十萬兩，或一百多萬兩。這些貨物都由江浙等省商人販運來廣州，轉售給外商，載運回國。

這樣的外貿形勢刺激了太湖流域蠶桑絲織業的蓬勃發展，進入了外向型經濟的軌道，絲貨經由商人之手源源不斷外銷，致使國內市場絲貨價格日趨昂貴。當時的一名官員說：近年來，南北絲貨價格上漲，比往年增加幾倍之多。民間商販為了獲取重利，都賣給洋商，外洋商船轉運出口，多至成千上萬，以致絲價日趨高昂。

從 1679 年到 1833 年的一百五十五年中，每年的出口量，從 8 擔上升到 9,920 擔，價格也隨著出口量的增加而上升。根據英國東印度公司的紀錄，可以看到出口絲貨價格上漲的趨勢：每擔絲貨的價格，1699 年是 137 兩銀子，1720 年漲至 150 兩銀子，1750 年漲至 175 兩銀子，1755 年漲至 190 兩銀子，1759 年漲至 198 兩銀子，1763 年漲至 250 兩銀子，1768 年漲至 294 兩銀子，1784 年漲至 310 兩銀子。

以松江和蘇州為中心的長江三角洲的棉紡織業，進入清代以後，有進一步的發展。松江人欽氏在《松問》中說：松江棉布每天的銷售量大約是 15 萬匹，銷售旺季是秋季，三個月的銷售量估計可達 1,350 萬匹。據吳承明的估計，鴉片戰爭前國內棉布的商品量是 31,517.7 萬匹，價值 9,455.3 萬兩銀子。這種農村家庭手工生產

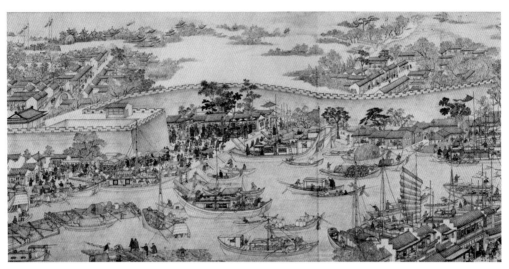

清徐揚〈姑蘇繁華圖〉。

的棉布也是外貿的重要商品。

當時外商把松江一帶生產的棉布，都叫做「南京棉布」。1786 年至 1833 年的四十八年中，英國、法國、荷蘭、瑞典、丹麥、西班牙、義大利等國的商船，從廣州購買的「南京棉布」共計 4,400 萬匹。各國商船從廣州購買「南京棉布」最多的一年是 1819 年，達 330 萬匹，價值 170 萬銀元。1804 年至 1829 年的二十六年中，美國商船從廣州購買的「南京棉布」達 3,300 萬匹。

中國棉布之所以暢銷海外，原因就是價廉物美。18 世紀中葉，英國東印度公司收購中國棉布，每匹不過 0.34 兩銀子，價格低廉，在當時國際市場無出其右，但品質卻極為上乘。1830 年代，西方商人談起「南京棉布」時說：「色澤和質地仍然優於英國製品。」

從總體上看，明代中葉出現的「湖廣熟，天下足」的格局，在清代仍在延續，於是湖南的湘潭、湖北的漢口，形成了興旺的米市，成為商品糧的集散中心。長江中上游的商品糧，沿江東下，折入運河南下，在長江三角洲最理想的集散地，當然是全國首屈一指的經濟中心蘇州，由此再向江浙等地轉運。全漢昇說，雍正十二年（1734 年）一年中，由湖廣運往江浙的米糧，大約 1,000 萬石左右。據經濟史專家吳承明估計，鴉片戰爭前，全國的商品糧達 245 億斤，按每石 150 斤計，合 16,333.3 萬石，價值 16,333.3 萬兩銀子。這種糧食商品化程度，是歷史上前所未

見的。

　　李伯重在 2000 年出版的《江南的早期工業化（1550—1850 年）》指出：1850 年以前的三個世紀，江南工業的發展，使得工業在江南經濟中所占比重日益提高。到了 19 世紀初，在江南大部分地區，工業的地位已與農業不相上下，在經濟最發達的江南東部，甚至可能已經超過農業。在歐洲工業革命之前的幾個世紀中，中國在經濟發展的許多方面尚不遜於歐洲。

　　美國學者彭慕蘭（Kenneth Pomeranz）的著作《大分流：歐洲、中國及現代世界經濟的發展》，表達了相類似的觀點：直到工業化得到充分發展之前，歐洲並不比東亞好多少；工業革命前夜，歐洲並沒有領先於東亞，但其制度促使工業化必然發生，東亞則不然。工業革命之後，發生了根本變化，歐洲迅猛發展，中國停滯不前，差距愈來愈大，彭慕蘭稱為「大分流」。

二、盛世中的衰敗跡象

「夕陽無限好，只是近黃昏。」清朝在乾隆時期登上了頂峰，也是由盛轉衰的轉折點，由此開始走下坡路，自恃國富，鋪張浪費，不知節制，逐漸把國庫掏空。好大喜功的清高宗弘曆，仿效他的祖父六次南巡，勞民傷財，每處接待供奉所耗費的銀子，動輒幾十萬兩，比祖父多二、三十倍。例如，揚州鹽商為了接待

乾隆皇帝在圓明園。

皇帝南巡，建築園林館所，栽種珍稀樹木花草，招來梨園戲班，以供皇帝一樂，花費錢財如同流水一般，簡直難以估計。揚州鹽商雖然富可敵國，也禁不起如此一而再，再而三的折騰。

弘曆是出名的奢侈靡費狂。他大造宮殿園林，是整個清朝興建園林最大、最多的皇帝。圓明園始建於康熙晚年，雍正時建成二十八景，乾隆時擴建成四十景。承德避暑山莊始建於康熙時期，大部分工程完成於乾隆時期，有七十二所建築，規模是圓明園的兩倍，耗費民脂民膏不計其數，連他的親信大臣也不無嘲諷地說：「皇帝之莊真避暑，百姓乃在熱河口。」乾隆四十五年（1780 年），他在避暑山莊慶祝七十歲壽辰，各地官員爭相拍馬奉承，進獻禮品，以致古北口的道路為之堵塞。乾隆五十四年（1789 年），他的公主出嫁，賞賜的妝奩據說價值幾百萬兩銀子。

此公極其好大喜功，在位六十年，窮兵黷武，發動十次戰爭，還自鳴得意，吹噓為「十全武功」，自詡為「十全老人」。殊不知這是消耗財政的無底洞，單是大小金川兩次戰事，就耗費銀子七千萬兩，「十全武功」的代價可以想見。

乾隆時期的吏治遠遠不如康熙、雍正時期，轟動全國的貪汙案件層出不窮。例如，雲貴總督恆文、雲南巡撫郭一裕、山東巡撫國泰、浙江巡撫王亶望、江西巡撫郝碩、閩浙總督陳輝祖等，都是令人震驚的巨貪，連皇帝自己也哀嘆不已：各省總督巡撫當中潔身自愛者，不過十分之二三，而死不改悔者不一而足。他所寵信的大學士和珅擔任軍機大臣二十四年，擅權跋扈，賣官鬻爵，招權納賄，上行下效，於是官場上下糜爛不堪。山東巡撫國泰貪汙集團案，造成山東一省財政巨額虧空。甘肅侵糧冒賑案，牽連官員七十多人，其中貪汙銀子二萬兩以上被處死的就有二十二人。然而，這些人與和珅相比，不免小巫見大巫。和珅在蘇州為自己建造陵墓，有享殿、隧道，可以和皇陵相媲美，號稱「和陵」。嘉慶四年（1799 年），已經當了四年「太上皇」的弘曆駕崩，嘉慶皇帝顒琰以迅雷不及掩耳之勢，剝奪和珅的官職，定二十四大罪，賜自盡；隨即查抄和珅家產，共計 109 宗，包括赤金 580 萬兩、生沙金 200 萬兩、元寶銀 940 萬兩、當鋪 75 家、銀號 42 家、古玩鋪 13 家、田地 8,000 頃。據說和珅家產總計折合白銀達 2.3 億兩，相當於國庫幾年的總收入，名副其實的富可敵國！

盛世必由富、強兩方面構成，財富已經耗盡，強盛便成為無本之木、無源之

水，皮之不存，毛將焉附？由盛轉衰是必然的。嘉慶皇帝南巡，在杭州閱兵，士兵操練射箭，居然「箭箭虛發」，操練騎術，居然「馳馬人墜地」。種種不祥之兆，預示著衰世已經來臨。

青玉
「十全老人之寶」。

三、色厲內荏的盛世

文網嚴密，文字獄接二連三，是清朝政治的一大特色，它是統治者對自己缺乏信心、色厲內荏的一種表現形式。康熙、雍正、乾隆一百多年中，文字獄從未間斷，而且愈演愈烈，至乾隆盛世達到高潮。

康熙五十年（1711 年）的「南山集案」，藉口戴名世的《南山集》有「反清」思想，主犯戴名世被斬首，祖孫三代直系、旁系親屬，年齡在十六歲以上的都被處死，受株連的有幾百人。五十多年後，乾隆皇帝又因「南山集案」大興冤獄，殺死七十一歲的舉人蔡顯，株連二十四人。這就是著名的「閒閒錄案」。

有人揭發，蔡顯刻印自己的著作《閒閒錄》，有「怨望謗訕」的文字。所謂「怨望謗訕」文字是什麼呢？那是蔡顯引用古人〈詠紫牡丹〉詩，其中有「奪朱非正色，異種盡稱王」的句子，原意是說紅牡丹是上品，紫牡丹稱上品是奪了紅牡丹的正色，是「異種稱王」。衙門的刀筆吏竟然望文生義，指責蔡顯用「奪朱」影射滿人奪取朱明王朝天下，誹謗清朝是「異種稱王」。蔡顯有口難辯，只得被迫自首。兩江總督高晉、江蘇巡撫明德把此案上報皇帝，建議按照「大逆」罪凌遲處死。沒有料到，一向附庸風雅的乾隆皇帝，對文字獄特別頂真，親自審閱《閒閒錄》，發現其中有這樣的文字：「戴名世以《南山集》棄市」，顯然對「南山集案」發洩不滿，比〈詠紫牡丹〉詩要嚴重多了，而高晉、明德以及他們的幕僚都沒有看出來，顯然是「有心隱曜其詞，甘與惡逆之人為伍」，對高晉、明德大加申斥，下旨把蔡顯由凌遲改為斬首，把「從寬」的一部分罪責轉嫁到有關官員身上。

乾隆四十二年（1777 年）的「字貫案」更為離奇荒唐。江西舉人王錫侯編了一本字典——《字貫》，刪改了欽定的《康熙字典》。結果，不但王錫侯遭到嚴懲，書版與書冊銷毀，而且牽連到江西巡撫海成、兩江總督高晉等官僚，以「失察」罪查辦。原來皇帝接到江西巡撫海成報告，有人揭發王錫侯擅自刪改《康熙字典》，另刻《字貫》，實在狂妄不法，建議革去舉人功名。他親自審閱奏摺以及隨奏摺附上的《字貫》，在《字貫》序文後面的「凡例」中看到，把聖祖（玄燁）、世宗（胤禎）的「廟諱」，以及自己的「御名」（弘曆），都開列出來。他認為這是比刪改《康熙字典》更為嚴重的罪行，「深堪髮指」，「大逆不法」，應該按照「大逆」

《四庫全書》文淵閣殘本書影。

《欽定四庫全書簡明目錄》書盒。

罪懲處，但是海成僅僅建議革去舉人功名，大錯特錯。他在給軍機大臣的諭旨中狠狠訓斥道：海成既然經辦此案，竟然沒有看過原書，草草憑藉庸陋幕僚意見，就上報了。上述那些「大逆不法」的內容就在該書第十頁，開卷就可以看見。海成難道雙眼無珠，茫然不見？還是見了不以為意，視為漠然？人臣尊君敬上之心在哪裡？結果，海成被革職查辦，送交刑部治罪。

由此人們看到了一向附庸風雅的乾隆皇帝的另一面：陰險、狠毒。他對文字挑剔之苛刻令人防不勝防，那些為文字獄奔走效勞的官僚紛紛中招。

乾隆時代由文字獄進而發展到全面禁書、焚書，開館編纂《四庫全書》的過程，就是一個禁書、焚書的過程。

四庫全書館在編書的同時，承擔了皇帝交給的一項重要使命：禁書與焚書。那些官員的首要任務，是從各省呈獻上來的書籍中，把有政治問題的「禁書」清查出來，送交軍機處，再由翰林院審查，把違禁的所謂「悖謬」文字標出，用黃紙籤貼在書眉上；如須銷毀，應該把銷毀原因寫成摘要。這些書籍一併送到皇帝那裡，由他裁定後，全部送到武英殿前面的字紙爐，付之一炬。

在編纂《四庫全書》的過程中，禁毀的書籍達幾千種，其中全毀 2,453 種、抽毀 402 種、銷毀書版 50 種、銷毀石刻 24 種。尤為可惡的是，即使不屬於禁毀的書籍，印出來之前也任意刪改——官員們奉命刪除書籍中所謂「悖謬」的文字。如今人們見到的《四庫全書》中的一些古籍，已經面目全非。

美國漢學家富路特（Luther Carrington Goodrich）在 1935 年出版的英文著作《乾隆時期的文字獄》，得到的結論是：乾隆皇帝大興文字獄完全是一種心理畸形。乾隆總體來說是一個應該受到歷史譴責的暴君，他干預學者的獨立研究，故意篡改歷史，殘酷迫害文人，接二連三地禁書、毀版。乾隆朝雖然號稱盛世，實際上是清朝衰落的開始，而《四庫全書》的編纂雖名為保存國粹，實際上是別有用心地為了達到鉗制思想的目的。

所謂乾隆盛世，竟然如此色厲內荏，它的由盛轉衰也就不足為奇了。

四、乾嘉學派

國學大師王國維在《觀堂集林》中對清朝的學術作過透闢的分析，概括為一句話：「國初之學大，乾嘉之學精，而道咸以降之學新。」這種博大、精深、新穎的現象與特點，與各個時期的社會背景有著密切關係。

王國維所說「國初之學大」，它與乾嘉學派的區別，一言以蔽之，一為經世之學，一為逃世之學，這種差別是時代、社會造成的。康、雍、乾時期的文化專制與文字獄，那些論時事、講歷史的人，一旦被認為有礙統治，不是殺，就是流放，其著述被視為悖逆之論，一律嚴禁、銷毀。這使一般讀書人、學者不敢議論時政，或故意遠離現實，超脫於時政，埋頭於故紙堆，沉潛於為學問而學問。

乾嘉之學精，精就精在「沉潛諸經」這點上。梁啟超《清代學術概論》說乾嘉學派的研究範圍，以「經學為中心，而衍及小學、音韻、史學、天算、水地、典章制度、金石、校勘、輯逸等等；而引證取材，多極於兩漢」，以「無徵不信」為治學的根本準則，強調「通經有家法」，「墨守漢人家法，定從一師而不敢他徙」，甚至不敢以經駁經。

乾嘉學派分為吳派與皖派。

吳派的創始人惠棟（1705 年至 1758 年），蘇州吳縣人，字定宇，號松崖，人稱小紅豆先生。師承祖父惠周惕、父親惠士奇之學，搜集漢儒經說、各家野史，加以編輯考訂，以詳博見稱於世，是吳派經學奠基人。他與周圍的學者研究經學從古文字入手，重視聲韻訓詁，即從識字審音而通訓詁，再由訓詁而求義理。他們的另一特點是唯漢是從，其出發點本是針對宋儒對經典的任意穿鑿附會，矯枉過正，走向極端，成為「凡古必真，凡漢皆好」的盲目信奉者。惠棟的代表作《九經古義》、《古文尚書考》、《周易述》、《明堂大道錄》等，陷於為考證而考證、為經學而經學的怪圈之中，卻得到清高宗的青睞，大力提倡，要大臣保薦經術之士，刊印《十三經注疏》，漢學由此而聲望大著。

吳派學者成就突出的，還有沈彤、江聲、王鳴盛、錢大昕等。沈彤（1688 年至 1752 年），蘇州吳江人，通經學，尤精三禮，著有《周官祿田考》、《儀禮小疏》、《春秋左傳小疏》等。江聲（1721 年至 1799 年），蘇州元和（今吳縣）人，宗漢儒經說，精研古訓及《說文解字》，著有《尚書集注音疏》、《六書淺說》等。

王鳴盛（1722年至1797年），蘇州嘉定人，主張「訓詁必以漢儒為宗」，「治經斷不敢駁經」，「墨守漢人家法」，著有《尚書後案》、《十七史商榷》、《蛾術編》等。錢大昕（1728年至1804年），蘇州嘉定人，王鳴盛妹婿，精通訓詁、詞章、金石、天文、曆算、歷史，曾參與編寫《續文獻通考》、《續通志》等書，著有《廿二史考異》、《十駕齋養新錄》等。

皖派的創始人戴震（1723年至1777年），徽州休寧人，字東原，青年時求學於江永。乾隆二十年（1755年）到北京，結識名士紀昀、朱筠、王鳴盛、錢大昕等，入四庫全書館任纂修，校訂《大戴禮記》、《水經注》。他強調義理之學，把訓詁考證與義理結合起來，因此其考證、注釋經典的廣度與深度都超越了同時期的學者，汪中說：「戴氏出而集其成。」他對經學、訓詁、音韻、天文、曆算、地理都有精深研究，反對師法漢儒，主張學宗原經，著有《孟子字義疏證》、《毛鄭詩考證》、《聲韻考》、《方言疏證》等。他的《孟子字義疏證》反映出考證研究對義理思想的衝擊，其理論衝擊力表現在以《孟子》為批評武器，向當時的正統學說挑戰：「尊者以理責卑，長者以理責幼，貴者以理責賤，雖失，謂之順。卑者、幼者、賤者以理爭之，雖得，謂之逆。……人死於法，猶有憐之者；死於理，其誰憐之。」因為這種關係，美國學者艾爾曼（B. A. Elman）在《從理學到樸學》中把戴震的社會批判定位為「從考證回歸義理」，而感嘆於「戴震的社會批判學說的驚人影響為西方漢學界長期忽略」。

皖派學者成就最為突出的，還有段玉裁、王念孫、王引之等。段玉裁（1735年至1815年），鎮江金壇人，師事戴震，尤精小學、考據、經學、音韻，積數十年之精力，注釋《說文解字》，王念孫在為《說文解字注》所寫的序言中，稱讚段注是「千七百年來無此作」。段玉裁另外還著有《詩經小學》、《古文尚書撰異》、《六書音韻表》等。

王念孫（1744年至1832年），揚州高郵人，師從戴震，擅長文字、音韻、考據，著有《廣雅疏證》、《讀書雜志》、《古韻譜》等。王引之（1766年至1834年），揚州高郵人，繼承其父念孫，研究音韻訓詁學，世稱高郵王氏父子之學，著有《經傳釋詞》、《經義述聞》、《周秦古字解詁》、《字典考證》等。章太炎說：「高郵王氏，以其絕學，釋姬漢古書，冰解壤分，無所凝滯，信哉千五百年未有其人也。」

乾嘉時代知名學者多達六十餘人，名家輩出，成績卓著。除上述各項學術領域之外，校勘與輯佚古籍也引人注目，《鹽鐵論》、《白虎通義》、《華陽國志》、《水經注》的整理，從《永樂大典》、《藝文類聚》、《太平御覽》、《初學記》中輯出《世本》、《竹書紀年》、《八家後漢書》、《十家晉書》等，都是頗顯功力之作。

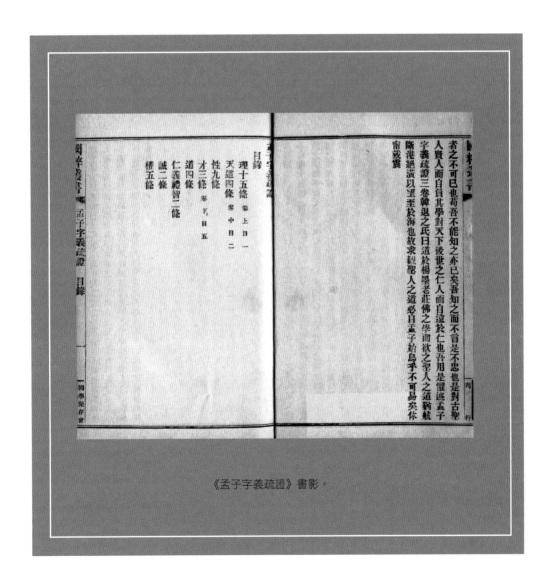

《孟子字義疏證》書影。

乾嘉漢學興盛，考據風行，不免繁瑣細碎，捨本求末，但其「實事求是，無徵不信」的學風是值得稱道的，晚明以來治學空疏之風一掃而盡，把學者穿鑿附會、主觀臆斷的浮誇學風，轉變為樸實嚴謹的學風，是乾嘉學派的最大貢獻。

相關書目推薦

戴逸：《戴逸文集：乾隆帝及其時代》，中國人民大學出版社，2008

李伯重：《江南的早期工業化（1550—1850 年）》，社會科學文獻出版社，2000

艾爾曼著，趙剛譯：《從理學到樸學：中華帝國晚期思想與社會變化面面觀》，江
　　蘇人民出版社，2012

第十六章

封閉的天朝

一、海外貿易的禁與放

從順治元年到康熙二十二年（1644年至1683年），清朝實行嚴厲的海禁政策，一再發布禁令，禁止中國商人出海貿易，其目的是企圖封鎖東南沿海島嶼的反清勢力。康熙二十二年，三藩之亂平定，臺灣鄭氏集團投降，先前面臨的「反清復明」威脅已經煙消雲散，取消海禁已成當務之急。浙江、福建、廣東等沿海省分的官員，從繁榮經濟、有利民生著眼，主張取消海禁政策，開放對外貿易。康熙皇帝不顧守舊派官員的反對，宣布從康熙二十三年（1684年）開始，取消海禁，開放海外貿易，指定廣州、漳州、寧波、南京設置海關，粵海關由內務府派任，閩海關由福州將軍兼任，浙海關與江海關由該省巡撫兼任，允許外國商船前來這些港口貿易。這些港口沿線及鄰近地區，也都對外開放，不僅吸引外商前來貿易，也刺激中國商船載貨到國外進行貿易。大體上，江浙商船多往來於日本長崎與寧波、上海之間，閩粵商船多往來於南洋各地。

當然，這種開放是有限制的。一方面海關規章制度混亂，官吏貪汙成風；另一方面對出海船隻大小規格有嚴格規定，理由是防止「轉資海盜」，或「盜米出洋」。康熙五十五年（1716年），朝廷鑑於沿海人民不顧禁令移民南洋，大批船隻出售給外洋各國，宣布：中國商船可以前往東洋貿易，不可前往南洋貿易。兵部制訂的「禁止南洋原案」規定：凡客商船隻，可以照舊在沿海五省及東洋貿易，南

廣州十三行。

洋菲律賓等處，一概不許商船前去貿易。嚴令沿海一帶水師各營，巡查緝拿，從重治罪。外國商船照舊准其前來貿易，不過要地方文武官員嚴加防範看守，不許生事。

雍正五年（1727年），閩浙總督向朝廷提出：為了廣開謀生之路，請求取消南洋貿易的禁令；廣東當局也提出「一體開洋」的請求。朝廷批准這些請求，重新開放南洋貿易。但是，朝廷對於前往南洋的商人和移民，採取不信任、不保護的態度，把他們看作「自棄王化」，在國外受到迫害是咎由自取。

種種跡象表明，清朝最高當局，即使像康熙那樣的開明君主，對當時的天下大勢，對於發展外貿與正在崛起的西方國家展開商業競爭，也缺乏足夠的認識，進取不足，保守有餘，處處以防範為主，所謂「非我族類，其心必異」，以天朝大國乃世界中心自居，視外國為蠻夷，居高臨下地加以提防。這種提防是荒誕離奇的，比如嚴禁硝磺、火藥、鐵器外銷；比如務必使得外商不能明瞭中國真相，為此規定：不准外商在廣州「住冬」、不准外商購買中國書籍、不准外商學習中國語言文字等。乾隆以後愈演愈烈，逐漸收縮通商口岸，從江、浙、閩、粵四省減少到粵省一處，從大小百十來個口岸減少到廣州一口，是有必然性的。

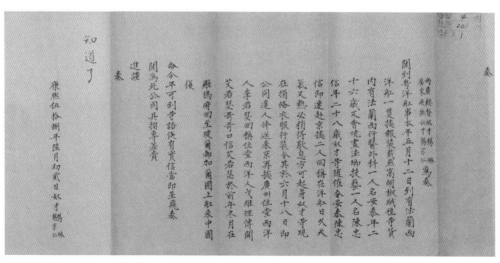

康熙年間關於法蘭西商船到廣東口岸的朱批奏摺。

二、閉關──廣州一口通商時期

乾隆二十二年（1757年），朝廷下令關閉江海關、浙海關、閩海關，規定外國商船只能在粵海關──廣州一口通商，並且對絲綢、茶葉等傳統商品的出口量嚴格限制；對中國商船的出洋貿易也規定了許多禁令。這就是人們通常所說的閉關政策。乾隆二十四年發生英商洪任輝（James Flint）要求自由通商的案件，引起清朝當局更加嚴厲的防範，即使在唯一開放的粵海關，也有種種防範措施。比如：洋船銷貨後，應該準時回國，禁止在廣州住冬；外洋商船不許與漢奸私自貿易；洋商不許僱用內地僕役。又比如：內地行商不許借洋商資本；洋船停泊處必須有守備官員督率士兵彈壓、稽查。

外國商船抵粵後，居住在指定的城外的商館，必須透過稱為十三行的公行進行交易。公行是洋行的共同中介機構，洋行和公行承銷一切外國進口貨物，並且負責代辦外商所需中國出口貨物。所謂十三行是一個俗稱，實際並非十三家，而是官方特許經營外貿的行會組織的統稱。行商作為官府與外商的中介，負有照料和管束外商的責任。外商在黃埔上岸後，只能住在廣州城外省河邊的商館，平時不得在商館區以外地區走動，更不准進城。他們經商和生活所需的買辦、通事、僕役，都必須由行商代為僱用。外商有事要向官府遞交公文、交涉事務，官府有事要通告外商，都經過行商轉達。貿易季節一過，行商有責任催促外商離境，或返回澳門居住，不得在廣州過冬。這種做法固然有利於對外商的控制，把對外交往限制在最低限度，但是顯然與正在蓬勃發展的全球化貿易的大趨勢格格不入。

外國來到廣州的商船與日俱增，乾隆十五年至二十五年（1750年至1760年）共計207艘，乾隆二十六年至三十五年（1761年至1770年）共計220艘，乾隆五十二年（1787年）一年間，來到廣州的洋船竟達73艘，其中英國有62艘，以後大多年分在30至50艘之間。

直到乾隆晚期，中國在對外貿易中仍然一如既往地處於出超狀態，大多數年分都有貿易順差，許多外商都要以銀元來支付貿易的逆差。來廣州進行貿易的外商中，英國人占了一半以上。儘管經過工業革命，經濟蒸蒸日上的英國在與中國貿易中，也長期處在逆差之中。乾隆四十六年至五十五年（1781 年至 1790 年）的十年間，中國出口英國的商品，僅茶葉一項，即達九千六百萬銀元，英國出口中國的商品（包括毛織品、棉布、棉紗、金屬等），總共將近一千七百萬銀元。據不完全統計，18 世紀整整一百年中，英國因購買中國商品而流入中國的銀元達二億多。

廣州十三行圖。十三行是清政府對外貿易的牙行，壟斷了清政府的對外貿易。

三、馬戛爾尼與阿美士德出使中國

英國政府為了改變這種狀況，消除限制，締結基於近代條約的國際關係，特派以馬戛爾尼伯爵（George Lord Macartney）為正使的使節團，於乾隆五十八年（1793年）秋到達渤海灣的大沽口。英國的目的在於擴大通商與聯絡邦交，具體而言，有這樣幾點：第一，英國想在中國沿海獲得類似澳門一樣的基地；第二，如果中國不願出租土地，就加開通商口岸，減少廣州通商的限制；第三，英國派遣公使常駐北京，歡迎中國公使常駐倫敦。

對於這個使節團，清廷頗為重視，派官員專程迎接，優禮款待，希望把此次英使來訪，按照外藩「朝聘」的禮儀來接待，搞成「外夷向化」的盛典。然而，雙方一接觸，就發生了「覲禮」糾紛——英使以何種禮儀覲見大清皇帝，雙方有巨大的分歧。馬戛爾尼在進京途中，對於他的船上掛著「英吉利國貢使」的旗幟，佯裝不知，似乎是默認「朝貢」使節的身分。但是，他抵達承德避暑山莊的離宮時，拒絕了清朝禮賓官員提出向皇帝磕頭跪拜的要求，希望按照英國臣民覲見君主的禮儀——單膝跪地親吻君主之手。清朝官員只同意一半，即單膝跪地，不同意親吻皇帝之手。

覲見儀式完畢以後，乾隆皇帝接過馬戛爾尼呈遞的國書，隨即把一柄玉如意交給馬戛爾尼，讓其轉贈英國國王。馬戛爾尼提出一系列要求：英國派員常駐北京

馬戛爾尼使團覲見乾隆皇帝。
「傲慢」與「偏見」的現場版。

照管商務，在北京建造商館，貯貨發賣；允許英商到寧波、舟山、天津等地貿易，割讓舟山附近一個小島供英商居住，在廣州附近撥一處地方供英商居住；減免英商在廣州、澳門的內河運輸稅，免除英國人居住稅等。

清朝方面對馬戛爾尼一行給予熱情的招待，卻回避實質性交涉。乾隆皇帝以明白無誤的語言拒絕了他的要求：「天朝尺土俱歸版籍，疆址森然，即島嶼沙洲亦必劃界分疆，各有所屬。」並且告誡英國商船，不得行駛浙江、天津等地上岸交易。他又以「上諭」形式給英王喬治三世寫了回信，特別強調：「諮爾國王，遠在重洋，傾心向化，特遣使恭齎……具見爾國王恭順之誠，深為嘉許。……天朝物產豐盈，無所不有，原不借外夷貨物以通有無。」這封信被譯成英文，在報紙上公布，西方史家在書中引用，中國翻譯家再把它轉譯成中文，便成了這個樣子：「我已經注意到你謙恭有禮的態度。……我沒有忘記你們島國被茫茫大海與世隔離的孤獨偏遠之感。……但我們天朝物產豐饒，應有盡有，我們不需要野蠻人的產品。」

馬戛爾尼沒有達到預期目的，於次年三月從澳門踏上歸途。美國學者何偉亞（James L. Hevia）的《懷柔遠人：馬嘎爾尼使華的中英禮儀衝突》一書，以一種超脫客觀的眼光闡釋這一歷史事件。他認為，這是兩個擴張性帝國之間政治的而非文化的遭遇，英國方面也承認，馬戛爾尼關注的不止是磕頭，他們使團的目的，是意識形態和經濟利益兼而有之的。

嘉慶二十一年（1816年），英國再次派遣使節來中國，團長是阿美士德（William Pitt Lord Amherst）。鑑於上次馬戛爾尼在禮儀上占了便宜，清朝當局對英國人的「桀驁不馴」留下了深刻印象，阿美士德再度前來，當局就不再通融了。使節團一到大沽，清朝官員就和他談判覲見皇帝的禮儀問題，各不相讓，陷入僵局，使節團因此被堵在通州。嘉慶皇帝顯然不耐煩了，下令召見英使。接待官員連夜把他們送到北京，抵達圓明園時，英使藉口疲憊不堪，要求改日覲見，不顧清方官員勸阻，拂袖而去。如此無禮的舉動激怒了皇帝，他下令驅逐英使，並且在給英國國王的「敕諭」裡宣布：英國遣使前來，「禮儀不能諳習，重勞唇舌，非所樂聞」，「嗣後毋庸遣使遠來，徒煩跋涉」。阿美士德準備好的預案，諸如開放寧波、天津、舟山讓英商貿易；在北京設立商館等，因為禮儀爭執不決，而根本無從談起——談判還未開始已告決裂。

阿美士德使團的成員、東印度公司大班斯當東（G. Staunton）在 1816 年的日記

中，如此描述他親眼目睹的中國：「到處顯得平靜安寧，我們看到的是滿意的神情和幽默的興致。人口如此龐大的國家，乞丐如此之少，真令人驚訝。對生活必需品的滿意和享有，說明政府不可能是糟糕的。較低階層的中國人看來比同一階層的歐洲人都整潔……」

此後，清朝的對外貿易政策更加嚴厲。英國方面為了扭轉貿易逆差，對中國進行鴉片走私貿易。據東印度公司報告，嘉慶二十五年（1820 年）向中國走私鴉片 4,570 箱，道光十年（1830 年）增加至 19,956 箱，以後又增加至 30,202 箱、40,200 箱。中國與英國之間矛盾不斷加劇，非法的鴉片走私成為矛盾的焦點。

西方已經進入資本主義時代，急於打開中國的大門，與封閉的天朝之間必然要發生激烈的衝突。

鴉片煙館。晚清的鴉片有多氾濫，看看煙館就知道了。

四、人口壓力與社會危機

人口的迅猛增長畢竟給社會帶來了巨大壓力，特別是乾隆五十五年（1790年），人口達到 3.0148 億後，這種壓力愈來愈明顯了。乾隆五十八年（1793年），清高宗就感到人口壓力之沉重，他說：「承平日久，生齒日繁，蓋藏自不能如前充裕。……生之者寡，食之者眾，朕甚憂之。……然為之計及久遠，非野無曠土，家有贏糧，未易享昇平之福。」無獨有偶，面對同樣的社會問題，著名學者洪亮吉也在這一年提出了他的人口論，可以概括為以下三點：（一）耕地的增長不及人口增長的速度；（二）他主張以「天地調劑之法」與「君相調劑之法」來解決過剩人口，即水、旱、瘟疫等災害的自然淘汰，政府人為調整與救濟，如移民、開荒等；（三）他認為聽任人口激增會引起社會動亂。

洪亮吉的人口論比英國經濟學家馬爾薩斯（T. R. Malthus）在 1798 年發表《人口論》早了五年。馬爾薩斯認為，人口增長快於生活資料的增長，如不遇到阻礙，人口按幾何級數增長，而生活資料即使在最有利的生產條件下，也只能按算術級數

霽青釉金彩海晏河清尊。
這件瓷尊寓意，海晏河
清，四海承平。

增長，所以人口增長的速度超過生活資料增長的速度，減少人口使之與生活資料相適應的決定性因素是貧困、饑饉、瘟疫、繁重勞動和戰爭，主張採取各種措施限制人口的繁殖。洪亮吉的人口論雖然不及馬爾薩斯那麼系統、嚴密，但已感到人口問題的嚴重性，無論如何是難能可貴的。

隨著清朝的由盛轉衰，經濟衰退，政府的財政收入與儲備都在減少，人口壓力的消極作用就更加突出了。

其一，人均耕地面積日趨減少，從 17 世紀中葉到 19 世紀中葉的二百年中，人均耕地減少了一半。洪亮吉說：「每人四畝即可得生計。」我們不妨把人均四畝視作「溫飽常數」，低於此數，社會陷於動亂是不可避免的。

其二，由於人均耕地面積下降，每人所得糧食數量也日益減少，導致糧食價格上漲。如果以 17 世紀後半期糧價指數為 100，那麼其後的糧價指數：18 世紀前半期為 132.00；18 世紀後半期為 264.82；19 世紀前半期為 532.08；19 世紀後半期為 513.35。19 世紀的糧價比 17 世紀上漲了 5 倍多，糧食匱乏與糧荒日趨嚴重，一遇自然災害，就出現大規模饑荒與人口死亡，不可避免地引起各種抗糧、抗租暴動和搶米風潮。不斷的災荒、戰亂，使咸豐以後到清末民初，人口不再繼續增長，從咸豐初年的 4 億多下降至同治初年的近 3 億，再由光緒初年的 3 億多回升到清末民初的 4 億多。人口相對過剩已構成社會動亂的一個因素，而社會動亂又反過來制約人口漫無邊際的增長，反映了社會危機的惡性循環。

乾隆末、嘉慶初，川楚白蓮教起義，可以看作人口壓力與社會危機的一個標誌。它的背景可以追溯到明中葉荊襄地區的流民問題。大量流民進入荊襄地區，使這一地區得到開發，農業人口的相對過剩在這裡獲得暫時的緩解。農業人口從已開發地區向未開發地區或開發中地區流動，是當時的一個普遍現象，將荊襄地區流民

年代	人口（億）	耕地（億畝）	人均耕地（畝／人）
1650	1.00～1.50	6.00	6.00～4.00
1750	2.00～2.50	9.00	4.50～3.60
1850	4.10	12.10	2.95

〈「桂序昇平」年畫〉。這是一幅清代的楊柳青年畫，內容是中秋節祭兔兒爺。

問題作為一個典型來剖析是很有意義的。到清中葉，這一地區的人口也達到了它所能容納的最大限度，乾隆末、嘉慶初的川楚白蓮教起義爆發在這裡不是偶然的。流民的生活是不穩定的，一旦遇到災荒，或失去生活來源，就淪為流氓無產者，成為社會的破壞力量，這在荊襄山區尤為顯著，官府對此感到十分頭痛：「既聚之眾，不能復散，紛紛多事，防範最難。」這種特殊的社會環境提供了宗教、迷信、神祕主義的土壤，白蓮教在流民中的傳播是很自然的，他們自發地形成一種鬆散的互助組織，白蓮教傳入後，一拍即合，所謂「教匪之煽惑山民，稱持咒念經可免劫殺，立登仙佛。愚民無知，共相崇信，故入教者多」。白蓮教在組織內部提倡並實行平均主義，他們「戒貪戒淫，可以成佛成仙，所取供給米為數無多，而習教之人，入彼黨伙，不攜資糧，穿衣吃飯，不分你我」。一遇災荒，謀生無著，他們就宣導「吃大戶」或聚眾謀反。當地官吏說：「倘遇旱澇之時，糧價昂貴，則佣作無資，一二奸民倡之以『吃大戶』為名，而蟻附蜂起，無所畏忌。」

一旦「蟻附蜂起」後，局勢很難控制，「虜脅日眾，不整隊，不迎戰，不走平原，惟數百為群，忽分忽合，忽南忽北」。這種零星的武裝鬥爭終於釀成了乾隆

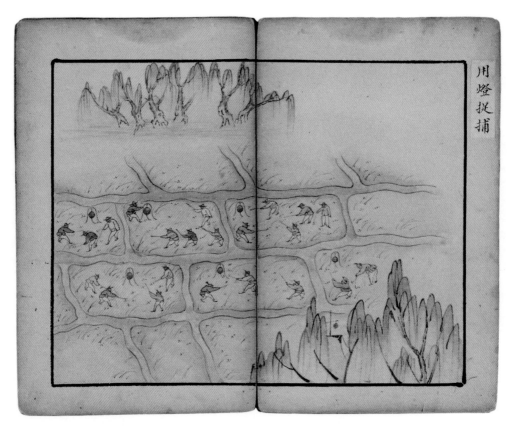

〈捕蝗圖〉之「用燈捉捕」。蝗災是中國歷史上的三大災害之一，捕蝗、滅蝗經驗的總結對於普及滅蝗知識很有意義。

六十年（1795 年）冬，荊州、宜昌地區白蓮教組織的大規模武裝起義，他們以白布纏頭，白旗為號，與襄陽、鄖陽一帶教徒相聯絡，分頭舉事。嘉慶元年（1796 年）二月，起義軍圍房縣，克保康、竹山。竹溪、鄖縣、鄖西一帶流民紛起響應，匯成一場聲勢浩大的群眾性武裝反抗運動。這場鬥爭的爆發，實際上已充分顯示出相對的過剩人口對社會的壓力了。這場起義前後持續了九年，至嘉慶十年（1806 年）五月失敗，參加人數達幾十萬，席捲了湖北、四川、陝西、河南、甘肅五省。政府徵調了十六個省的軍隊，消耗軍費二億兩銀子才把它平定。這一事變使清朝由盛轉衰的趨勢愈益明朗化，從此盛世不再。

從嘉慶元年到道光二十年（1840 年）的四十五年中，《東華錄》記錄的武裝暴動、民眾起義達 93 次；從道光二十一年到二十九年（1841 年至 1849 年）的九

年中，這類暴動、起義竟達 110 次之多，其後更加風起雲湧。由於地方官無法收拾，只得隱匿不報，事實上太平天國起義前各地起事者大小約一百四、五十股。1850 年代至 1860 年代的太平天國運動，雖然並不完全出於人口壓力與糧食失調，但多少反映出人口壓力下社會危機的一個側面。這場持續十多年的全國性大動亂，以幾千萬人死亡而告終。人口壓力以這種形式得以緩解，以及隨之而來的所謂「同光中興」，有如曇花一現，並不能改變年復一年的社會動盪狀態。

社會日益貧困化，是危機的一種表現。晚清社會喉舌《申報》對此曾作過深刻的評述：「乾隆年間，非徒帑庫充盈，而且各省鹽商與廣東洋商富能敵國者不可勝數」；「至嘉慶時，雖不能如乾隆以前之盛，然亦尚未聞患貧之說」；「道光初年，而天下之繁富雖不如昔，亦不似今」；咸豐以後，「民間之貧又見」；到光緒初年，「中國貧多富少，故金銀一入富室，更難望有出時，是以共覺天下愈貧也」。這種天下愈貧的趨勢，一方面反映按人口平均的社會財富日趨遞減，另一方面反映社會財富分配的不均，即「富者愈富，貧者愈貧」，「富者則坐擁數十萬者亦有之，而貧者常至家無擔石之儲」。在這種大背景下，社會的動亂是不可避免的。

相關書目推薦

朱雍：《不願打開的中國大門：18 世紀的外交與中國命運》，江西人民出版社，1989

何偉亞著，鄧常春譯：《懷柔遠人：馬嘎爾尼使華的中英禮儀衝突》，社會科學文獻出版社，2015

葛劍雄主編，曹樹基著：《中國人口史》（第五卷），復旦大學出版社，2005

後 記

　　拙作《重寫晚明史》五卷本，中華書局陸續推出，現已出齊。幾年時間內從不間斷，每天不是忙於搜集資料，就是在電腦前伏案寫作，完成兩百多萬字的大書，勞累程度可想而知。現在大功告成，照理可以停下來優哉游哉，聽聽一向喜歡的上海老歌，欣賞薩克斯風演奏的輕音樂，沏一杯碧螺春抑或茉莉花茶，品茗看報，徹底休閒。連續忙了多年，應該休息放鬆了。

　　出乎朋友們的預料，也突破自己的打算，竟然馬不停蹄寫了這本小書——《圖文中國史》，不是為自己增光添彩，而是為了還願，回應讀者們的願望。這些年來，在不同場合開講歷史，多次聽到中老年讀者的呼聲：是否可以寫一本簡單的歷史普及讀物？他們或許是為小輩請求的，或許是自己的內心願望，態度誠懇，令我感動。現在拼搏於第一線的學者們，都在忙於重大課題的研究，還有職稱晉升的壓力，無暇顧及歷史普及讀物的寫作。對於退休多年的我來說，則責無旁貸，是不可推卸的責任。

　　隨著讀者文化水準不斷提高，普及讀物也水漲船高，所以我們做的是，提高的普及，普及的提高。

　　坦率地說，這是一項吃力不討好的工作，中華五千年文明史，光輝燦爛，美不勝收，企圖用十萬字把它寫清楚，簡直太困難了。很可能流於平庸：只有骨架，沒有血肉；只有乾枯的枝條，沒有綠葉和紅花；只有事件的流水帳，沒有生動的活劇；只有宏觀的掃描鏡頭，沒有細微的特寫鏡頭。面對豐富的內容，如何取捨，很傷腦筋，如果追求面面俱到，結果恰恰相反。

目前各位看到的，是反覆推敲後確定的框架和結構，要點是兼顧點、線、面，在朝代系統的架構下，選擇若干專題重點書寫，盡量用最少的文字表達最多的內容，力求深入淺出。我的目標是簡明而不膚淺，專精而不枯燥，寫一本社會大眾看得懂又喜歡看的歷史讀物，希望各位可以放在案頭床邊隨時翻閱，愛不釋手。

我在大學工作，給本科生講了幾十年中國通史課程，先後寫過兩本有關的書：一本是教材《國史概要》（復旦大學出版社出版）；另一本是講稿《國史十六講》（中華書局出版）。也就是說，《圖文中國史》的寫作是有前期積累的，並非急就章。現在所花的功夫，除了概括和提煉，更重要的是增加新內容，開拓新視角，提供新啟示。

巧妙地引用前輩學者的真知灼見，為我的敘述增添思想和文采。

寫到傳說時代，引用前輩史家張蔭麟的美文：楚人的生活充滿了優游閒適的空氣，和北人的嚴肅緊張的態度成為對照。這種差異從他們的神話可以看出。楚國全族的始祖不是胼手胝足的農神，而是飛揚縹緲的火神；楚人想像中的河神不是治水平土的工程師，而是含睇宜笑的美女。楚人神話裡沒有人面虎爪、遍身白毛、手執斧鉞的蓐收（上帝的刑神），而是披著荷衣，繫著蕙帶，張著孔雀蓋和翡翠鉞的司命（主持命運的神）。適宜於楚國的神，不是牛羊犬豕的膻腥，而是蕙肴蘭藉和桂酒椒漿的芳烈；不是蒼然皓首的祝史，而是采衣姣服的巫女……才華橫溢的張蔭麟，寫了半部《中國史綱》，英年早逝，才情未盡。

寫到西周的禮樂文明時，引用前輩史家楊向奎的妙論：沒有周公不會有傳世的禮樂文明，沒有周公就沒有儒家的歷史淵源，沒有儒家，中國傳統的文明可能是另一種精神狀態。此所以孔子要夢見周公，稱讚說：「郁郁乎文哉，吾從周。」這樣深邃的歷史眼光，令人佩服之至。

寫到宋朝的科學技術時，引用李約瑟的高見：中國科學技術發展到宋朝，已呈現巔峰狀態，在許多方面已經超越了 18 世紀中葉工業革命前的英國或歐洲的水準。如此果斷而大膽的結論，出於英國科技史權威之口，其可信度不言而喻。

寫到宋朝的商業革命時，引用費正清的觀點：宋代經濟的大發展，特別是商

業方面的發展，或許可以恰當地稱之為中國的「商業革命」。中國的商業革命早於歐洲，是西方學者共識，由費正清表達出來，更具說服力。

這樣的例子不勝枚舉。它們點燃了本書的亮點，支撐起本書的高度，我對前輩們表示深深的敬意，並把這種敬意傳達給更多的讀者。

2006 年由中華書局出版的《國史十六講》，是本人在復旦大學開講中國通史的講稿。《國史十六講》出版以後，受到了意想不到的歡迎。

2006 年 8 月 2 日，《中華讀書報》以將近全版的篇幅發表書評：〈一部高校教材何以成為暢銷書〉，並且配發我的大幅照片，頗為引人注目。該報編輯部在標題上面加了引語，感嘆道：「沒有出版社的刻意宣傳，更沒有媒體的炒作，作者也不是央視《百家講壇》精心打造的『學術明星』，這本普通的高校教材甫一問世，迅即成為了暢銷書，在出版後的數月裡始終位居學術類圖書銷售排行榜的前列，這其中的奧祕何在？」

署名方曉的書評指出，一般來說，一部書要能夠暢銷，既要「好看」——寫法吸引人，也要讓人感到「值得看」，即有價值和有意義。《國史十六講》一書就做到了這兩點。書評分析了這兩點：一是「視野開闊，推陳出新」；二是「學術熱點話題引人注目」。結論是：《國史十六講》既給初學者以知識，也能給治史者以啟迪，好看又耐看，是一部雅俗共賞的佳作。這位書評人看得十分仔細，做了這樣的統計：書中引用中國內地學者 18 人 23 次，海外學者 43 人 74 次。

我可以負責任地告訴各位，這篇書評的作者，我和她素不相識；幾個月以後才知道她是一位女士，在中國社會科學院近代史研究所工作，方曉是她的筆名。在此再一次向她表示由衷的謝意！

《國史十六講》的暢銷引起了海外出版社的注意，2006 年 10 月，香港三聯書店出版了繁體字版；2007 年 2 月，臺灣聯經出版公司出版了繁體字版，書名改為《歷史長河：中國歷史十六講》；2009 年 10 月，韓國出版了此書的韓文版，居然厚達 571 頁。

現在貢獻給各位的新書《圖文中國史》，延續了《國史概要》和《國史十六講》

的風格，用最精簡的篇幅，圖文並茂地把五千年中華文明史，講得清楚明白、通俗易懂。本書把前兩書的精華，用新的眼光加以提升。

——關於古人類的起源。目前世界上流行「非洲起源論」和「多區起源論」，「非洲起源論」似有成為定論的趨勢。美國《新聞週刊》2007 年 8 月號刊登專題文章——〈揭示人類進化的新證據〉，向公眾普及「非洲起源論」，畫出了遠古人類「走出非洲」的路線圖。看起來很科學，其實想像多於實證。我傾向於中國古人類學家的觀點，中國大地上從直立人到早期智人，再到晚期智人（現代人類）的化石表明，他們之間存在著明顯的連續進化，東亞的蒙古人種是從當地的古人類發展起來的，並非來自非洲。2002 年發現的柳江人化石，距今七萬至十三萬年就生活在華南地區，用有力的證據反駁了中國現代人類是距今六萬年前由非洲遷移而來的觀點。2007 年度十大考古新發現，名列榜首的是許昌人頭蓋骨化石，距今八萬至十萬年的許昌人，再一次反駁了上述觀點。2008 年 1 月 24 日，《東方早報》的通欄標題是「『許昌人』早於山頂洞人，破『非洲起源說』」。2019 年 5 月 1 日，《自然》雜誌線上刊登，中國科學家在甘肅省甘南藏族自治州夏河縣發現古人類下頜骨化石，被證明屬於丹尼索瓦人，改變了學術界對古人類起源問題的既有認知。「非洲起源論」與「多區起源論」究竟孰是孰非？似乎將繼續爭論下去。

——關於農業革命。古人類從食物的採集者，一躍而成為食物的生產者，這一轉變，學者們稱為農業革命，與後來的商業革命、工業革命相對應。西方學者推測，農業出現的時間距今大約一萬年至一萬二千年之間，地點在西亞的兩河流域，而後傳入中國。1960 年代末，美國芝加哥大學教授何炳棣的著作《黃土與中國農業的起源》，用大量無可辯駁的歷史事實推翻了上述論斷，明確指出，中國農業的起源，具有自己的區域性和獨立性，並不是從兩河流域傳入的。他的結論一再被此後許多考古發現所證實。

——關於封建的本意。由於眾所周知的原因，「封建」這個詞彙已經被說濫了。西周時代的封建，本意是「封邦建國」、「封建親戚」。1926 年，顧頡剛寫信給傅斯年，問道：「用唯物史觀來看孔子的學說，他的思想乃是封建社會的產物。

秦漢以下不是封建社會了，何以他的學說竟會支配得這樣長久？」傅斯年回答道：「西周的封建，是開國殖民，所以封建是一種特殊的社會組織」；「封建之為一種社會組織，是在戰國廢的，不是在秦廢的」。黃仁宇也說：「很多現代中國的作者，稱之為『封建社會』，並且以此將它與歐洲的 feudal system 相比擬，其結果總是尷尬。」近些年來，侯建新《「封建主義」概念辨析》、馮天瑜《封建考論》先後對長期流行的觀點提出質疑。最近，美國哥倫比亞大學教授李峰的專著《西周的滅亡》和《西周的政體》，進一步挑戰封建論。他說：「如果說西方學術界長期以來所講的 feudalism 是一個錯誤的建構（這一點已很清楚），那麼由它發展出一種概括社會形態的模式（即所謂『封建社會』），再把這一模式套用在古代中國社會之上，這就成了一個錯誤的連鎖反應。」作為一個學術問題，似乎有進一步探討的必要。

　　——關於大航海時代中國在全球化貿易中的地位。15 世紀末、16 世紀初開始的大航海時代，最值得注意的是全球化初露端倪，中國當然不可能置身事外。隨著葡萄牙人、西班牙人先後來到中國沿海，中國迅速捲入全球化貿易的浪潮。澳門—麻六甲—果阿—里斯本航線，連通中國和歐洲的印度洋—大西洋絲綢之路。另一條是澳門—馬尼拉—阿卡普爾科航線，連通中國和美洲的太平洋絲綢之路。無論是葡萄牙、西班牙，還是後來的荷蘭、英國，以及鄰國日本，和中國的貿易都處在逆差之中。正如弗蘭克《白銀資本》一書所說：「外國人，包括歐洲人，為了與中國人做生意，不得不向中國人支付白銀」；「中國貿易造成的經濟和金融後果是，中國憑藉著在絲綢、瓷器等方面無與匹敵的製造業和出口，與任何國家進行貿易都是順差」。根據他的研究，16 世紀中期至 17 世紀中期，透過貿易管道流入中國的白銀貨幣，約占世界白銀產量的四分之一至三分之一。有的學者認為，16 世紀以來的三個世紀，全世界白銀的一半透過貿易管道流入了中國。前輩歷史學家全漢昇說得好：「這一事實告訴我們：在近代西方工業化成功以前，中國工業的發展，就它的產品在國際市場上的競爭力來說，顯然曾經有過一頁光輝燦爛的歷史。」

諸如此類的焦點，不可能一一列舉，讀者諸君不妨靜下心來，細細品味，必有會心的啟迪。

書名定為《圖文中國史》，意圖非常明確，圖片與文字同等重要，相互映襯，相得益彰。我們希望達到真正圖文並茂的水準，在海量出版物中獨樹一幟，引人注目。至於效果如何，有待讀者的評定，我們也將拭目以待，靜候佳音。

歷史給人洞察一切的眼光，給人超越時空的智慧，去審視過去、現在、將來，而不被眼前的方寸之地所困惑。

莫道昆明池水淺，觀魚勝過富春江。

樊樹志，己亥仲夏於蒲溪

圖文中國史

樊樹志 著

責任編輯　王盈婷
裝幀設計　兒日
排　　版　林婕瀅

出版

中華書局（香港）有限公司
香港北角英皇道四九九號北角工業大廈一樓 B
電話：（852）2137 2338
傳真：（852）2713 8202
電子郵件：info@chunghwabook.com.hk
網址：http://www.chunghwabook.com.hk

發行

香港聯合書刊物流有限公司
香港新界荃灣德士古道 220-248 號
荃灣工業中心 16 樓
電話：（852）2150 2100
傳真：（852）2407 3062
電子郵件：info@suplogistics.com.hk

印刷

文聯彩色製版印刷有限公司
臺灣新北市中和區錦和路 49 號

版次

2021 年 10 月初版
©2021 中華書局（香港）有限公司

規格

全 16 開（250mm×185mm）

ISBN

978-988-8759-83-5